舵手汇

www.duoshou108.com

聪明投资者沟通的桥梁

(美)

# 帝纳波利点位交易法

(美)帝纳波利 著

曾 星 译

山西出版传媒集团
山西人民出版社

## 图书在版编目（CIP）数据

帝纳波利点位交易法 /（美）帝纳波利著；曾星译.
— 太原：山西人民出版社，2015.7
ISBN 978-7-203-09072-4

Ⅰ.①帝… Ⅱ.①帝…②曾… Ⅲ.①股票交易—基本知识 Ⅳ.①F830.91

中国版本图书馆CIP数据核字（2015）第117492号
著作权合同登记号：图字：04-2015-030

### 帝纳波利点位交易法

著　　者：（美）乔尔·帝纳波利
译　　者：曾　星
责任编辑：席　青

出 版 者：山西出版传媒集团　山西人民出版社
地　　址：太原市建设南路21号
邮　　编：030012
发行营销：0351-4922220　4955996　4956039
　　　　　0351-4922127　（传真）　4956038（邮购）
E-mail　：sxskcb@163.com　发行部
　　　　　sxskcb@126.com　总编室
网　　址：www.sxskcb.com

经 销 者：山西出版传媒集团　山西人民出版社
承 印 者：三河市利兴印刷有限公司

开　　本：710mm×1000mm　1/16
印　　张：19
字　　数：260千字
印　　数：1—6000册
版　　次：2015年7月第1版
印　　次：2015年7月第1次印刷
书　　号：ISBN 978-7-203-09072-4
定　　价：88.00元

**如果印装质量问题请与本社联系调换**

## 内 容 提 要

美国交易大师帝纳波利先生是全世界应用斐波纳契比率进行投资交易的头号权威，被投资界尊称为斐波纳契分析技术的"教父"。他的《帝纳波利点位交易法》是关于斐波纳契分析在投资市场中实际应用的重要作品，曾被翻译成俄、日、德、法、意、西、波兰等多国文字。自2007年翻译成中文出版以来，在国内交易者中影响极大。本书是《帝纳波利点位交易法》第一修订版，对原有15个章节中某些错译和笔误进行了修改校正。帝纳波利先生长期关注中国证券和期货市场，先后多次访问中国，受邀担任《证券市场红周刊》专栏作家，其运用帝纳波利点位交易法对中国市场做出的分析预测，是机构投资者和专业投资人士的必读参考。

# 敬　献

　　谨以此书献给我的父母 Joe 和 Olivia DiNapoli,没有他们的爱、长久的指导和关怀,我不可能成就任何事情。

## 译者再版序言

自《帝纳波利点位交易法》中文版2007年12月在中国出版以来，越来越多的国内投资交易者了解了乔尔·帝纳波利先生和他所创立的点位交易法……

我是1999年认识帝纳波利先生并开始向他学习帝纳波利点位交易法的。由于以前学习过其他的交易方法，也有过交易的经验。所以，比较帝纳波利先生这套方法后如获至宝，感觉它简单明了，卓有成效，特别适合个人交易者和小型投资机构。所以，决心把它介绍到中国，让中国的广大投资交易者也有机会学习和掌握这个世界一流的投资交易技术，与欧美国家的投资交易者站在同一起跑线上。

2005年，当我已经成为帝纳波利先生授权的"帝纳波利点位交易法专家与合作伙伴"后，我向帝纳波利先生提出将他的经典著作《帝纳波利点位交易法》翻译成中文并介绍到中国市场，他欣然同意。经过两年的筹划准备，2007年12月帝纳波利先生和帝纳波利点位交易法被介绍到中国。在这里，特别再次感谢证券市场红周刊杂志，当年就是红周刊邀请帝纳波利先生作为国际交易大师年会年度大师到北京、成都和上海进行巡回演讲,见证本书的出版,正式揭开了帝纳波利先生和帝纳波利点位交易法在中国闪亮登场的序幕。

在这里简单介绍一下乔尔·帝纳波利先生。乔尔·帝纳波利先生的父亲也是一个证券交易专业人士。他从小就受到父亲的耳濡目染,在15岁的那年做了第一笔股票交易。大学毕业以后,正式开始了他金融投资交易的生涯。通过激进的股票交易,帝纳波利先生赚到了他的第一桶金。之后,他一边交易赚钱,一边四处寻找最好的交易方法。在20世纪60年代有关交易方法的书籍不多,亲自讲授交易方法的专家就更是稀少。帝纳波利先生几乎读遍了所有有关的书籍,也很幸运地找到了三位当时很有名的交易大师求得一些指点。后来,他把自己关在一间旧录音棚里一边交易,一边潜心集中研究了6年。最终在20世纪80年代中期创立了帝纳波利点位交易法。

帝纳波利点位交易方法自从创立之后,到目前已经经历了近30年的实战考验,被证明是一种在全球各种金融市场中行之有效的高质量的交易方法,并被全球金融界的专业人士广泛采用。

帝纳波利先生本人也应用这种方法在过去二十多年中创造了一系列辉煌的纪录:(1)提前6个月就预测了1987年10月"黑色星期一"美国股票市场一天500点的大跌。(2)在1997年亚洲金融危机之前就预测到了市场的大跌,并在急剧动荡的恐慌市场中对泰铢进行了一系列成功的交易。(3)成功地预测到了美国股票市场在2000年的顶部和2002年的底部。(4)提前数年就预测到了日本市场日经指数的最低点6821。(5)早在2002年在南非的电视采访中就公开预测了黄金价格将翻番高升到每盎司730、1026和1503美元的水平。(6)2007年成功地预测了美国道琼斯股票指数的最高点14198和原油的顶部145美元。(7)2007年在证券市场红周刊2007年国际投资大师年会上,指出中国的A股市场风险很大,上证指数极可能大幅下跌。(8)2009年3月成功预测道琼斯指数6078点底部。

帝纳波利先生对交易极端地热情和勤奋。帝纳波利先生在过去的四十多年里,除了度假和讲学之外,每天都研究市场,进行交易。当他在加州居住的时候,为了交易纽约的市场,每天都4点多就起床。因为过度紧张和劳累,他在80年代中期得了一场大病。从那以后,他开始注意自己的身体,每天进行瑜伽练习,隔天进行力量训练。同时,为了保证睡眠,先是搬家到美国东部的佛罗里达州,后来干脆搬到了亚洲的泰国。这样,他交易美国的金融市场时就再也不需要起早了。但是,他每天交易的时间并没有多少改变,依然是长达8到10个小时。

帝纳波利先生也非常真诚。在美国,有一些所谓的大师,教给学生的是一套方法,而他们自己真正用来交易的又是另外一套方法。而帝纳波利先生完全不是这样。他教给学生的就是他每天都在使用的来交易方法。他的真诚赢得了遍布全世界各国学生的好评。

我的使命就是在我有生之年,继续在中国推广普及帝纳波利点位交易法,让更多的投资交易大众了解和掌握这套金融市场的科学的方法,并应用这个锐利的武器,在中国金融市场和全球金融市场获利,更有效地进行财富管理。

读者在阅读本书后如果发现任何文字错误,或有任何建议,欢迎通过我列在本书附录中的联系方式提出,我会在下次再版时予以改正。谢谢!

曾　星<br>
2013年8月

# 目 录

## 第一部分 入 门

**第1章 交易方法** ……………………………………（ 3 ）
    一般讨论 ………………………………………（ 3 ）
    认识现实 ………………………………………（ 4 ）
    非判断式方式 …………………………………（ 4 ）
    那么判断式方式呢 ……………………………（ 6 ）
    一些历史 ………………………………………（ 7 ）
    对一些要点的扩展 ……………………………（ 9 ）
    判断式交易 ……………………………………（ 11 ）
    总结 ……………………………………………（ 14 ）
    长线交易与日间交易 …………………………（ 15 ）
    另外的选择 ……………………………………（ 17 ）

**第2章 先决条件** ……………………………………（ 18 ）
    先决条件 ………………………………………（ 18 ）

基本规则和定义 …………………………………（18）
　　　总结 ………………………………………………（31）

**第3章　成功交易方式的主要组成部分** ……………（32）
　　　资金和自我管理 …………………………………（32）
　　　市场机制 …………………………………………（33）
　　　趋势和方向分析 …………………………………（35）
　　　超买和超卖评估 …………………………………（35）
　　　进场技巧（领先指标）……………………………（35）
　　　离场技巧（领先指标）……………………………（35）
　　　需要注意的关键点 ………………………………（35）

# 第二部分　背　景

**第4章　趋势分析——置换移动平均线** ……………（39）
　　　总论 ………………………………………………（39）
　　　置换移动平均线 …………………………………（40）
　　　常见问题 …………………………………………（41）
　　　高级评论 …………………………………………（43）

**第5章　趋势分析——平滑异同移动平均线/随机**
　　　　　**指标组合** ………………………………………（52）
　　　总论 ………………………………………………（52）
　　　程序、程序员和问题 ……………………………（52）
　　　正确的随机指标，请起立 ………………………（54）
　　　兰恩（初始）随机指标 …………………………（54）

快速随机指标 …………………………………（55）

慢速（首选）随机指标 ……………………（55）

经修改的移动平均线 …………………………（56）

经修改的随机指标 ……………………………（56）

随机指标 ………………………………………（56）

首选随机指标 …………………………………（57）

程序员和升级 …………………………………（59）

使用随机指标 …………………………………（61）

MACD（DEMA）/随机指标组合 …………（62）

常见问题 ………………………………………（71）

总结 ……………………………………………（73）

**第6章 方向性指标** ……………………………（74）

总论 ……………………………………………（74）

空头的"双重穿透"信号（Double Repo）……………………………………（75）

"双重穿透失败（Double Repo Failure）"信号 ……………………………………（88）

"单一穿透"或"面包和黄油"（Bread and Butter）信号 …………………………（91）

形态失败 ………………………………………（95）

"头肩形态失败"信号 ………………………（95）

类似形态 ………………………………………（98）

**第7章 超买和超卖摆动指标** …………………（100）

总论 ……………………………………………（100）

随机指标 …………………………………………（101）

MACD …………………………………………（102）

相对强弱指数（RSI）…………………………（103）

商品渠道指数（CCI）…………………………（104）

非趋势摆动指标 ………………………………（105）

使用非趋势摆动指标 …………………………（106）

波动性突破 ……………………………………（110）

需注意的要点 …………………………………（113）

摆动指标预测器™ ……………………………（116）

总结 ……………………………………………（117）

# 第三部分　帝纳波利点位

第8章　基本斐波纳契分析 ……………………（121）

总论 ……………………………………………（121）

一点历史 ………………………………………（122）

起源 ……………………………………………（123）

路标 ……………………………………………（125）

应用两个主要比率0.382和0.618进行的

基本折返分析 ………………………………（126）

应用三个主要展开比率0.618、1.0和1.618的

基本斐波纳契展开分析 ……………………（129）

常见问题 ………………………………………（131）

第9章　帝纳波利点位™ ………………………（132）

介绍和注意事项 ………………………………（132）

艾略特波浪原则 …………………………（133）

　　帝纳波利点位™（DiNapoli Levels™）…（133）

　　定义 ………………………………………（134）

　　帝纳波利点位™或帝氏点位™ ……………（137）

　　举例 ………………………………………（137）

　　重要提醒 …………………………………（143）

　　比例规 ……………………………………（143）

第 10 章　**多重焦点帝纳波利点位™** ………（145）

　　少即是多 …………………………………（147）

　　剪除斐波纳契系列 ………………………（147）

第 11 章　**帝纳波利点位™交易方法的应用** …（150）

　　总论 ………………………………………（150）

　　移动时间周期 ……………………………（150）

　　一个理想的交易例子 ……………………（152）

　　高级评论 …………………………………（155）

　　帝纳波利点位™扩展分析和逻辑赢利
　　　目标 ……………………………………（156）

　　有关设置止损的更多讨论 ………………（158）

　　演示 ………………………………………（162）

　　FibNodes™ 程序截图 ……………………（163）

　　道·琼斯指数例证 ………………………（166）

　　FibNode™ 程序目标截图 ………………（168）

　　债券期货中的黄金率汇聚例证 …………（169）

　　用斐波纳契分析定义市场的运行 ………（171）

## 第12章 整合 ································ (172)
情景1 ······································ (175)
情景2 ······································ (178)
高级评论 ···································· (179)
现在让我们回到现实中来 ···················· (182)
常见问题 ···································· (183)

## 第13章 斐波纳契战术 ························ (185)
总论 ······································ (185)
盆景（Bonsai）战术：一种进场和止损设置
　　技巧 ·································· (187)
灌木（Bushes）战术：一种进场和止损设置
　　技巧 ·································· (188)
扫雷艇A：一种进场与止损设置技巧 ········ (189)
扫雷艇B：一种进场与止损设置技巧 ········ (192)
在标准普尔（S&P）指数小时线图上运用的
　　进场战术 ······························ (194)
交易仍在继续 ······························ (198)
"洗涤和漂洗"：信心的建立者 ············· (200)
常见问题 ···································· (201)

## 第14章 避免犯典型错误 ······················ (203)
总论 ······································ (203)
年度债券举例 ······························ (203)
更广的视角 ································ (208)
一个问题 ···································· (211)

## 目 录

**第15章　更多市场举例** ················································ (213)

　　　　长线大豆粉交易 ················································ (213)

　　　　短线标准普尔（S&P）指数交易············· (227)

**尾声**·························································· (239)

**附录A**　3×3置换移动平均值的计算和图形

　　　　位置 ················································ (240)

**附录B**　公式 ················································ (242)

**附录C**　摆动指标预测器™ ················································ (245)

**附录D**　第15章中标准普尔短期交易的时间与成交

　　　　表格 ················································ (251)

**附录E**　"交易导航员"软件················································ (252)

**附录F**　"新思维交易顾问"软件················· (257)

**附录G**　"交易平台360"外汇交易软件··········· (262)

**参考书目** ················································ (267)

**参考资料** ················································ (269)

**关于作者** ················································ (275)

帝纳波利先生2007年12月在《证券市场红周刊》举办的国际投资大师讲坛上演讲

帝纳波利先生与译者曾星先生2007年12月在《证券市场红周刊》举办的国际投资大师讲坛上

帝纳波利先生2007年12月在接受《李楠非常道》财经电视节目采访

帝纳波利先生2008年5月在北京"中国国际资本市场论坛"上演讲

帝纳波利先生与译者曾星先生2010年7月在帝纳波利私人培训班上讲课

帝纳波利先生2012年9月在上海"钱瞻上海世界金融投资博览会"上演讲

帝纳波利先生2012年9月在帝纳波利点位交易法培训班上回答学员问题

帝纳波利先生和译者曾星先生2012年12月在参加大智慧"2012年中国资本市场高峰论坛"时与主持人胡润先生合影

# 致 谢

出版这本书是件令人发怵的任务。如果没有众人的帮助，是不可能完成这项工作的。向以下各位致以我最深切的感谢：

Pat Prichard，感谢她的忍耐、勤奋、爱和力量。

Lee 和 Dave Winfield，感谢他们的大度、天赋和时间。

Elyce Picciotti 和 Steve Roehl，感谢他们的许多技巧并允许我采用这些技巧。

Tim Slater、Neal Hughes 和 Dian Belanger，感谢他们在优化这个项目方面的无私指导。

我的优秀学生和客户们，感谢他们教给了我很多，并鼓励我启动这个项目。

Dan、Hank 和 Carl，感谢他们为这些内容润色。

Aspen Graphics™，感谢他们允许复制他们的卓越图形软件中的图表。

我的同行们——其中有些希望匿名，许多人没有被提及，谢谢你们坦率地、无条件地与我分享你们的知识：Larry Pesavento，Jake Bernstein，Bill Williams，Steve Conlon，我已经忘记他的名字但绰号为"God"的一位芝加哥期货交易所经理,以及虽然最后提及但并非不重要的 Robert Krausz。

## 关于书名

第一次提出"帝纳波利点位（DiNapoli Levels）"的是一位澳大利亚广告词撰写人，他当时为我在亚洲的一次演讲做大会前期的宣传工作。这个提法似乎挺合适，到场的人们认为它很好地提示了演讲的内容。我还要向约翰·布林格（John Bollinger）（发明布林指标）、莱瑞·威廉姆斯（Larry Williams）（发明威廉指标）、乔治·兰恩（George Lane）（发明兰恩随机指标）和其他许多同辈们表示感谢，是他们让我坚定了使用这个命名的想法。然而，我必须承认只有某个人连续成功地把握住市场高点和低点……不仅躲过风险生存下来，而且从中发达后，才能严肃考虑使用这个名词。

# 序

如果你希望我们在涉及那些技术问题之前了解一点背景，请继续往下读。否则，你可以直接跳到第1章甚至第2章，只要不影响你对我的交易方法的理解。

为什么我在这个时候出这本书呢？更具体更广泛地讲是："你为什么要揭示真正有效的交易方法？为什么不去出售这种方法？你是否担心，如果采用的人太多，它将不再管用了？"这些都是值得回答的问题。简短的答案是，市场一直对我仁慈，为我提供了相当大的自由和舒适的生活方式。另外，我最近经历了一段危及生命的病情，这种情况让我得以停下来思考。写书使我有机会作出某种回报，这里面少不了一小段历史。

1986年我经历了一段严重的情感和身体耗竭，是交易过多和睡眠不足导致的。我为了钱和同行的赞赏，挥霍了我的健康和幸福。后来我懂得了生活中有比下一笔S&P交易更有意义的东西。在朋友杰克·伯恩斯坦（Jake Bernstein）的建议下，我尝试做了一次演讲。那是1986年的晚些时候，在拉斯维加斯的国际期货年会，与会人员的反响让我毫无准备。

演讲分为两部分，一部分在上午，另一部分在下午，各一个小时。一位那个时期的培训老手曾给我提过建议，他说："就告诉他们上涨，下跌，上涨，收市，然后买入。说得简单些。他们不会理解或欣赏有价值的东西的。"我回答说："这不是我的交易方法。"他低声说："那又怎么样？"他的这种不屑让我感到吃惊。当我问活动组织人杰克我应该讲些什么的时候，他回答得简单明了："教你认为应当教的，如果听众不喜欢，那是他们的损失。"我正是这样做的。早晨的研讨会大约有35人。他们的兴致很高，提出的问题很有见地，我完全沉浸在分享知识的快乐当中。

　　当天下午我再次演讲时，房间的座位已经坐满。人们从走廊和其他房间拿来椅子，他们坐在过道和地板上，有的坐在房间后面的桌子上，门外大约还有50人正试图进来。演讲进行到20分钟时，希望我回答一个较简单问题的听众和希望我继续演讲的听众之间发生了一场争论。时间非常有限，我只能尽力防止发生争吵。

　　研讨会结束后，由于人们争抢着索要更多资料，我的办公室经理Pat和程序员George Damusis受了伤。与会人员想拿走他们能得到的一切——我们当时有关于分析趋势和摆动方面的非实时软件（CIS交易包），但几乎没有任何关于我当天讲授的斐波纳契分析的任何东西。幸运的是，我们还有些Fib-Node™软件手册（这些资料在教授帝纳波利方式的斐波纳契分析时起到了很大的作用）和一些软件的测试软盘。结果什么都不见了，全都被人拿走了！

　　接下来的几年里，我不断地应邀演讲，上电视，接受采访，不断有人请我管理资金，讨论能否开办一份通讯和传真形式的投资建议服务，等等。尽管我喜欢这种成功，尽情享受着教学的乐趣，也喜欢在此过程中接触到杰出人物，但这一切让我有些承受不了。我还有些恐惧，担心如果我开发的东西暴露得过多，可能影响市场和我个人的交易，当然还有我学生的交易。为了防止这种情况发生，我毫不动摇地拒绝出书、管理资金、出任何类型的通讯，甚至拒绝做广告！我发现有人未经授权录像时坚持停止演讲，这样的事发生过三次。我甚至拒绝上架出售海岸公司出资的 1990 年一场为期两天的全程演示课程录像,也是担心过多地暴露这些资料。但是,为了保持某种平衡,我撰写了用于自学的交易课程斐波纳契、资金管理与趋势分析。我还继续开发 FibNodes™ 软件,增强 CIS 交易(图形)包。此外,我举办了一些私人培训班,但参加人数有严格的限制。

回顾这一段历史是为了解释我下面的一些观点。跟我的同事们不同,我认为担心过多地暴露交易方法——即使是涉及判断的方法——也是正当合理的担忧。从哲学的角度来说,任何专业人员,如果想满足所有人的所有需要,生产出有需求的所有产品,最终会筋疲力尽,这会随时体现在他的工作当中。我更希望集中精力做好最重要的。

即使在有限暴露的情况下,我也目睹了市场在 1987 年中期到 1990 年受到的影响,我认为这可以直接归因于我的讲座。虽然这种影响是悄无声息的,但仍然可以看得出来。我们不妨诚实一些,如果有好的东西,它就会传开。当它传开时,我们需要警惕。尽管它的用处依然很大,但策略的实施可能会越来越难。

大致从 1984 年到 1987 年,结合我将在这本书中讲的所有重要交易背景进行的斐波纳契分析,准确得令人难以置信,这让人感到震惊。到 1989 年晚些时候,大量订单正好下在斐波纳契折返和目标点,止损点就在两三点之外,不够格的斐波纳契玩家开始大难临头。尽管我能用自己的方法弥补我观察到的形势,但非专业的斐波纳契玩家们开始受创。如果许多交易者都同时用一个真正好的东西,市场仍然会让大多数参与者受损。市场要发挥作用,它就必须如此。①

幸运的是,1989 年 12 月《股票与商品技术分析》杂志刊发了一位有着纯粹数学博士学位的教授的文章。他"研究"了斐波纳契分析在市场上的有效性。这项研究用不能反驳的几何逻辑向任何具有理性思维的人"证明",

---

① 乔尔·帝纳波利:自学交易课程《斐波纳契、资金管理和趋势分析》(海岸投资软件公司)。

把斐波纳契分析用于市场的方法根本不会奏效。①

1989年，我在芝加哥的一次经济学会议上发言时发现了这篇"权威"论文。在我跟一位也是专业场内交易员的好友兼客户一起闲聊时，几名与会人员兴奋地向我们这边凑过来。其中一个人晃动着一本《股票与商品技术分析》杂志，显然他对"完全驳倒"我即将演讲主题的这篇文章感到兴奋。

当我的客户和我弄清楚他们兴奋的原因后，我们不约而同地相互做出交易员特有的欢庆动作，这种与"双手击掌"有同样庆祝欢呼意味的动作，有点像原始部落的战舞。那个刚才晃动《股票与商品技术分析》杂志的人不是专业交易人员，他弄不懂我们为什么这么开心。斐波纳契方法的权威为何对《股票与商品技术分析》认为的斐波纳契分析不管用的文章感到高兴呢？当然，我们这些专业交易人希望我们的工作将会由于这篇文章而变得轻松一些——希望轻松很多，这正是新入行的人不能明白的。由于市场对非职业的斐波纳契玩家造成的损失，以及那篇杂志上的文章，接下来的几周和几个月恰好发生了我们所希望的事情。

因此对我来说，揭示我的交易方法是种平衡行为。一方面，这种暴露可能产生上述不利影响；另一方面，被公众认可为自己专长领域的权威，能带来许许多多的好处。目前正在为能做成一笔成功交易而努力的许多读者，想象不到取得交易领域的专家身份能够为你打开多少大门——不仅是在美国，而且是在全世界！

大概在1991年左右，我开始把重心转移到亚洲，当时那里的市场波动剧烈。我在亚洲和世界其他地区的客户不断地告诉我说，我的方法在当地的市场所向披靡。我一直教导学生进入最容易获利的市场，而且我也一直希望进入亚洲，于是……除了最好的演讲约定，我放弃了美国的全部演讲，踏上了探究亚洲各种奇迹的旅程。作为在各大金融中心演讲的专业人士，我能领悟

---

① 赫伯特·瑞德尔（Herbert H. J. Riedel）：《股价反映斐波纳契比例吗？》，载于《股票与商品技术分析》，1989年12月刊。

文化，收集"有效信息"，用来判断我到过的各国市场的运作方式。这是一段奇妙的经历。回到美国，客户仍然能找到我的家门，但人数是可以控制的，而且更重要的是，我一直在无声无息地影响着市场。而在我写这本书时的1997年，进一步暴露这些资料的时机看起来非常不错。现在有几位新的斐波纳契专家，有的是我以前的学生，有些人已经完成了一些不错的作品。另外还有一些关于这个题目的书，我们只能把它们称作"不管用"的书。不妨想想这一切。如果有人写出关于斐波纳契分析的"不管用"的书，人们试着应用它的方法时亏损，这对我们来说当然是好事情。对能够熟练而正确地运用斐波纳契分析的人来说，吸引交易大众不去正确采用这种方法的任何事情都是有利的。在对我们有重要意义的价格区域，"破坏性"的活动将会越来越少。

  关于如何运用这种方法，每个人都有自己的想法。大家在应用时都会有所不同。简单地讲，这使我做交易更轻松，也让我可能写这本书。道理很浅显，教不同或不实用的斐波纳契分析方法的人越多，对我和你越有利。整个概念的信誉会被完全毁掉的想法几乎是不可能的，因为有太多人通过交易这个概念赚取了太多的钱——如果他们知道如何正确运用。

  除了关于斐波纳契的方法之外，市场上充斥着新的方法和技术。许多迫不及待的新专家在用全新的方法教授急切的新入行交易者。拥有创建机械交易系统功能的 TradeStation™ 和其他类似软件的流行，使市场在更多的地方下了大量订单。所有这些都是好消息。据此可以得出这样的结论：合理地理解本书内容将会有很大的收获！但是请注意，如果这本书非常流行，而且受到广泛的追捧（由于需要付出努力，这种情况不大可能发生），一定时间后可能会出现某种结果。如果任何方法传播得太广，市场通常只允许那些研究透彻、关注细节的人充分发挥他的潜力并得到成功。在这方面，此方法跟其他的方法没有什么两样。

# 第一部分

# 入　门

　　这本书介绍了一种我认为是审慎的同时也是极为有效的综合模块化交易方法。它讲的是有关斐波纳契比率在投资市场的实际应用。为了成功地执行这些基于斐波纳契比率的策略，相当多的基础知识和结构化的交易背景必须首先了解清楚。本书包括15个内容丰富的章节，周详的附录，参考材料以及序言。为了扎扎实实地打好基础，斐波纳契方法要等到第8章时才会开始教授。如果你选择跳过前7章的话，我希望你自己对投资交易的基础和背景已经有相当的掌握，以便能够恰当地应用本书中所介绍的强有力的领先技术指标——"帝纳波利点位"。

# 第1章 交易方法

判断式与非判断式交易体系
长线交易与日间交易

## 一般讨论

判断式方法需要交易商根据某种标准或情形作出决策，而非判断式交易体系则完全是机械的。

我所用到的交易方法需要判断。我喜欢用这种方法进行交易。我相信相对非判断式技巧而言，判断式技巧有其固有优势。运用判断进行交易的两个最大理由是人类头脑的灵活机动，以及对变化的市场条件作出必要调整的速度。但是，在教学过程中，我感到很多人对不同的交易方法抱有成见，而这些成见是与事实相矛盾的。要想在任何领域有所建树，首先需要具备一些基本知识，因此，我认为大家最好能花点时间弄清有关基本交易方式的一些事实。首先，让我们认识一下现实，并回顾一些历史，以使大家明白我是因什么原因、以何种方式得出的结论。我们将考察判断式与非判断式交易方法，以及长线与日间交易方法。

## 认识现实

美国沙滩男孩（Beach Boy）组合的一首歌可能很多人都记得，这首歌的开头是"那该多美妙……"，它歌颂了长相守、永相随的美德和快乐，恋人们穿过雏菊花丛，到达无法言说的幸福的彼岸。可没过几年，沙滩男孩组合的一些成员就不得不亲自面对婚姻生活的现实，有的甚至上法院打起离婚官司。其他运气没有糟到如此地步的人私下里也承认，他们过去的精神伴侣现在也仅仅是和他们睡在同一张床上而已。

理想和现实之间总是有这样大的差距？当然不是。只要我们努力，就能够在两者之间达到某种平衡。判断式方式和非判断式交易体系也是这样。让我们首先看一下非判断式交易体系。

## 非判断式方式

**那该多美妙……**

（1）一旦你的系统开发成果成型就绪，就不需要再做研究和其他工作了。你的交易体系是确定的、稳固的、永恒不变的。你永远不会有压力，因为你不需要作决策，决策完全是由机器负责的。细致而精确的（假定性）测试技巧使偶然事件的发生概率降到最低。一切都已被纳入考虑范围，因此你信心十足。

（2）你可以聘请一位交易人或经纪人执行系统信号，这样你就不用自己完成市场监测这项枯燥的工作了。

（3）"它"——也就是这个"体系""程序""解决方案"——能够产生足够的收益，让你可以去斐济度假，把脚趾埋在海沙里。也许"它"还能帮你支付赡养费和子女抚养费，使你能找个新欢来代替你的旧爱。

**现实是……**

（1）——工作永无止境。当系统极值被超越之后，你就必须重新调整、测试和处理参数。

A. 实际上，你最好有两套独立的系统，或者三套甚至四套，以便对总体交易资金的盈亏进行对冲和平滑控制。对了，除了对参数进行调整和修改之外，你很可能需要将一两套系统完全替换掉，因为这个或者那个系统可能会完全垮掉、不适用了。

B. 那么压力呢？直到你感受到全面瘫痪的时候，你才会知道什么是压力。当你看着你的一套或数套系统发出一条又一条荒谬的指令时，你会感到完全无力来影响结果。你只知道利润将会蒸发，你将蒙受损失。这样的事情发生的时候，你什么事也做不了，只能看着并且只能服从系统所发出的信号。嘿，老弟，快给我拿几片 Maalox™（一种治疗胸闷的药品）过来，马上！

C. 你原以为预留 100 美元作为成交价滑移（Slippage）和佣金太多了，而你现在才明白这其实根本就不够。你忘记了涨跌停板，40 个点跳动一去不回，以及在市场最疯狂状态下的交易执行……你本以为做测试用的数据是可行的，但实际上它们远没有想象的好。此时，你对你所使用的测试技巧以及系统的信心，和你的账户金额一起，都达到历史新低。

（2）你聘请来为你执行交易的经纪人似乎对一些最大幅的波动没有输入进场指令，而且……为什么他不能正确地设置止损！或者，你雇用的交易人别无他法，而只能运用他的丰富经验（一年）来"改进"你花了那么长时间一直在试图完善的系统。

（3）为了分散风险使交易组合具有足够的多样性，你必须同时使用四套交易系统和交易 15 份期货合约，而要为交易这些合约的四套系统筹集足够资金，唯一的方式是募集资金。现在，你需要准备披露报表，接受美国期货交易委员会（CFTC）的监管，聘用员工，还要遵守无数美国全国期货协会（NFA）的规定和要求。你原来还觉得填写公司所得税申报单就够麻烦的了，现在如何？你开始怀疑你种下的雏菊是否能够破土发芽，更不要说何时能够竞相绽放了。

## 那么判断式方式呢

**那该多美妙……**

（1）你跟着多位最精明的专家学习。由于你对市场有着无人能及的透彻理解，你的交易成功率高达 90%。

（2）你住在你想住的地方，在你想交易的时候交易，多年来你一直是给别人打工，现在你终于解脱，靠交易为生了！

（3）通过技巧和勤奋，你将一笔不多的钱变成了一座真正的金山。你把其中的一部分放在高利息货币市场账户里，这笔钱不断增长，依赖它所带来的收入，你可以在你愿意的时候随时去斐济度假……当然，你知道这个故事会怎样继续。

**现实……**

（1）你跟着一位业界精英学习，再跟着另一位业界精英学习，虽然你确实从这里或那里得到了一些实际的收益，但是你所实现的收益总是与你的预期有差距。实际上，这种情形已经持续多年。你已经在研讨会、书籍、软件和交易课程上花了 3 万美元，而你得到的利润刚够负担这类开销的。要弥补你从以往交易中损失的 5 万美元，你还差得很远！

（2）如果你没法找到一个真正赚钱的方式，打出一个全垒打，不消几个月你的存款就会见底：你开始怀疑你是不是又得去给别人打工。

（3）不停地盯着大屏幕浪费了你的时间并带给你压力，开市的时候你必须在场，还要通宵监控 Globex（盘后市场）的变动，这一切让你开始怀疑，也许你甚至连当地的海滨都去不了。至于斐济，那里有交易合约吗？最小变动单位是什么？还有……斐济人在哪儿交易？

当然，事情并不像我上面概括得那么好，也没有那么糟，但是它们很容易变成如此。实际上，事情可能还会更糟！下面是我从自己的亲身经历中总结的一些非正式的经验——那是一次漫长的历险。下面讲述的事情并非虚构，而是实际发生的，这样你就会理解，我是怎样作出某些结论的。然后，也许你就能更好地决定你怎样开始最合适。

## 一些历史

大约在 1980 年，我决定要对期货市场进行研究：我的计划是，放弃以前我一直使用的交易工具，转做我当时知道是要求很高但潜在回报率最高的游戏。之所以选择在当时做转变，是与我对我生命阶段的理解有关的。当时，我认为自己已经"站稳脚跟"，可以完成我预期的艰难的转变。同时，我认为我的知识水平和交易技能也可以应付这个新的挑战：我很快意识到两件事情：我一直等到自己"站稳脚跟"之后才开始转变，这是个正确决定；我遇到的挑战要比我想象的大。这里我要讲一下我的漫长历险中重要的部分，我是怎样开始的，以及怎样在期货交易中取得成功。

开始的一年我的交易水平很差，后来通过一位朋友安排了一次我一直十分渴望的会面，见到了一位非常成功、隐遁的CTA（商品交易顾问）。据说，这个人在过去5年里从农产品期货里赚了个盆满钵满。我很想给你们描述一下这个奇异的人，但那样的话可能有人就会认出他来，而他的教学条件之一就是，我绝不可以透露他的身份。当然，我从来没这么做过。

寒暄几句之后，这个"智囊"级人物以这样的问题开始了我们的会面。"如果你是个火星人，到地球来进行商品交易，你会怎么做？嗯……你看着这个行为、那个行为、另一个行为，等等。你不会讲英语，只能看行为。价格在波动着。"他继续道，"你和你的火星朋友讨论这些行为，并考虑着该作出什么样合适的反应。"我看着他，就好像他是手持《十诫》放在背后、琢磨他的便鞋是否合脚的摩西。一个小时这样的"训诫"把我搞得非常迷惑和糊涂，我愿意讨论一下大豆价格走向的问题。至少这样的信息能让我挣回我远道而来专程会他一面的旅费！

这个人是我有幸接触到的三位良师之中的一位。1986年我决定投身教学工作，很大程度上正是受到他们的友善和教导的启发。

那么为什么他会提到火星人？我花了一段时间才明白，他持有金盒子的钥匙，他还不准备与一个陌生人分享，因为他不了解这个陌生人的意图、动机和诚意。那是我们多次会面的第一次，后来我们交往了大约三年。我从这个人那里学到很多，他严格地、完全根据非判断式系统进行交易；但非常奇怪的是，在那第一次会面中，我所学到的与我所期待的完全不同。他教导我：

（1）没有绝对的英雄，只有一时的英雄。

（2）所有的非判断式系统最终都会失败（不再赚钱），而你只能希望在它还管用的时候利用它。

（3）一旦你的知识基础建立了必要的信任、资格和前提条件，你就可以从一位真正的专家那里收集优异信息。

（4）非判断式系统如果能实现50%交易成功率就非常幸运了，30%就可以接受。

（5）以非判断式系统交易是非常困难的而且压力很大，需要很高的专心程度、勤奋和自律。

（6）整个交易过程中有很大挑战、满足感和发现。

## 对一些要点的扩展

1. 英雄

在20世纪70年代的市场运作中，我的朋友是一位真正的时代英雄。他的以基本面分析为基础的非判断式数学体系结构非常清晰。但是，在20世纪70年代晚期的通货膨胀高峰之后，以及随后的供应（谷物）渠道向海外敞开之后，他的体系崩溃了。

2. 系统失败

他运用了自己丰富的个人资源、现金和经验，勤奋地与员工运用原有主机继续工作，弥补损失。他的一个没有结果但比较有趣的探索课题是，试图发现可以确定一个可交易的趋势是否存在的随机性。它有点像一个发了疯的"动向指数"（DMI）。有两年它运行良好，然后就不再赚钱了。后来它爆炸了，而且炸得很大。他把他的注意力几乎都集中于其他系统开发伙伴也都有的一个共识上，即某种类型的价格波动突破系统似乎最能经受时间的考验。但是，很多人都会同意，这类系统的交易成功率不高，而且由于其多样性要求，一般需要大量资金注入。捣弄这些数字所寄予的额外希望是：有些系统在崩溃之前可能能坚持5年甚至10年，而如果你恰巧比较早地开始驾驭其中之一，你就能做得很好，至少在一段时间内。

3. 学徒：

我曾经很天真地认为，这个人在我们第一次见面的时候就会把他得来不易的知识与我分享，这是很荒谬的。我以为他能看出我的诚意和我显而易见的价值，这也是很荒谬的。与他工作几年之后，他才与我分享他的知识。他知道，我需要做好准备，聆听他的教诲。他也知道，当他告诉我他所知道的事情的时候，我会意识到他所知道的是多么有限。

事实也确实如此。事情发展到这步之后，我继续前进。其后的16年里，我与固定系统的精明、成功的交易人有过无数次会面，我从来都没有什么理由要从实质上改变我从我的第一位良师那里学到的东西。

和这个人一起工作的时候，我得到了第一条真正有价值的交易技巧，是我的第二位良师给的。他是一位非常成功的判断式交易人，他告诉我去学习"置换移动平均数"（Displaced Moving Averages，DMA），我想他是出于怜悯才告诉我的。当然，告诉我学习DMA之后，他不得不向我解释那是什么。这样，他才终于能让我从他眼前消失，使他能回到主机前继续工作。

似乎那些日子里我发现的真正成功的交易人都有主机，而且都非常古怪而且遁世。我与这个人一起花了不到15分钟的时间，但现在我有了明确的方向。3年之后，当我把我的研究结果与他的进行比较时，我发现它们惊人地相似。比较我们的研究也花了15分钟时间。这是我与这个人的第二次、也是最后一次会面。现在，我也拥有了一种可获利的、还比较协调的判断式交易方法。

但是，这种方法也不总是那么火暴，大约只有50%的交易成功率，而且有时候会回吐很多。虽然我的方法还不错，但我感到非常不满意：必要性是发明之母，这导致了我的第一项重要的独立发现，摆动指标预测器（Oscillator Predictor™），一个真正的领先指标。有了它，我就可以捕捉到利润，避免风险性大的进场。

我的第三位良师给我讲述了一位名叫斐波纳契[①]（Fibonacci）的意大利数学家的故事，从那之后我的技巧才真正开始突飞猛进。这第三位良师也很古怪，他没有主机，而且除了隐遁之外，我找不到任何可以形容他的词。这

---

[①] Leonardo de Pisa 是 Guilielmo Bonacci 的儿子。在意大利语中，figlio 是指儿子，因此 figlio Bunacci 被缩略为 Fibonacci。他是当时杰出的数学家。

个人确实是我所遇到过的最出色的交易人。他绝对是根据判断进行交易的，我曾经见到他精确地抓住最高价、最低价、中间回升最高价和中间折返最低价等几乎所有的市场关键点，简直令人难以置信！他的交易风格超出了我所想到过的任何合理的预期，而他就是在我的注视下当场这么干的！直到有天下午他简短地把他所做的事情教给我，我才发现这些技巧对于获得持续和稳定的盈利交易是远远不够的。而这一次，生活再次从我身边夺走了一位英雄，我眼见他从富有变成穷困，最后破产，背着一堆债务。毫无疑问，这"圣杯"似乎有太多需要弥补的漏洞。在我自己进行了多年实践之后，我用深刻的教训换来了下面的经验总结，它们是非常重要的。

## 判断式交易

（1）你所拥有的最重要的交易工具并非你的计算机、数据服务或你的方法，而是你！如果你自己的状态不好——那么就不要交易。

A. 交易间歇至关重要，尤其是对日间交易玩家来说。我发现对我来说，每 3～6 周交易后，休息 3～7 天是最适合我的。

B. 如果你做日间交易，你需要花大量的时间度假休整，每年大概 3～6 个月。如果你以每日为基础进行交易或以更长时间周期为基础进行交易，每年至少也要休假 1～3 个月。

C. 一周 4～5 天，每天至少花 1 个小时的时间做些你喜欢的、与市场或计算机没有关系的事情。我喜欢从事一些手工劳动，修修车或做一些修理或建筑工作。

D. 专业人士是指少犯错误而不是不犯错误的人。如果你犯了个严重错误，让自己休息 3 天，不做交易。如果你在短期内犯了 3 次错误（连续 2 天以上），让自己休息 3 天，不做交易。

E. 如果你违反了上面刚刚提到的这项规则，你应该给一个世界上你最讨厌的人寄 10 万美元。也许你会认为这很有趣，在我培训过的很多交易人中，我几乎没见过任何人遵守上面这项规则，除非他们被迫这样做（保证金都亏光了）。我们在第 2 章的《基本规则和定义》一节里将会对错误下定义：在本书中也会在很多地方解释各种交易上的错误。你要清楚你是否犯了错误，在什么时候犯的错误，这很关键。

F. 如果你有 10 天或更长时间未做交易，至少在 1 周之内不要做任何大笔交易（大仓位）。

G. 将自己一分为二，一半是交易人，一半是经理人。如果没有经理人的明确许可，交易人就不能进行交易。经理人密切观察"健康状况"的关键信号，比如错误、烦躁感、交易人私人生活中的压力、能向你揭示问题的黑眼圈、脾胃胀气。明白我的意思了么？经理人的任务，就是在灾难发生之前让交易人离下达交易指令的电话远远的。如果你怀疑合格经理人制度的必要性，只要看看巴林银行（Barings）的案例就会明白。

我曾经培训过一个场内交易员（在期货市场上声嘶力竭叫喊的交易员），他曾经稳定地赚了大笔利润。而到了 20 世纪 80 年代末期，他开始同样稳定地赔钱。他的人格似乎正在改变，而且显然他的私人生活处于某种压力之下。一开始我怀疑是毒品，但是后来我逐渐否定了这种可能：有天晚上，我们正在谈论市场状况，他苦恼地抱怨着发生在他身上的"无法解释"的损失。我忽然问他，他的孩子再过多久出生。"3 个月。"他说，"咦，你究竟是怎么知道的？"

到这时，你应该已经能够理解保持"健康"对交易的重要性了。允许你行使判断力的系统或方法，依赖于这种判断力在执行和规模方面的质量。这种判断力要是没有了，一个星期的时间就可以让你输掉好几个月才辛苦积累起来的成果。

（2）有很多知识渊博、为人诚实真挚的交易人乐于教导别人，也能够准确地表达自己的意思。找到他们，如果你能负担得起，获取他们的材料，并与他们交朋友。他们在闲聊中告诉你的只言片语，可能对你的成功有无法估量的意义：他们也曾受到别人的帮助。以正确的方式接近他们，如果他们能够帮助你，他们会的。

（3）判断式交易可能带来好得让人无法置信的赢/输比率。别因此自满。

如果你很快就获得了巨额利润，你就会变得过度自负。永远别忘了，一次交易就会让你重新谦逊下来。

（4）在作出交易决策的过程中，你不能受到打扰。绝不能！零干扰！如果你在家办公，从事日间交易，找一把锁，用它把你自己和共同使用这个处所的其他人分开。如果这对你妻子或你的家人是个问题的话，那要么就不要交易，要么就另找一个妻子和重组一个家庭。

我有个客户，一位脊椎指压治疗师，在他位于北加利福尼亚州的家里进行交易，我曾经就此问题给过他无数警告。有一次，他损失了 4 万美元，因为恰巧在一次"收成报告"之前，他妻子随意地走过来，把婴儿放在他怀里。经验是位严厉的老师，但对于很多人来说它是唯一的老师。

（5）如果你采用判断式交易方式，那么你适应市场变化的速度要比采用非判断式交易方式快很多。这样，你就可以避免那些伴随着盲式（固定的）机械交易系统失误而来的巨大亏损。读到这些文字的工程师们可以想象一下一个机械式的反馈系统，系统的反应依赖于传感器的反馈速度。如果反馈系统足够快，它就可以跟上这些变化。但是一旦它落后了，它可能会反向转动 180 度，把自己绞碎！交易也是同样。

（6）运用判断式交易系统是非常困难的，需要精神的高度集中、勤奋和自律。

（7）整个交易过程会给你带来巨大的挑战、满足感和发现。

归根结底，两种市场交易方式各有其固有优缺点。我选择了判断式方式。关键是，怎样将你的天赋、心理、经济资源和目标与上述挑战和优点相结合。我从来没有发现有哪种方式不需要你做很多工作或承担很多压力。让你自己做好准备，如果你承受不了，现在退出还来得及！

# 总　结

**判断式交易技巧的要素**

（1）一个非常灵活的市场交易方式会让你受益。

（2）你的个人日程安排会非常灵活。

（3）你可能马上就能狠赚（或狠赔）一笔。

（4）你有可能会有很好的赢/输比。

（5）你绝对需要严格的自我管理。

（6）你绝对需要独立而充分的交易环境。

（7）用相对"较少"的资本就可能达到你的获利目标。

（8）你不仅可以，而且最好能集中于少数几个市场。

**非判断式交易技巧的要素**

（1）低赢/输比是普遍现象，而不是例外情况。

（2）由于种种原因，历史假设测试技巧往往有很大漏洞。

（3）多数非判断式交易系统最终都会失败，你只能尽量在系统还管用的时候好好利用它。

（4）价格波动突破交易系统（Volatility breakout systems）似乎最能经受时间考验。

（5）有必要在非常多样化的市场上使用多种系统，以平滑净值曲线（Euity Curve）。

（6）有必要投入相对高额的资本，以实现系统和市场的多样化，并为不可避免的亏损做准备。

（7）如果实现了体系和市场的多样化，就需要高额资本。

(8) 必须没有间歇地忠实地执行每一个系统给出的交易信号。

(9) 找到足够帮助执行系统信号，其本身就是一个挑战。

**非判断式和判断式交易的要素**

(1) 如果交易目标实现，就可以得到优裕的生活方式。

(2) 交易体验很可能为你带来满足感、挑战和发现。

(3) 如果得不到适当管理，压力水平可能会摧毁你的身心健康。

(4) 一个轻率或听取不当建议的行为可能会导致财务状况的崩溃。

(5) 工作量是巨大而无止境的，必须得到正确管理。

(6) 你会有机会遇到地球上一些最优秀、最智慧的人，与他们成为朋友和同事。

# 长线交易与日间交易

你不仅要决定运用判断式还是非判断式交易方式，还必须考虑最适合你的时间周期。然后，你需要确信你所选择的时间周期对你所使用的方式是最佳的。

应用本书教授的方法是很简单的。基本上讲，无论你根据5分钟线图交易还是根据月线图交易所应用的方法都是一样的。然而，棘手的问题是，你最适合在哪个时段交易？

根据我的经验，一个在交易场所外进行交易的交易新手，如果要进行日间交易的话，那简直是自杀行为。什么是"新手"？新手是指任何活跃地进行交易不满一年的人。如果你是个兼职交易人或只是偶尔交易，进行日间交易之前你最好先积累3~5年经验。但是，更关键的问题是：什么是日间交易？我的定义是，在日间密切观察价格行为、根据他相信当时正在显现的局势作出决定的交易人。

一位以每日（或更长）时间周期为基础进行交易的交易人可能会选择在下一个交易日内启动进场/离场点，他不被定义为日间交易人。

什么是长线玩家？真正的答案是，这取决于你观察的角度。对一位场内交易员而言，5分钟交易人就是长线玩家。对一位以每日为基础的交易人而言，以每周为基础的交易人就是长线玩家；等等。但是，在本书中，我们所说的长线交易人是指以每日或更长时间周期为基础的交易人。随着时间周期的缩短，决策时间压缩，压力增加。随着时间周期的缩短，决策数量急剧增加。以每日为基础作出的决策，与以小时为基础作出的决策数量相差7倍；以小时为基础作出的决策，与以5分钟为基础作出的决策相差12倍。机会当然加速增加了，但是我相信一个老到的拳击赛经纪人不会仅仅因为他想让一位前途光明的新手更快地得到大赛事的经验，就让他与迈克·泰森对阵。毕竟在这样的比赛中他失去的可能不仅仅是他的耳朵，还很可能会被一击毙命！

**日间交易的劣势**

（1）你需要经验——很多经验——尤其是进场指令技巧，以及对场内操作的深刻理解。

（2）你需要优异的经纪人和结算服务。

（3）在软件、报价发送费、设备和交易成本方面你需要支付高额的管理费用。

（4）你的多数时间都耗费在交易活动上，你没有精力做别的事赚钱。

（5）压力水平显著增加。

**日间交易的优势**

（1）运用一笔固定金额的有限资本，你可以做更多合同的交易。

（2）你的交易机会远远多于长线交易人。

（3）如果你的交易资本非常有限，但你本人非常有资历，你可以利用允许使用非常近的止损点的交易机会。显然，典型的 5 分钟柱线波动范围肯定小于典型的日柱线波动范围。这一点实际是对第 1 点的延伸说明。

长线交易的优劣势正好与日间交易的优劣势相反，根据上述内容，你就可以推导出长线交易人面对的优势和劣势。

## 另外的选择

在当今技术的辅助下，你可以将很多传统方式混合，并极大受益。它的工作方式如下：

从一家可信任的市场数据公司那里获取延迟的日间报价，并具备显示日间柱线图的能力。比如说，你可以用 30 分钟和 60 分钟时间周期协助作一些以每日为基础的决定，并在第二天实施这些决定。我的意思是，下班回到家，在晚上相对平静的时光里利用准确性和灵活性更高的日间图作出决策。你可以制订第二天要执行的进场点、止损点、离场点等。根据你的工作环境及/或经纪人关系，你甚至可以设置一些应急委托单。它带来的益处是巨大的。你不再需要优异的经纪人服务，或对交易所场内操作的深刻理解。你不需要支付昂贵的软件、网络传输或设备费用。你有精力通过别的工作赚钱。你可以交易更多合约，你的机会远远多于传统的长线交易人，而且这些交易的止损点更近。你的交易机会分析会非常详尽。而且，更为重要的是，与日间交易人相比你的压力更小，使你有机会增长交易经验，而不是被它的本性或表面上的不可预测性吓倒。这些就是你的另一种选择，作决定吧。

# 第2章 先决条件
## 基本规则和定义

## 先决条件

你应该明白,本书并不是关于基础技术分析的,而是教授我发现的一种既谨慎又高效的、一种模块化的综合判断式交易方法。虽然我总是试图从基础的理解水平来开始我的论述,但我设想你们对一些众所周知的技术工具的使用知识都有所了解。如果你不理解移动平均线(Moving Averages)、随机指标(Stochastics)、平滑异同移动平均线(MACD)、相对强弱指数(RSI)或价格——时间图的一般外观,在继续学习之前,你可以先查阅一下有关的技术分析参考书籍。

## 基本规则和定义

在试图理解我的交易方法之前,我们必须确认我们翻开的是同一页书,也就是说,对我们来说某些词汇和概念

# 第1章 交易方法

具有相同含义。为了强调我解释的每个词汇的具体含义，在全书中它们始终以黑体字表示，如"趋势""方向"和"运行"等。

## 趋势（Trend）

教学的时候，我最喜欢问的一个问题是，"标准普尔指数、债券或者其他什么的目前趋势如何？"我得到的答案无非是"向上、向下或横向"。

学生们很少会问我："在什么时间周期内？"如果不定义时间周期，"某某市场……目前的趋势"这个问题就没有意义。

下面是四幅图（见图2-1~图2-4），让我们把置换移动平均线（Displaced Moving Average，DMA）复加在这些图之上作为趋势描述指标。该置换移动平均线的长度或类型无关紧要，要紧的是我们对趋势的定义。如果我们把上升趋势定义为置换移动平均线上方的收盘，把下降趋势定义为置换移动平均线下方的收盘，你会看到2月28日同一天收市时的各种走势报告。15分钟线图中债券处于上升趋势，但在日线图中为下降趋势。在周线图上是下降趋势，但是在月线图上是上升趋势。如果你的交易方式将趋势作为其定义特征的一部分，而你不清楚你交易的时间周期的话，你就会迷失。

图2-1

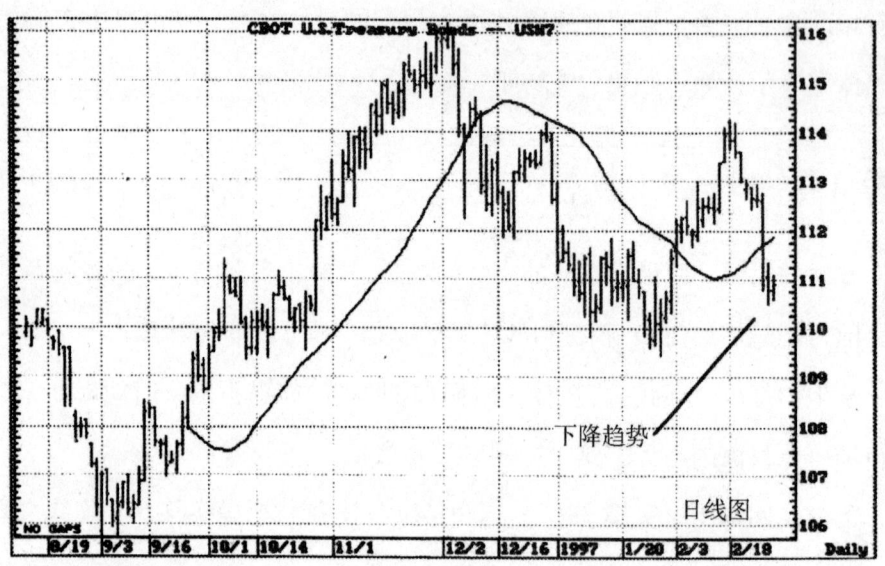

图 2-2

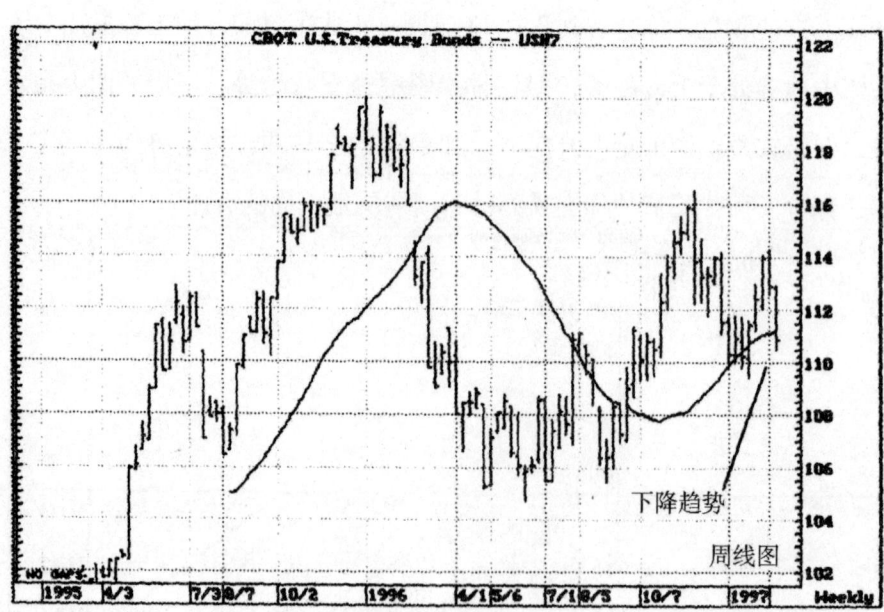

图 2-3

第2章 先决条件

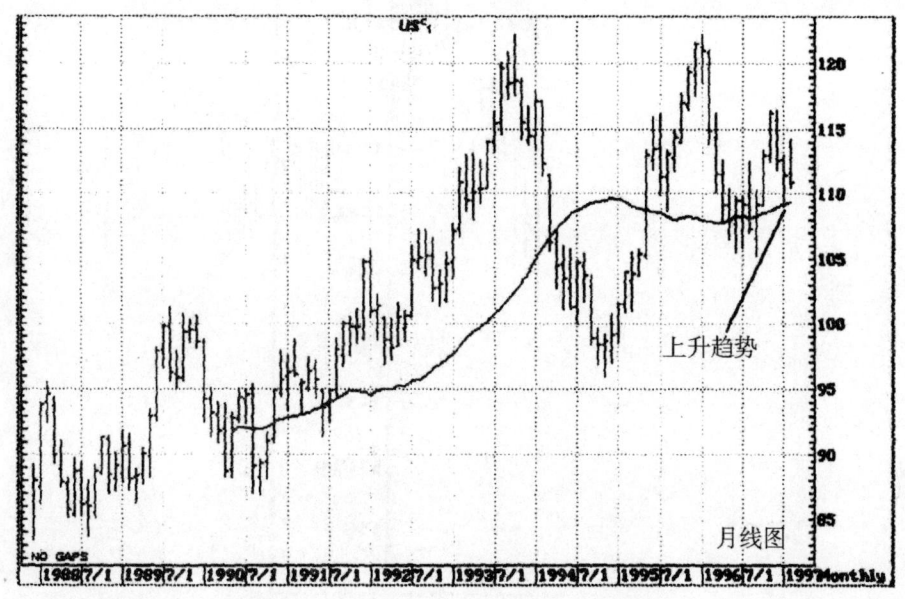

图2-4

而且,如果我通过一系列特定的指标或其他标准预先定义趋势,那么在一个图中,无论图主观看起来如何,如果没有相关的指标的话,我就无法决定趋势是什么。考虑一下下面两个图,这两个图是上面的月线图的两个当日部分。图2-5没有我们预先定义的趋势指标——置换移动平均线。仅仅从图2-5显示的柱线样本来看,你可能会轻易得出结论说当日趋势是上升的。

然而,根据我们对趋势的定义,图2-6只是现行下降趋势中的一个反弹。也许你认为如果有更长的柱线数据样本,在这种情况下,你就可以主观地准确判定其趋势,也许如此。那么下一个图呢?如果在激烈的交易操作中你开始怀疑自己的主观判断怎么办呢?你那时到底是否还具备扣动扳机的能力呢?

我使用两个趋势指标,而且只有这两个,即置换移动平均线(DMA)和平滑异同移动平均线(MACD)与随机指标(Stochastics)的组合。没有它

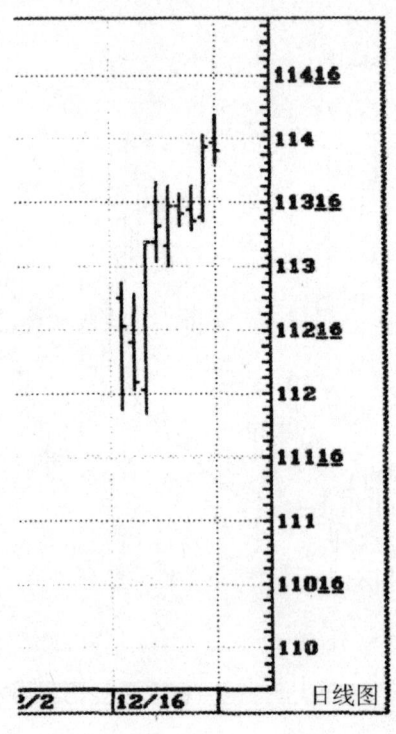

图 2-5

们，我就不会对趋势妄加评论。

我的目标是搭建你的思维，使其结构化。建立优异的判断式交易方法的关键之一，就是尽量增加其非判断性成分！

当市场开始横向发展的时候，我们往往称之为盘整或没有趋势。我定义趋势的方式几乎没有为"盘整"这个词留下任何余地。很显然，日线图上的盘整会在另一个时间周期——比如对日间交易而言——戏剧性地变成正处于趋势中。在日线图 2-7 中，收盘价格在趋势指标的上下浮动。在相应的分时图 2-8 中，价格的垂直范围增加了，作为趋势指标的置换移动平均线仍为同一类型，但我们看到了明显实在的趋势。除非市场中存在显著的波动，否则我对交易没有兴趣。无聊的、波澜不惊的市场不能吸引我。如果缩短时间范围仍无法展现趋势，我就不会行动。如果你没有理解这个概念的话，后续几

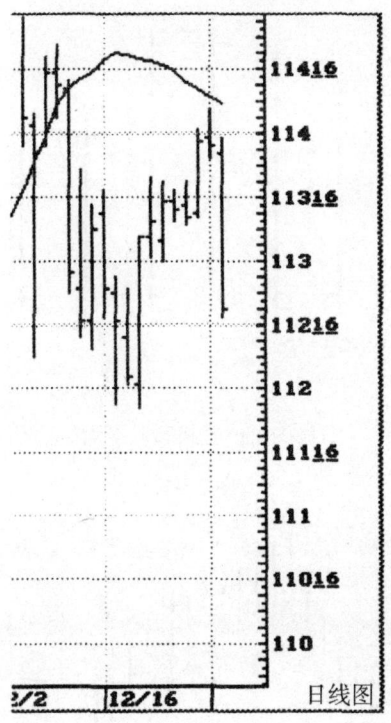

图 2-6

章里介绍的方式会帮助你定义"盘整"。

## 方　向（Direction）

与趋势一样，方向这个概念对市场向上或向下的运行做了定义。它与趋势有两个重要的、明显的不同。首先，方向支配趋势，也就是说，如果方向向上而趋势向下，那么市场的后继运行预计会是向上。我们可以以此为基础与市场进行互动。其次，决定方向的标准与决定趋势的标准不同。我想重申一下这一点，因为方向一词在此的用法可能让你感到有点糊涂。阅读本章之前，你对方向这个词的含义已经有你自己的理解。你可以看着图表，然后说方向是这样或那样的。忘掉你对方向这个词的先入为主的理解吧，在我们的

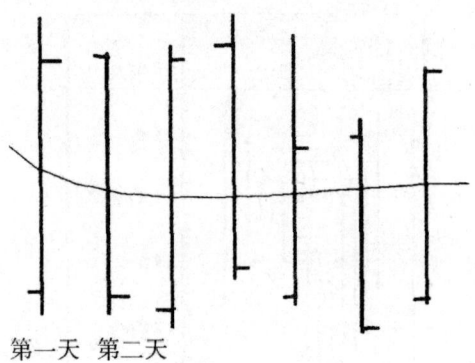

第一天　第二天

日线图上的置换移动平均线

图 2-7

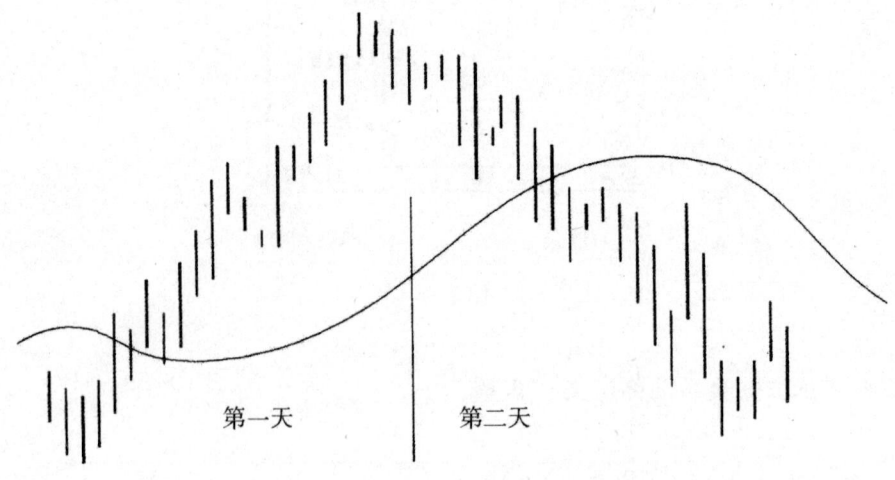

第一天　　　第二天

日间图上的置换移动平均线

图 2-8

讨论中它帮不了你的忙。

在我谈到市场方向时，它具有具体而明确的含义，而且随后的价格波动具有很高的可预测性。

## 运　行（Movement）

市场的运行这个词汇包含了方向和趋势。你可以说，运行是向上的，因为这个或那个趋势是向上的,或由于这个或那个方向指标,运行预期将是下降的。如果没有足够标准对趋势或方向作出明确表述,你就无法对运行作出明确表述。指标或形态不直接定义运行,只有趋势或方向才定义运行。

## 失 败（Failure）

你需要重新定义的另一个词是我所使用的"失败"这个词。如果市场经历失败,那么它也有具体而明确的含义,其继发市场行为也具有高度的可预测性。在这里,你以前对失败这个词的理解或定义不再适用。失败是另一种形式的方向指标。

你要对一些常用词汇重新定义,因为在从事了近20年对交易人的培训工作之后,我还没有发现表达这些概念的更好方法。然而,只有明确清晰的表达才能让大家彻底理解这些概念。

在图2-9中,趋势是什么?

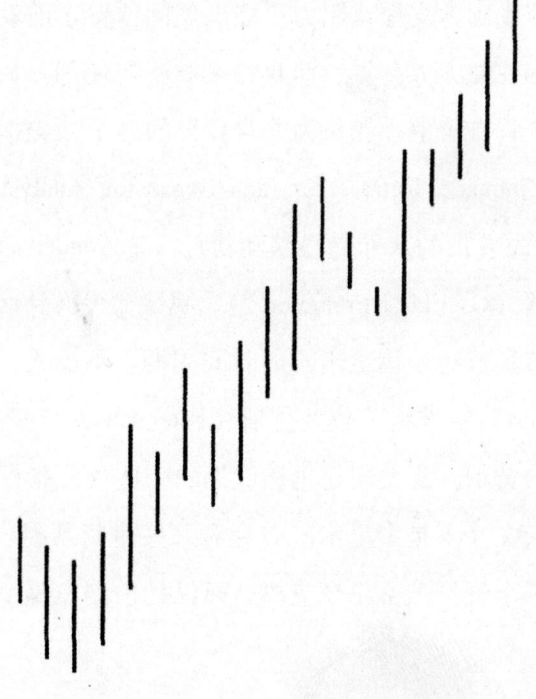

图2-9

"性急冒动"的汉克：向上，很显然，是向上！咱们买吧！

"谋定后动"的丹尼：我不知道。你已经定义了我们应该怎样决定趋势，但是你所使用的指标都不在这个图表上。

方向是什么？

"性急冒动"的汉克：你是吹毛求疵。

"谋定后动"的丹尼：同样的答案，不知道。

运行是什么？

"性急冒动"的汉克：来吧，伙计们，别错过机会，快买吧！

"谋定后动"的丹尼：嗯，既然运行是依赖于趋势或方向的，而且既然你没提供在图表上确定它们所需要的信息，我想我还是不好说；但看上去它确实是向上的。

## 领先指标（Leading Indicators）

领先指标是指在市场到达支撑或阻力可能出现的位置之前就指示出某种意义的指标。这类指标往往无人传授，而且经常被不当使用。在现有的领先指标中，仅有少数几个具有价值。我认为非常优异的两个领先指标是斐波纳契折返和延伸分析（Fibonacci Retracement and Expansion Analysis），以及20世纪80年代早期我首先发现的从非趋势摆动指标（Detrended Oscillator）派生出的摆动指标预测器（Oscillator Predictor™）。我认为没有什么用处的领先指标之一，是直接从市场行为中衍生出来的时间周期。不少人，诸如华特·布莱克特（Walt Bressert）和彼得·依兰德斯（Peter Eliades）等，在领先指标方面曾经做出优异的贡献。我发现还稍微管用的一些领先指标是从斐波纳契计算中衍生的一些天文（不是占星术）日期和某些时间预测。当然，这些指标不会预测市场在哪个价位上会出现支撑，而仅是预测在哪个时间点上支撑会出现。

## 滞后指标（Lagging Indicators）

滞后指标是指在指标发出信号之前需要市场行为确认的指标。它对支撑或阻力进行确认，而不是进行预测。简而言之，它滞后于市场行为。

滞后指标包括置换移动平均线、标准（非置换）移动平均线、随机指标、相对强弱指数、趋势线等。也许我这么说会使问题显得更为复杂，但是我们也可以说上述某些指标是同步指标，也就是说它们所指示的内容与市场行为同步，既不是之前，也不是之后。一般来说，人们认为领先指标优于滞后指标或同步指标，因为它们能给你警告或预见，以采取某些行动。这与对你昨天或15分钟前应该做某些事情进行确认完全不同。所以，某些滞后指标的支持者或教师可能会将这些指标也称为领先指标或同步指标，以提升它们的地位。但我的观点是，我们应该采用其中最好的领先指标和滞后指标，并将两者结合，以得到最优异的结果。

让我们对这个问题进行一下稍微深入的探讨。譬如，人们可以说一旦一条趋势线形成了，它本身也就变成了一个领先指标，也就是说从这一点开始，市场价位对这个指标的任何靠近都可以被视作潜在的支撑出现（图 2-10）。

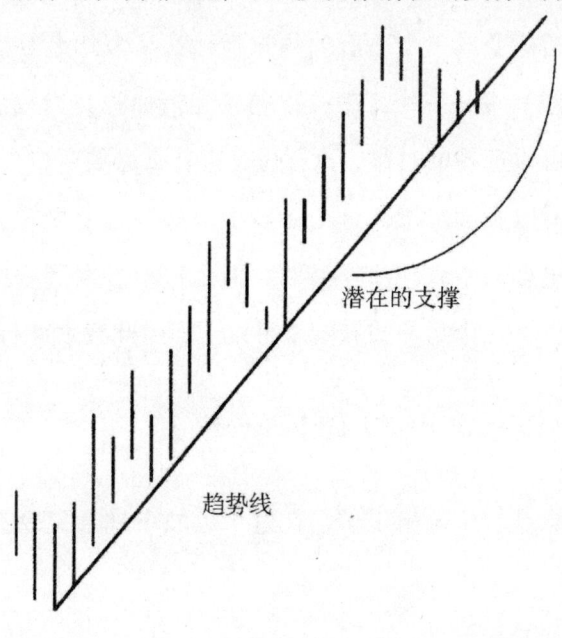

图 2-10

同样可以说置换移动平均线对趋势也有制约能力（图2-11）。

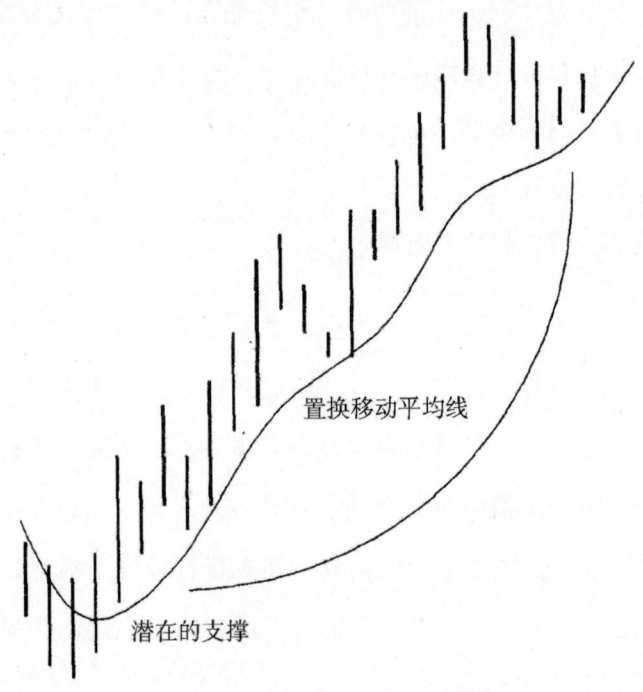

图2-11

是的，是可以这么说。但是，就拿置换移动平均线来说吧，为什么要把这个优异的滞后指标变成一个一般的领先指标？又为什么要把一个还不错的滞后指标（趋势线）变成一个不怎么样的领先指标呢？当我们有最好的领先指标和滞后指标可供选择的时候，这样做又有什么必要呢？

在领先、滞后以及同步指标这个话题上，如果想要做智力练习的话，我们还可以引申出更多的争议或文字游戏，但是这不是本课程的目的。我们只要为以后的内容打下一个足够的基础就可以了，因此我就此打住。

**逻辑赢利目标**（Logical Profit Objectives）

逻辑赢利目标是一个价格区域，在这个区域中你会发现有巨大阻力阻止行情的进一步发展，因为那里有与你现有持仓相左的巨额买卖单。但是，这里不是你立刻要进行反转操作的地方，不能保证市场到达这个区域之后就会停止其目前的运行趋势。逻辑赢利目标并非价格预测。它们只是一些价格点，在这些价格点上，目前市场的运行趋势持续下去的可能性急剧降低。利用斐波纳契延伸分析可以建立这些价格点，如果市场到达这些位置的话，你就可以获得逻辑利润。只要趋势或方向（运行）完好无损，市场就会达到这些价格点。在一个强劲有力的市场里，经过几次有交易机会的回调之后，最终所有的利润目标可能都会实现。但我不建议将这些价格点视为肯定会被实现的价格预测目标。

## 时间周期（Time Frame）

一般来讲，有无数种时间周期的图表可用来进行交易。我选的是 5 分钟线图、30 分钟线图、60 分钟线图、日线图、周线图和月线图。有时候我也看看 1 分钟线图或 3 分钟线图，但是察看低于 5 分钟的图是自找麻烦，因为如果这样做你就是与交易所场内的专业交易员在较劲。我们已经讨论过，你所生活的"世界"的时间周期越短，你的经纪人和清算服务就必须越好。我在本书的第 5 章（《趋势分析——平滑异同移动平均线/随机指标组合》）里会告诉你们，为什么我从不试图通过交易 7 分钟线图、19 分钟线图或 25 分钟线图去"搞定"使用 30 分钟线图的玩家（一个荒唐的概念）。

## 已确认和未确认信号（Confirmed and Unconfirmed）

如果某个信号里包含了所有的证据要素，我们就称之为已确认的信号；如果我们仍在等待最后的某条证据，那么这个技术信号就是未确认的。已确认信号的一个例子是价格在某条移动平均线之上的收盘；未确认信号的一个例子是收盘之前的同一信号。

## 错 误（Mistake）

错误是指你违反了自己的交易计划，即明知不该如此而这样做。错误和巨大的损失可能同时发生，也可能不。实际上，错误有时还能带来高额获利。如果你的交易计划不明确，或者你在制订交易计划方面缺乏经验，就很难给错误下定义。随着经验的增长和交易计划的完善，错误就变得容易识别。关键是要知道你什么时候犯了大错误或小错误，因为了解错误的数量和错误的严重程度，是你对自己在交易上进步与否作出判断的最好方式。

## 交易状态良好（Trading Well）

一年之中，总有些时候我们的状态好过其他时候。不管是在高尔夫比赛中还是在你与他人交往的过程中，非常关键的是你要能够识别在哪些时候你的状态比较好。在高尔夫球方面，你可以通过分数衡量自己的状态，而在交易方面事情就要棘手一些。你今天的盈亏状况并不能告诉你你的交易状态是否良好。

如果你是按照交易计划进行交易的，你就是交易状态良好。按照定义，交易状态不好的交易人是犯错误的交易人。如果他不根据交易计划采取纠正措施的话，他就永远不能在这个游戏中胜出，获得持续稳定的盈利。如果你不能实现令人满意的收益，你总是可以修正你的交易计划。但是，如果你总是达不到良好的交易状态，你就无可救药！你可以去卖柚子、盖房子，或者退休什么都不干。总之，就是别再交易！

## 交易计划（Trading Plan）

交易计划是一套对你的交易进行管理的规则。判断式交易方式的交易计划稍微灵活，非判断式交易方式的交易计划绝对严格。即使是判断式方式也应包含尽可能多的严格规则，这样你就可以更好地确定什么时候你的交易状态良好（也就是不犯错误），什么时候不好。

## 总　结

现在我们有了打造地基用的砖瓦，在第 3 章里，我将打个牢固的地基。本书其余部分教授的所有概念都在这个框架之内。

# 第3章 成交交易方式的主要组成部分

我的交易计划包含对下列内容的理解和执行：

（1）资金和自我管理。

（2）市场机制。

（3）趋势和方向分析（滞后和同步指标）。

（4）超买/超卖评估。

（5）进场技巧（领先指标）。

（6）离场技巧（领先指标）。

让我们从更近的角度一一观察以上内容，看看本书是怎么处理它们的。

## 资金和自我管理

在第1章里我已经间接提到一些关键的自我管理技巧，

但你还需要了解很多①。在参考资料部分，我提到一些可能对你有所帮助的其他信息来源。好的有关市场心理学的资料，可能比好的、实用的资金管理资料更容易找到。

有关成功的个性，我想在上述参考材料以外再补充一点，即成功的交易人往往都非常自信、自力更生，遇到批评或承受亏损的时候，他们不会为自己找理由。他们的头脑中没有给忌妒、羡慕或情绪的不安全感留出位置。我花了很长时间才意识到，为什么几乎我的所有朋友都是交易人，为什么我那么喜欢与交易人相处。我找不到其他的方式可以形容，我只能说他们是真正的男人和女人。我并不是说交易人必须是完美的，我是说这种工作的要求比其他工作苛刻得多。如果我上面提到的个性缺陷导致你承受了巨大损失，首先剔除这些缺陷，然后学习交易细则。

每次提到个人管理和巨额资金时，我想应该对你在自己的交易经历中所遇到的人作一些评论。我们都知道，小偷和不道德的人无处不在，在这个行业也同样如此。但是，坦率地讲，我在这行工作将近30年，只碰到过两个这样的人。有个人已经被起诉，另一个也快了。这两个场内的小偷是被他们的同行（场内交易人）轰出去的。进行清理的动机不是出于道德，而是出于务实。这里流通的只有这些钱，如果总有人以不道德的方式聚敛钱财的话，其他人就会鄙视他，用非常有效的方式让他从他们眼前消失。

## 市场机制

这里我所讲的是对交易厅、场内玩家、下单进场、场内规则和诸如被黑

---

① 在自学交易课程"斐波纳契、资金管理和趋势分析"里我深入探讨了成功的交易人的个性特征。这部分讨论录音大约三小时长，考察了成功的思维的各个方面。大部分时间用来详细探讨资金管理技巧，对破产（赌博）理论的理解，以及失常操作（aberrani run）。课程解释了在赢利期间和亏损期间应怎样处理保证金，讨论了正向和负面预期游戏，以及你所使用的方法的性质会怎样定义你的交易。还有一部分包含一些基本信息，介绍了怎样开通期货交易账户，怎样选择经纪人，等等。很多文献详细讨论了这些题目，因此我在此就不再赘述了。上述音频材料以及相关手册部分是独立于整个课程之外的，这样大家就不必购买多余的材料了。

掉的（X'd）交易①等实际问题的理解。

如果你从事汽车批发业务，但不理解保险公司、拍卖公司、经销商或密封投标的机制等，你能干多久？如果你从事房地产业，但不理解融资和第三者保存契据程序的机制，你又能干多久？

我经常遇到这样的交易人，他们对交易所的规则一无所知，但一天之中会6次试图在交易所内下单来用它赚钱。醒醒吧！你需要认识现实！需要了解你试图以此谋生的业务背后的机制。

在我的许多培训讲座里，我会强调交易所知识的重要性。我会告诉我的学生至少在标准普尔期货交易大厅里待上6个钟头。我希望他们站得双腿酸痛，看到场内交易员被人吐口水、被人看不起，甚至打起架来。我希望他们看到，一个场内的交易员因无法脱手一个委托单来完成其3个波动点的可盈利交易时，他有多么失望。我希望我的学生看到发生中的"未撮合交易单"带给人的遗憾。交易是一项艰难的风险管理业务，你怎么能对你根本不知道的风险进行管理？你怎样在没有经验的情况下消除错觉？场内交易员是你的同人。如果你与他们为敌，那就是自讨苦吃。

如果你不是日间交易人，情形又如何呢？那很好。你对交易厅的理解远不必像做日间交易的人那么多那么深刻。但是，你对它的了解必须超过90%的人。许多人都认为他们可以用交易利润来支付账单。没那么容易！你需要消除错觉，因为错觉导致不切实际行为的发生。

对我来说这是个热点话题。1988年，当我设计自学交易课程的"斐波纳契、资金管理和趋势分析"部分的时候，我认为我已经给了潜在交易人所需要的所有东西。我根据自己丰富的个人经验探讨了这个问题，但是在为期两天的集训中我只能做这么多。后来我意识到，我需要做更多事情，将来我会努力填补这个空白。我希望让一些人参与到这项工作之中，但是到目前为止

---

① 乔尔·帝纳波利：《被黑掉的进场单（或我的进场单到底在哪儿成交了？）》，《股票和商品技术分析》，1995年3月，第88页。

我还没能说服他们帮我落实这个项目。在本书里，我会对场内机制的各个方面进行一些建设性的恰当的描述，但是我强烈建议，你们应该自己寻找并结交一些有经验的场内及场外交易人。一旦你赢得了他们的信任，他们就会自由地与你讨论并剖析交易所的机制和规则，这会使你在你的交易事业中受益终身。

希望对于我引述其他信息来源来说明交易计划中第一和第二部分的内容不会让你过于失望。请务必查看一下参考书目和参考资料部分。本书以下部分对交易计划中的其他内容做了完整而明确的介绍。

**趋势和方向分析**：第4章、第5章和第6章。

**超买和超卖评估**：第7章。

**进场技巧（领先指标）**：第8章、第9章、第10章、第11章和第13章。

**离场技巧（领先指标）**：第7章、第8章、第9章、第10章和第11章。

## 需要注意的关键点

虽然这并非我的交易计划的正式部分，但我强烈建议你完成交易评估总结，它包括一个书面评估或自我评估"日记"，能深化你的观念，并强化交易良好的概念。

本书的其余章节将会通过一系列具体例证介绍我的交易计划的执行情况。

# 第二部分

# 背　景

当我乘坐飞机的时候，我喜欢看到机长的头发有些许的花白，这使我安心，使我在品尝第一杯饮料的时候嘴角上浮微笑。因为我的假设是这个机长已经有了相当多的经验，也曾经受过了许多危险的考验。在投资交易中也是如此，经验的作用是无法取代的。当我们交易期货合约的时候，我们就好像在抛耍舞弄炸药包。某些人当然可以用本书中所教授的一些概念来装扮他们自己好似有魔法师般的光环，但本书的目的其实是教授一个交易者如何赢利并生存下来。在这个行业中，只有那些长期生存下来的人，才是真正的成功者。

严谨周全地分析市场的背景和交易的时机，将会使你事先就确定你的风险和回报，从而能够使你决定是进场交易还是等待下一个更好的机会。在市场上，机会是随处可见、随时降临的。请切记：

失去机会，总比失去资金好！

# 第4章 趋势分析——置换移动平均线

## 总 论

有很多不同类型的趋势描述技巧，最常用的是趋势线和移动平均线。其他还有置换移动平均线、移动平均带（Moving Average Bands）、偏差带（De-viation Bands）、平滑异同移动平均线（MACD）、相对强弱指数（RSI）、随机指标（Stochastic）等。交易所里有多少交易人，就有多少描述"趋势"的方法。我的一位好学生艾德·莫尔（Ed Moore）用斐波纳契技巧定义"趋势"。对没有经验的人而言，这可能是一种把优异的先行指标转化为较差的滞后指标的方法。而对于艾德·莫尔，他有足够的经验来对这种转化加以利用。我还认识一位昔日的行家，他只看价格是高于还是低于开盘价，就确立一个相应的向上或向下的趋势。虽然我喜欢这种技巧的简单通俗，但是我认为它所包含的质量远远不够。

我在趋势描述方面使用两种特定的方法，而且只用这两种方法，它们是：

（1）置换移动平均线。

（2）平滑异同移动平均线/随机指标组合。

在本章中，我们将只进行置换移动平均线方面的讨论。平滑异同移动平均线/随机指标组合会在第5章中谈到。第6章《方向性指标》中会涉及一些较为特别的定义市场的运行趋势（向下或向上）的技巧。

如果你对第2章中定义的术语"趋势"没有完全理解的话，请重新研读该部分。如果你想知道我为什么会使用置换移动平均线，请参考第1章。

## 置换移动平均线

将移动平均线在时间上向前置换，对交易人意味着几大好处。

（1）它可以使你提前 $N$ 个周期，了解走势描述点或价格数字的情况。提前了解这个点的位置，有益于你制订市场策略。

（2）在计算移动平均线时使用"适当的"周期数字和"适当的"置换数额，置换移动平均线（DMA）能减少锯齿形态的影响，并以非常有助于交易人的方式"罩住"或制约市场的活动。

（3）某些DMA在形态描述方面非常有用，这一点在第6章《方向性指标》中有具体阐述。

我曾花费多年时间研究并挑选适当的长度和置换额，最后我总结了3条置换移动平均线。它们是：

——收盘价格的3周期简单移动平均线，向前置换3个周期。

——收盘价格的7周期简单移动平均线，向前置换5个周期。

——收盘价格的25周期简单移动平均线，向前置换5个周期。

可用如下形式表示：

$$3 \times 3$$
$$7 \times 5$$
$$25 \times 5$$

# 第4章 趋势分析——置换移动平均线

我使用的周期为每日、每周、每月。季度和年度周期也同样适用,但我几乎不涉及这样的长度范围。

我在教授置换移动平均线的使用方面有超过11年的经验,已经对上百个这方面的问题做了回答。由于很多问题被重复问及,我想最好能对这些问题做个回顾。

## 常见问题

"向前置换"是指什么,它怎样减少锯齿形态?

不同于普通移动平均线是在今天的日期上标出今天计算的移动平均线值,置换移动平均线的"向前置换"是指把同样的移动平均线值标在一个不同的、未来的日期上,这就是"置换"这个词的含义。置换发生在时间轴上,而不是价格轴上。对于那些喜欢形象思维的人来说,如图4-1所示,箭头显示,同样的移动平均线在时间方面被提前放置了。所有计算保持不变。对于那些喜欢数学思维的人,附录A中包含一个表格,显示了这些计算和各自价值的位置。

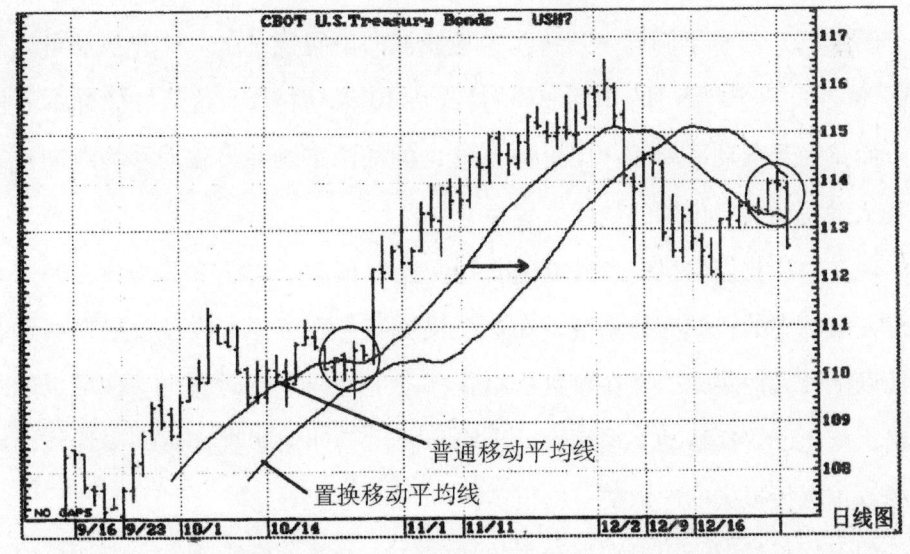

图4-1

下一个图 4-2A 显示了一条数学加权移动平均线（即不同周期被赋予不同"权重"），其绘制没有进行置换。换句话说，该图显示了一条标准加权移动平均线。周期数字或加权特点对我们的讨论并不重要。

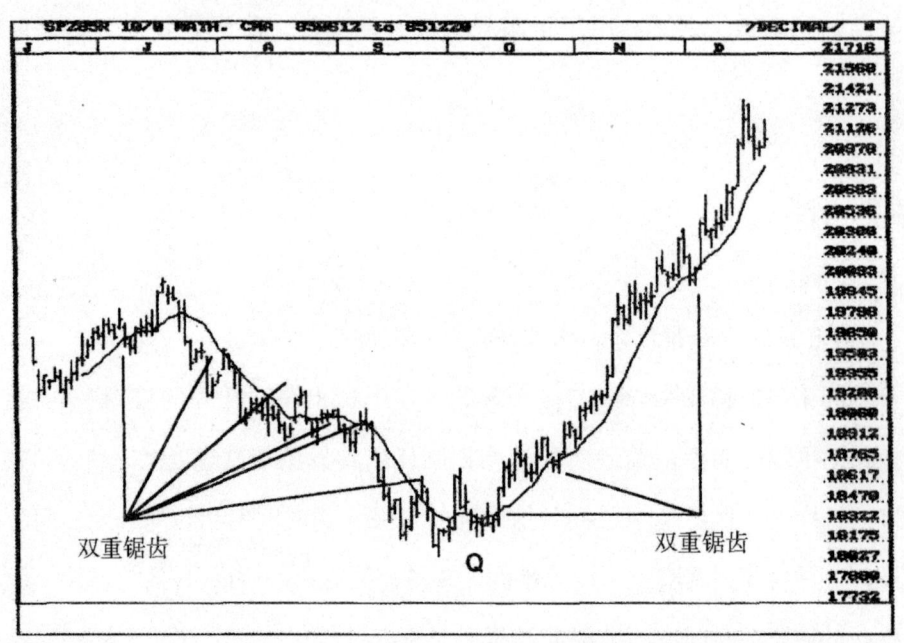

图 4-2A

图 4-2B 显示了同样一条移动平均线被向前置换了 5 天，置换额可以是 2 天/周/月、3 天/周/月、10 天/周/月或负 10 天/周/月。这就好像你拿着一张上面只画着移动平均线（无价格条码）的描图纸，并将移动平均线向左或向右水平移动你所预期的数额（置换）。

现在，让我们假设一个基本的非判断性以移动平均线交叉为信号，并总是待在市场中的机械交易系统。在这个机械交易系统中，收盘价格在移动平均线以上时人们买入，并在收盘价格在移动平均线以下时售出。你可以轻易看出，相比于置换移动平均线，一个交易者由于使用非置换移动平均线而承受的双重锯齿损失的次数要多出很多！

如果你正试图运用标准移动平均线建立你的非判断性系统，那你可以试试时间置换这个额外变量，看看你是否能得到更好的结果。

第4章 趋势分析——置换移动平均线

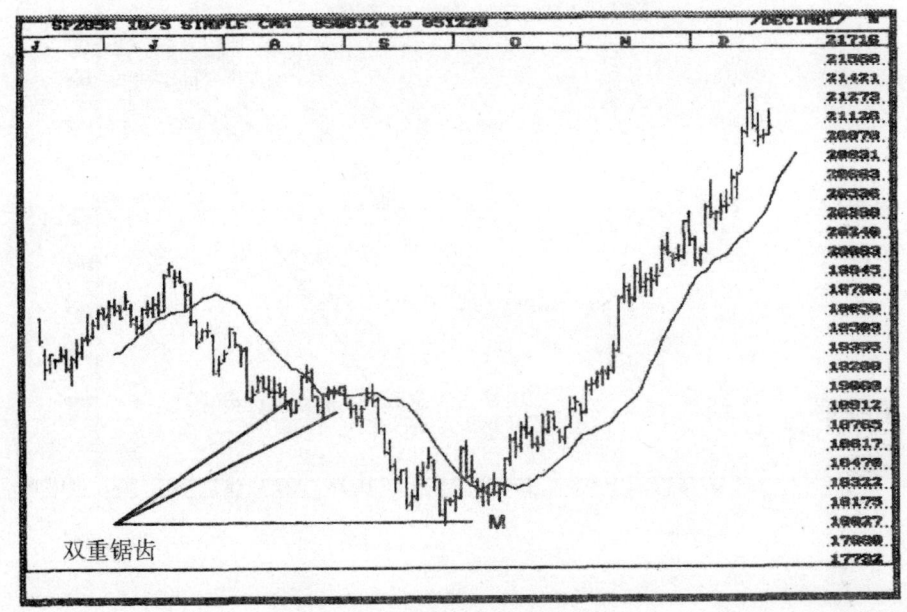

图4-2B

## 高级评论

正如我们在这个行业中所观察到的许多结果，你要对显而易见的和深藏不露的两种优势进行识别。显而易见的是，如果你遭受双重锯齿损失的概率越低的话，你的交易收益会越高。而不那么显而易见的是在现实生活中继续"游戏"下去的能力。如图4-2A所示，当大多数交易人到达Q点（Q代表Quit—退出）时，他们就会认输，回过头去再开发他们的系统。当然，这一点刚刚发生之后，图表上赢利最高的部分就开始了。图4-2B中的Q点被重新标注为M（M代表Money—金钱），因为这个点产生金钱。现实情况是，如果交易人据图4-2B进行交易，他就很可能赶上随之发生的大赚一笔的机会！

即使遭受如图4-3A中所示的并不频繁的锯齿损失，一般的交易人也有可能就此找到心理上的借口，不再进入市场。如果3月份的锯齿损失给了你一个不进入市场的借口的话，那么你可以看看，你错过了多少利润！

43

图4-3A

使用更长的移动平均线周期,是不是能起到同样的作用,预防锯齿损失,并把你留在市场里?

不一定。虽然较长的移动平均线之中的锯齿较少,但其他属性也会产生变化。如图4-3A所示,注意,当市场最终出现价格波动时,置换移动平均线和非置换移动平均线是怎样接近对方的。你的赢利水平保持不变,如P(Profit—赢利)点所示。

图4-3B中显示的是两者在赢利上的差别。此处的标准移动平均线周期更长,它戏剧性地滞后于市场价格较大一段距离。一个非判断性系统,它的离场信号建立在收盘价与移动平均线交叉的基础上,以实现未成交的利润(P)。显然,使用长周期标准移动平均线所回吐的利润明显地多于使用短期置换移动平均线回吐的利润(P1)。

你怎样对此进行交易?

我不会进行交易。在本书对交易所需的各个方面做了详细阐述之后,我才会分析在某一具体市场中进行的交易。这里所举的例子只是为了让你更好地理解该部分的内容。

你说提前N个周期了解价格描述点,这是指什么?

# 第4章 趋势分析——置换移动平均线

图 4-3B

$N$ 是指置换额。如果是以日为周期，3×3 就是向前置换 3 天。你提前知道当日、2 天和 3 天的置换移动平均线值，即对走势作出描述的价格点，如果没有置换（$N=0$），那么直到收盘时你才会知道当天的移动平均线的值，因为你需要用这个价值计算移动平均线。

几年前，交易人用开盘价格而不是收盘价格计算移动平均线的值，这样他们就可以在收盘之前知道当天的移动平均线的情况。我相信，我在 1986 年和 1987 年讲授的讨论置换移动平均线优势的第一批集训课程，最终导致了这种做法的结束。

那么指数平滑移动平均线、加权移动平均线或"后偏离麦克斯维卷积"移动平均线呢？它们是不是更好用？你所使用的置换移动平均线在所有市场中都适用么？

我欢迎你做一下尝试。我利用一台使用 8088 芯片的 CPM 计算机，用了两年半时间得出了我上面提到的置换移动平均线。我在各种市场的各种情况下研究了数以千计个图表。我曾尝试了我所能想到的并能编程的各种移动平均线。那时候，据我所知，还没有任何商用软件可以创建置换移动平均线。要完成这个任务，我需要创建一个图形套件，对移动平均线进行置换。这项工作的结果，就是由乔治·戴缪斯（George Damusis）编写的首个海岸投资软件公司的交易软件（CIS TRADINC PACK AGE）。我的研究显示，复杂的置换移动平均线并不比简单的置换移动平均线更为优越，因此，为了恪守我避繁就简"少就是多"的一贯方针，我一直使用简单的置换移动平均线。

还有一点你应该明白，我并没有采取很多计算机迷和智囊型人物非常热衷的优化过程。相反，我不厌其烦地考察了一个又一个市场，看看什么样的情形是我作为一名经验丰富的交易人在情感上可以接受，并且可以合理地预期将会赢利的机会。也许我现在再次对此进行研究的话还可以做得更好，但对此我甚为怀疑。更强的数字处理能力不一定就更好。另外，我也怀疑现在我是否还有毅力从事这样的工作。即使我把我的趋势分析技术这单独一个方面提高5%，这会对我的交易结果的底线有很大影响吗？我认为不会。你会看到，趋势分析会受到随后的重要技巧的过滤和影响。别忘了那句老话——"如果它没坏，就别修理它"。请不要在这点上误解我。研究是一项非常重要的工作，你能从中学到很多，而且如果你愿意的话，你应该在我的工作基础上做进一步的改进。但是，我想建议你在所有市场中对你所取得的结果进行测试。我需要强调的一点是：在这里介绍的置换移动平均线的设定值和计算方式具有普遍的适用性（包括海外市场），而且也经受住了时间的考验。

图4-4是英国长期债券的高度压缩日线图，25×0和25×5移动平均线都被显示出来。这张图显示了趋势期间和盘整期间的价格行为。箭头放置在25×5置换移动平均线制约了趋势，但25×0移动平均线却没有在那些点上制约住趋势。

你不在日间图中使用置换移动平均线，为什么？它们不好用么？

它们很好用，但是我有个（对我来说）更好用的技巧，那就是平滑异同移动平均线/随机指标组合。我的很多客户都在日间图上使用置换移动平均线，并对其高效率赞不绝口。而你当然也可以试试。它们比平滑异同移动平均线/随机指标组合更简单易用。

第4章 趋势分析——置换移动平均线

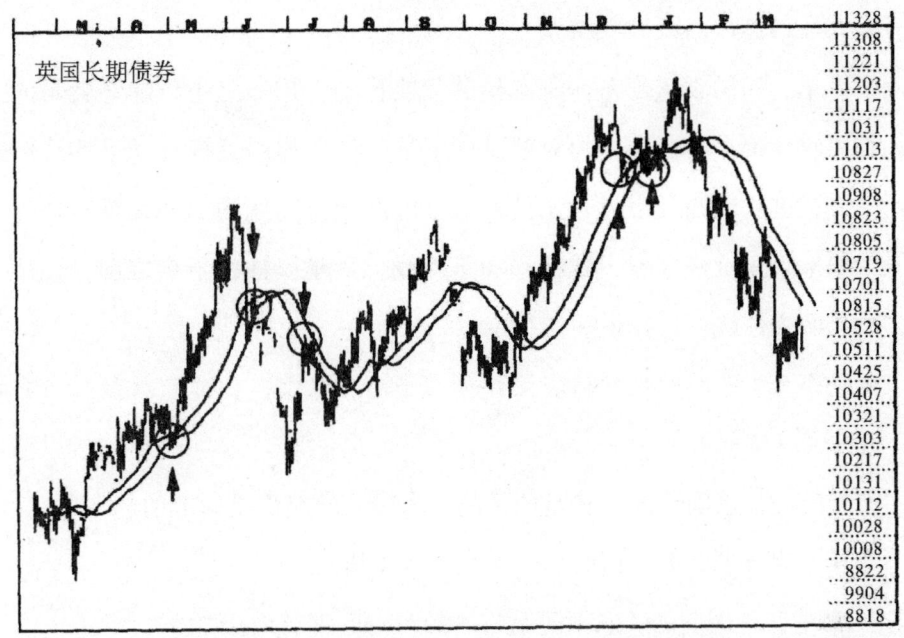

图4-4

图4-5显示了在标准普尔指数30分钟线图上一条日间3×3置换移动平均线，大家可以看到，3×3置换移动平均线以多么优异的方式罩住了市场迅猛推进式的运行。

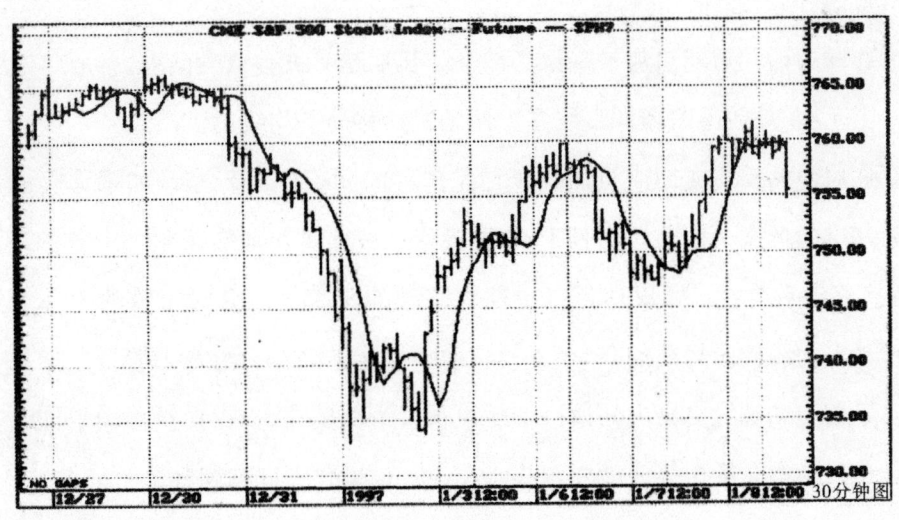

图4-5

那么我们怎么定义"趋势"?

很简单。如果收盘价在你所选择的置换移动平均线之上,趋势就是向上的;如果收盘价在它之下,趋势就是向下的。如果你用置换移动平均线以非判断式方式进入或离开市场,尤其是对于应用较长周期的25×5置换移动平均线,如果收盘价格穿越了置换移动平均线,我建议你在下单之前,让市场再多跳出两个柱线后再作最后的决定。

如果今天中午的时候价格在置换移动平均线之上,但昨天收盘时在它之下,意味着什么呢?

那样的话,已确认的趋势是向下的,未确认的趋势是向上的。

为什么你使用3个不同数值的置换移动平均线?

3×3是针对短期的,它对迅猛推进的市场非常有用。

7×5是较长期的置换移动平均线,很多人认为它在股票市场分析中非常有用。

25×5是长期置换移动平均线。

如果收盘价低于3×3置换移动平均线但高于25×5置换移动平均线,又该如何呢?

那样的话,短期趋势被确认为向下,长期趋势被确认为向上。

图4-6是在德国债券日线图上两条置换移动平均线的例子。

你对此的反应或回应将取决于你是何种时间范围的玩家,如果你是以小时为基础的玩家,你会对每日3×3置换移动平均线非常感兴趣,并当心25×5置换移动平均线。如果你是以星期为基础的玩家,你会对每日的25×5置换移动平均线或者每周的3×3置换移动平均线感兴趣。给你个警告。如果一位以星期为基础的交易人知道一个从以每日为基础的3×3置换移动平均线中创设出来的方向性指标,他要留心。在第6章里我会详细解释这个问题。

根据"未确认"信号持仓,可以么?

完全可以,我经常这么干,但是到周期收尾的时候你最好能对你所预想

## 第4章 趋势分析——置换移动平均线

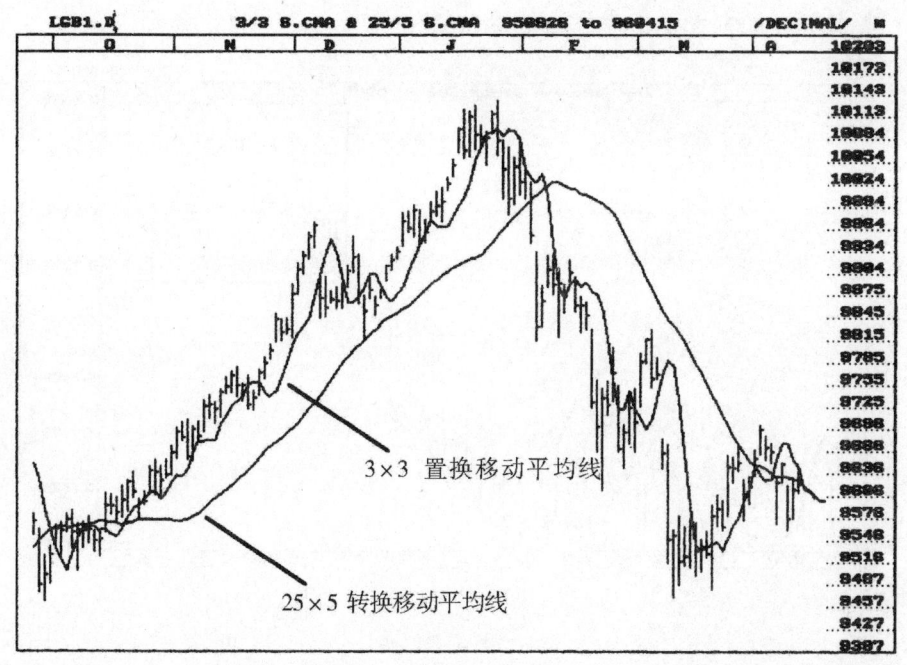

图 4-6

的方向做出确认，不然你就得跟交易说"拜拜"。如果你不这样做的话，你就是犯了一个大错误。另外，说到错误这个问题，永远不要改变交易的理由。如果你当初基于某个标准进入一笔交易，而这个标准被否定了，不要环顾左右，为你的持仓寻找其他的理由或标准。如果你这样做，你就是犯了一个严重的错误。结束交易，或者如果你有其他的交易标准的话，离场后根据这个标准重新建仓。不要担心支付佣金，长期的心理忧虑远远超过佣金的成本。另外，如果你退出交易之后对它重新审视，你往往会发现，重新买进的标准并不那么有说服力。

你提到罩住市场的活动，这真的与降低锯齿是一回事么？

是的，被交易人士误用得最多的一个技巧，就是他们对止损点收得过快。想法听起来是不错的，但是多数交易人首先就缺乏良好的设置止损的技巧，对收紧止损点的时机就更不了解。

考虑下面加拿大元汇率的日线图（图4-7）。

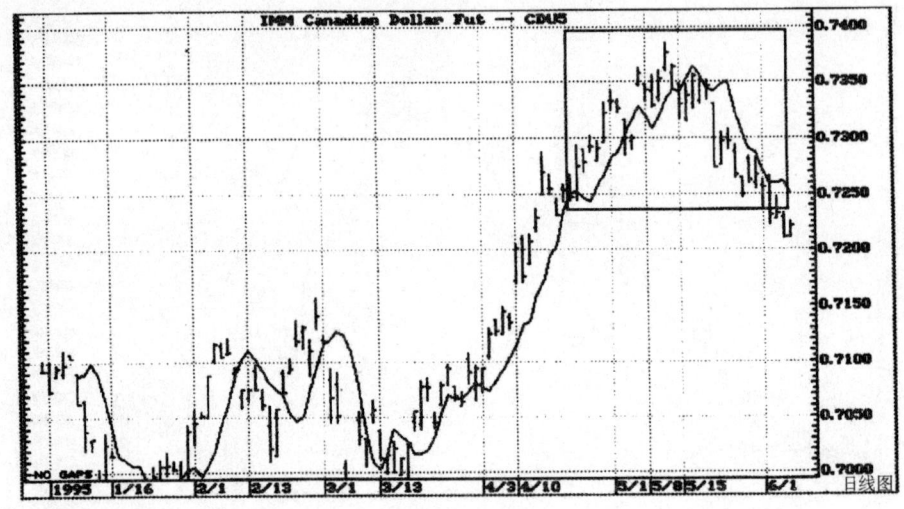

图4-7

从3月到5月初，市场主要处于3×3置换移动平均线定义的强势向上趋势之中。因此，我们要做多头，可能在小时图表上利用价格的下探买入，并在一个特定的目标卖出，这些价格的下探和目标点由斐波纳契的理论所定义，在我们后面的章节里将会讲到。

到达顶点之后，我们看到价格持续向下突破3×3置换移动平均线，3×3置换移动平均线制约或者说"笼罩"住其后发生的朝向顶点的回升。看一下图4-8中顶点的扩展图。

如果我们在A交易日做空后止损点收紧得过快，在B交易日和C交易日就会被止损强制退出交易。如果我们用3×3置换移动平均线作为趋势描述的指引，就没有理由担心我们的做空仓位，除非我们看到收盘价大幅回升到3×3置换移动平均线以上。在后面的章节里，我们会详细谈到设置止损的技巧。现在，你关键要理解，3×3置换移动平均线使市场有了喘息的机会。向前期顶点的回升，对曾经为卖家提供了市场流动性的那些人来说，提供了一种结束他们累积起来的多头仓位的途径，有可能他们自己也转而做空。

在你学习本书中阐述的概念时，你会明显看到，如果市场对任何显著的

## 第4章 趋势分析——置换移动平均线

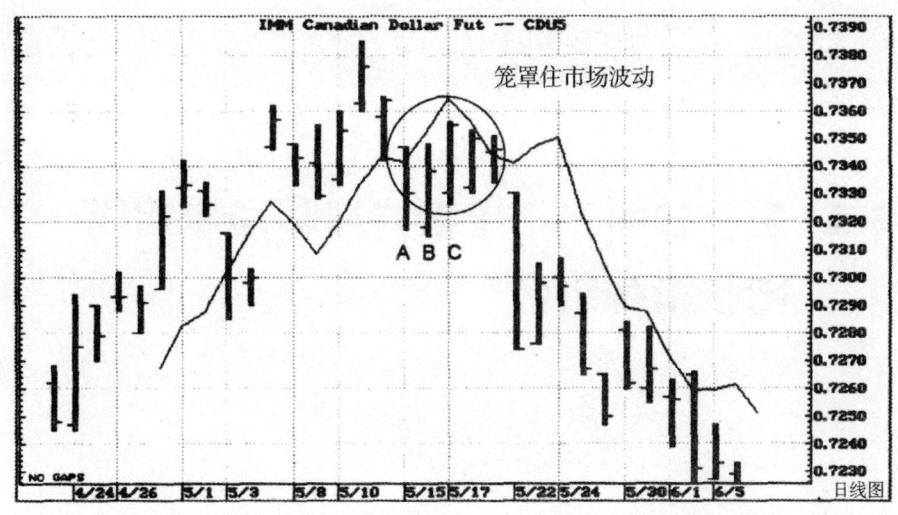

图 4-8

价格波动都会作出反应，这个市场就是稳定的、可交易的。如果只向一个方向持续而剧烈地运行，那这个市场就是不稳定的，进行交易是危险的。这是因为，那些为市场提供了流动性的专业人员误入了歧途！

# 第5章 趋势分析——平滑异同移动平均线/随机指标组合

## 总 论

就像其他对随机指标缺乏了解的交易人一样,我也曾一度对它的运用颇感困惑,最初使用的结果令人失望。幸运的是,当时我所使用的显示随机指标的设备是美国CQG公司的TQ20/20™。之所以说幸运,是因为TQ20/20™使用的是一种经过修改的随机指标,而不是所谓的标准兰恩(Lane)随机指标。后来,我得知随机指标公式也各不相同。如果当时我使用的随机指标所应用的公式不是TQ20/20™中编写好的随机指标公式的话,我的学习曲线就会陡峭得多。这是因为,那样的话,应用和理解这个指标的难度就会进一步增加。

## 程序、程序员和问题

也许这会让你觉得很无聊,或者会让你的大脑由于过度疲劳而形成栓塞，但是我们不妨稍稍偏离主题，讨论一下作为交易人的我们在试图使用交易工具时会碰到的一些重要问题。随机指标，以及在较低程度上的 MACD，为这个讨论提供了一个完美的背景。让我们首先考虑一下随机指标。

乔治·兰恩（George Lane）[①]，随机指标的创始人，他发现，在一个柱线范围内的收盘价格与未来价格发展有联系。

在进行了大量勤奋工作之后，他得到了一个公式，将这种观念量化。这看上去非常直接、简单，但是现实的交易软件则完全不是这样的。参考材料中介绍了各种让人眼花缭乱的随机指标公式的变体。乔治堪称这个行业里最博学、最慷慨、最具绅士风度的人物之一，但即使在与他本人对话之后，我也没能找到一个简单的方法搞明白原始公式与现如今我们这些交易人所使用的公式之间的联系。所以，我们不妨这样继续。我尽量避免让你淹没在复杂的数学公式中。如果本书的读者中间有谁是数学家或程序员，不妨看看附录中的各种公式。如果你只对我所使用的公式感兴趣，你也可以跳过几页，翻到"首选随机指标"这部分，这样，你就躲过了这部分有些折磨人的讨论。但是，你会错过我们在使用交易软件制订交易决策的过程中需要面对的一些问题。

从乔治·兰恩的著作中派生出以下词汇：

兰恩随机指标（Lane Stochastic）；

初始随机指标（Raw Stochastic）；

快速随机指标（Fast Stochastic）；

慢速随机指标（Slow Stochastic）；

经修改随机指标（Modified Stochastic）；

随机指标（The Stochastic）。

---

[①] 乔治·兰恩（Ceorge Lane），投资教育家。

## 正确的随机指标,请起立

打个比方,当一个想从事投资交易的人从某个名为"交易通"的软件公司购买一款图形分析软件的时候,我们看到软件公司将"随机指标"作为其中一个预编的技术分析指标。很好,我们很满意,因为我们曾经在书中读到过这个指标,也想用用看。但是,哪个随机指标才是那个"随机指标"呢?如果我们懂得不多,又没法向还算尽责并具备一些相关知识的销售人员提出贴切的问题的话,我们甚至连自己买的是什么都不知道!所以,让我们对随机指标做个了解,让我们了解一些有关软件和软件研发过程的基本知识。

## 兰恩(初始)随机指标

据我所知,所有随机指标都可以被称为兰恩随机指标,因为它们都源于乔治·兰恩的研究。兰恩随机指标,即我们的讨论所涉及的所有随机指标,有两条线:一条快速移动线%K,一条缓慢移动线%D。大家对快速随机指标(Fast Stochastic)%K线的计算上似乎有比较一致的意见。快速随机指标有时也称为初始随机指标(Raw Stochastic),因此我们将从这里开始,先谈谈这个公式。

%K快速(初始)随机指标计算方法为:

$$\%K = 100 \times [(C - L_n) \div (H_n - L_n)]$$

其中:$C$是最近的收盘价;$L_n$是在过去$n$天内最低的最低价;$H_n$是过去$n$天内最高的最高价。

慢线%D的计算往往会引发很多问题,慢线%D是快线的平滑化版本,但是对一条线进行平滑处理的方式多种多样。首先是我们对曲线进行平滑处理所使用的周期数,比如5周期移动平均线,或10周期移动平均线。我们还

第5章　趋势分析——平滑异同移动平均线/随机指标组合

可以挑选移动平均线的种类，比如，我们可以用简单移动平均线或指数平滑移动平均线。因为对曲线进行平滑处理的方式多种多样，所以就有了各种随机指标。

## 快速随机指标

如果%K我们采用上面的公式，并使用三周期经修改移动平均线（MAV）将它平滑化，就得到快速随机指标的%D线。在乔治·兰恩的随机指标文章[①]中，他举了个来自TQ20/20™的例子，就是用%K的这种平滑处理方式创建的%D线。TQ20/20™的程序运用的也是同一种平滑方式，来创建慢速随机指标的%D指数。计算公式如下：

%D（快速随机指标）=3周期经修改移动平均线（MAV）的%K（快速随机指标）

有些软件公司使用其他的平滑方式，但是，仍将该指标称为快速随机指标。

## 慢速（首选）随机指标

慢速（首选）随机指标来自于快速随机指标。如果我们取上文计算的%D，将它重新命名为%K，然后用三周期经修改移动平均线使它平滑化，我们就得到一条新的慢速随机指标线%D。这两条线构成了称为慢速随机指标的指标，它是由经修改移动平均线通过平滑处理而创建的。这就是我所使用的慢速（首选）随机指标：

%K（慢速随机指标）=%D（快速随机指标）

---

① 乔治·兰恩（George Lane）：《兰恩的随机指标》，《股票和商品技术分析中》，1984年5月、6月（"Lane's Stochastics," *Technical Analysis of Stocks and Commodiries*, May/June 1984）。

%D（快速随机指标）=3周期经修改移动平均线（MAV）的%K（慢速随机指标）

有些软件公司会使用其他平滑方法，但仍然将其指标称为慢速随机指标。经修改移动平均线的公式如下所示。起始点（$MAV_t$）的计算方法与简单移动平均线的计算方法相同。

$$MAV_t = MAV_{t-1} + (P_t - MAV_{t-1}) \div n$$

其中：$MAV_t$是当前经修改移动平均线值；$MAV_{t-1}$是前一个经修改移动平均线值；$P_t$是当前的价格；$n$是周期数目。

## 经修改的移动平均线[①]

如果不使用经修改的移动平均线（Modified Moving Average，MAV），而使用简单移动平均线进行平滑处理，你得到的慢速随机指标的效用就会大打折扣。实际上，我发现它毫无用处！

## 经修改的随机指标

如果我们对快速%K线的计算取得了一致同意的公式开始，并用任何一种方式将该线平滑化，我们就能得到经修改的随机指标%K。然后，如果我们取这条%K线，并用任何一种方式将它平滑化，并将结果称为%D，我们就得到了经修改随机指标的慢线。你很可能会在参考材料或软件用户手册中发现经修改随机指标的其他定义。

---

① P. J 考夫曼（P. J. Kaufman）：《新商品期货交易系统和方法》（*The New Commodity Trading SystemsandMethods*），*New York John Wiley & Sons*，1987。

第 5 章　趋势分析——平滑异同移动平均线/随机指标组合

## 随机指标

在你的屏幕上开启那个"交易通"软件，Aspen Graphics™、CIS TRADING PACKAGE 或 TradeStation® 等任何交易软件，你就会看到一个随机指标。它是什么，有什么用，谁都不太清楚。如果没有经过仔细研究的话，我也不敢妄然对它下定义。因为上述研究显示，根据你选用的软件对随机指标公式的不同定义，它的外观、适用性和效用会有着极大的差异。

## 首选随机指标

这是个新词汇，为的是反映我所使用并认为有用的东西。上文援引的创建慢速随机指标和经修改移动平均线的公式满足了我的需要。其他有关随机指标的公式和参考包含在附录中，以免使这个问题更为复杂。

在我上次察看的时候，我的首选随机指标在 CQG 公司、Aspen™ 公司和我们自己的 CIS TRADING PACKAGE 的交易软件中被称为慢速随机指标。TradeStation® 公司的软件未将它设为初始设定的随机指标，但你只要将适当公式输入一种所谓的"简单程序语言（Easy Language™）"中就能创建这个指标。MetaStock™ 公司软件的初始设定的技术分析指标里没有首选随机指标。然而，你可以更改 MetaStock™ 的初始设置来创建首选随机指标。

在你学习本书里图的随机指标实例时，如果使用 Aspen Graphics™ 软件，你看到的名称就会是经修改随机指标，而不是慢速随机指标，虽然慢速随机指标是我的首选随机指标。为什么？当初设计我的研究的时候，我不信任程序员，认为他们肯定没有正确计算慢速随机指标。因此，我进行了经修改随机指标方面的研究，自己设计研究，以复制我知道是正确的输入。然后，我把这些数值与我所知道的正确数值做了比较：我们自己的 CIS TRADING

57

PACKAGE。这之后,我把我在 Aspen 中设置的经修改随机指标,与 Aspen 的所谓慢速随机指标做了比较,发现他们的程序员做对了。在本书主要章节的"随机指标"讨论里,采用的是我的首选随机指标。

随着交易软件的演化,很可能经修改随机指标会取代所有其他类型的随机指标。因为顾名思义,你可以对经修改随机指标进行修改,模拟所有其他指标:那样的话,要模拟我们的首选随机指标,用户就要输入4个变量:

(1) 8个随机指标计算周期(8天、8小时等)。

(2) 3周期快线平滑处理。

(3) 3周期慢线平滑处理。

(4) 使用经修改移动平均线的公式来进行平滑处理。

讨论这样的细节,好像还没有使问题变得足够复杂。那么让我来告诉你,在选择软件套件并使用这些软件创建的指标进行交易的时候,你还需要注意以下两点:

### "柱线与市场活动相对应"相对于"柱线与设定时间相对应"

设置"与设定时间相对应"的柱线要简单得多,但是它们不如"与市场活动相对应"的柱线那样有利于分析。就拿美国债券做例子吧。虽然债券市场在早上8:20开始交易,并在早上8:50结束第一个实际交易半小时时段,但"与设定时间相对应"的柱线要在早上8:00就开始显示市场交易,第一个柱线于早上8:30结束。在这个例子里,第一个半小时(8:00~8:30)之中只有10分钟的实际数据。第二个半小时的条码中只有20分钟第一个半小时的数据,以及10分钟第二个半小时的交易数据。另外一个产生"错误"的最高价、最低价和最后数据的"与设定时间相对应"的柱线例子是标准普尔指数小时线。标准普尔指数小时线的第一个柱线包含早上9:00~10:00的数据,但直到9:30数据才会开始流入!第二个小时从早上10:00开始,到早上11:00结束,而不是正确地从10:30开始,到11:30结束。如果日间图中的最高价、最低价和最后数据的记录"不正确",那么所有以此为计算基础进行的研究显然也都是错误的。不要对此不以为然,很多交易人多年来一直使用应用"与设定时间相对应"的柱线所产生的技术指标来进行交易,取得的结果也一直低于应达到的正常标准。这些交易人中,有很多根本不清楚这些技术指标是怎样计算出来的。我向你表明,这些指标之所以表现欠佳,可能不是这些指标本身有问题,而是由于它们的计算公式不正确,或者交易者对其使用方法的理解有问题!

**数据样本**

某些交易图形软件所面临的第二种不那么明显的不利因素,来自它们选中进行研究计算的数据样本。比方说,你将横向(时间)轴从140个柱线减少到40个柱线。如果这时你所进行的研究需要超过40个柱线才能产生准确的数值,那么有些厂商的程序就不够用了,因为它们只计算屏幕上显示的样本。不管你的屏幕上显示的是20个柱线、40个柱线还是400个柱线,好的图形程序会给你提供同样的研究数值。这些数值不应该取决于屏幕上显示的柱线数目,当然,前提是你的硬盘上有进行正确计算所需要的足够数据。

如果不对创建随机指标的公式进行研究,或不对柱线创建幕后的编程工作进行研究,而空谈"这个随机指标"或"那个摆动指标",就可能导致最让人失望的结果,而且你会茫然不知问题出在什么地方!

## 程序员和升级

让我们看看现实世界中软件开发的情况。假设你是一家软件公司的总裁,同时也是一名交易人。你的软件非常稳定,你每天都用它作出交易决策,但是,这个软件有个很小很小的瑕疵。屏幕上显示的1998中的数字8离其他数字有点远,太靠近屏幕的右侧了。你找到公司的程序员,说:"这个问题有点烦人，你能搞定么？"他回答："好的！"两个月之后，软件被交还给你，你发现他们解决了数字8的问题，但是还"解决"了另一个"问题"，他们当中有一个人在随机指标公式中发现了这个"问题"。当然，对于他们"解决"的这第二个"问题"他们只字未提。

我很想确立一种行业标准，如果有任何程序员做了任何改动而不告诉你，就拔掉他们的一个脚趾甲。如果你认为我这么说过于严厉了，那么你可以设想一下：你已经为一笔交易计划了好几个星期，本来你可以从中净赚2万美元，但结果你却赔了1万美元。为什么？因为你的交易计划的其中一个指标的计算被做了改动，而你对此毫不知情。老实告诉我，作为一名交易人，你是会找出钳子来，还是会笑笑说"下不为例"？如果我可以那么做的话，交易室里会有许多一瘸一拐走路的人，至少刚开始的时候会是这样！

升级也存在同样的问题。你所使用的交易软件的厂商会说，他们有个新东西，一个绝佳的升级版本，你绝不能错过。你不得不被迫"升级"，因为他们不再支持你所使用的旧版本软件。结果，你后来发现，在"升级"版本中，他们破坏了合约生成程序，在光标窗口里出现了一个问题，而且你再也没法打印出正确的图表了！你告诉他们这些事情时，他们会说："别担心，马上又要有升级版本面世了——只要195美元。"

除了这种暗地里悄然发生的变化之外，所谓的升级版本还以其他方式让你的交易计划遭受浩劫。升级版本的文件中的默认设置，常常会覆盖你辛辛苦苦输入的设置。我可以给你举个例子，这个例子也许适用于你所采用的软件，也许不适用。一般来说，出价和要价反映在你的报价页面上，多数交易人需要这个特性。但是，多数交易人不希望买入价和沽盘价被标示在图表里。如果你以前选择了"出价和要价不用图表标出"的选项，而这个选项被你的升级版本覆盖，你可能需要几个月的时间，才能意识到你的图表有错误！在这段时间内啊，你的所有指标，帝纳波利点位™，你的最高价、最低价和最后数据，都是错误的！甚至当图表告诉你，你下的单应该已成交的时候，可能只是一个出价或要价超过了那个价格！

如果你对这个游戏知之不多，那你就要小心。我参与交易软件的制作和使用已经有20年的时间，这些问题仍在困扰我。虽然我对程序员的天赋非常敬佩，但我也对他们的某些行为，以及指挥他们工作的经理的行为颇为失望。他们当中的有些人对交易所知极为有限，但却可能会轻易地擅自进行"改进"工作，或者不经意间毁掉对我们来说非常关键的决策工具！

但是不管怎么说，如果不是由于那些程序员的过人天赋和坚持不懈地工作的话，我就不可能实现我作为一名交易人所取得的成就。如果没有程序员，置换移动平均线的研究、摆动指标预测器™和我性能卓越的黄金率结点™（FibNodes™）程序，就只能是不可能实现的梦想。所以，我们应承认，使用计算机和给它们编写程序的人可以带给我们很大的好处，但也让我们面对严峻挑战。如果你能记住软件工程师也像交易人一样，需要严密管理和认真监督，那么我们得到的好处就会远远高于我们付出的代价。

## 使用随机指标

在早期我开始使用随机指标的时候我曾使用输入的周期数是14、3、3，但后来选定了8、3、3。当我认识到趋势与时间周期有关的时候，我起初在研究中遇到的许多问题都迎刃而解。如果5分钟随机指标显示"买入"，而半小时随机指标显示"卖出"，它们之间绝对没有什么相互矛盾之处。唯一的矛盾之处，如果有的话，可能恰恰存在于使用者的头脑之中，因为他不清楚他从事交易的时间周期，或者在应对极短期、日间交易的变化速度方面缺乏经验。

在我刚刚从事期货交易的时候，我只以传统方式用随机指标决定日间趋势。如果快线从25线以下交叉上穿慢线，并向上突破25线，那就意味着上升趋势。如果快线从75线以上交叉下穿慢线，并向下突破75线，那就意味着下降趋势（图5-1）。

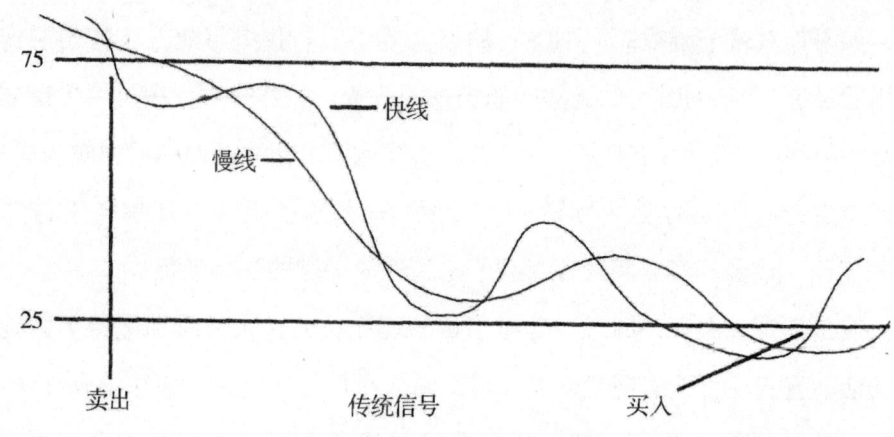

图 5–1

## MACD（DEMA）/随机指标组合

20 世纪 80 年代中期，杰克·伯恩斯坦（Jake Bernstein）和我一起开了个研讨会。他讲的其中一个题目就是他的双重指数平滑移动平均线（Dual Exponential Moving Axerage，DEMA）/随机指标组合的方法。这些年来，杰克教给我很多东西，但是这个经过某种特定方式的变化后的特殊技巧一直是我最得力交易的交易工具。杰克教给我的这种方法是，用传统方式使用随机指标，并用双重指数平滑移动平均线买入或卖出对它进行过滤。换句话说，在给出经确认向上或向下趋势信号之前，随机指标和双重指数平滑移动平均线必须同时发出买入信号，或者同时发出卖出信号。那么双重指数平滑移动平均线的买入信号是什么？甚至什么是双重指数平滑移动平均线？双重指数平滑移动平均线是从杰拉德·亚佩尔（Gerald Appel）的 MACD[①]（平滑异同移动平均线，Moving Average Convergence Divergence）衍生出来的，MACD 最

---

① 杰拉德·亚佩尔（Gerald Appel）：《平滑异同移动平均线交易方法》（*The Moving Average Conrergence–Divergence Trading Method*），*New York*：Signalen Corora–tion。

初是由亚佩尔先生为分析股票趋势而开发的。用亚佩尔先生的话说，MACD非常简单。取两条价格移动平均线的差额，并创建该差额的移动平均线。两条原始移动平均线的差额，与该差额的移动平均线，可以绘成一快一慢两条线。公式见附录B。

注意，在图5-2中，我用来显示MACD的两条起伏的曲线，与我在图5-1中用来显示随机指标的曲线相同。我仅仅是改变了数值范围，因为MACD（DEMA）围绕零线振荡，而随机指标在0~100波动。我们将忽略两个指标的数值范围，只观察起伏的曲线交叉的情况。

杰克·伯恩斯坦最充分利用了MACD，他采用了特定的指数平滑移动平均线，而不是像亚佩尔那样简单使用整数输入。DEMA[①]——双重指数平滑移动平均线，这个词就由此产生。

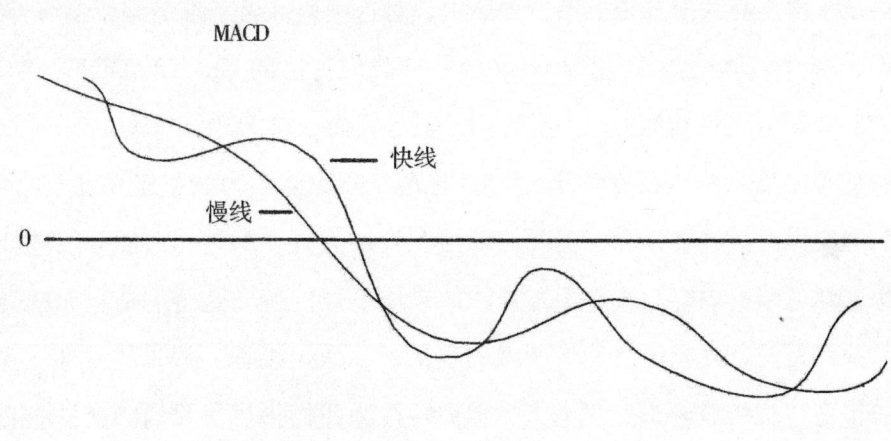

图5-2

与随机指标一样，如果快线从下方与慢线交叉，你就得到买入（信号）。如果快线从上方与慢线交叉，你就得到了卖出信号。虽然我总爱绞尽脑汁得到最大利益，但是我还从没发现任何输入的结合能与杰克开发的0.213、0.108、0.199相媲美。这些指数输入可以被8.3897、17.5185、9.0503"周

---

[①] 杰克·伯恩斯坦（Jake Bemstein）：《短期期货交易》（*Short Term Trading in Futures*），Probus Publishing Company，1987。

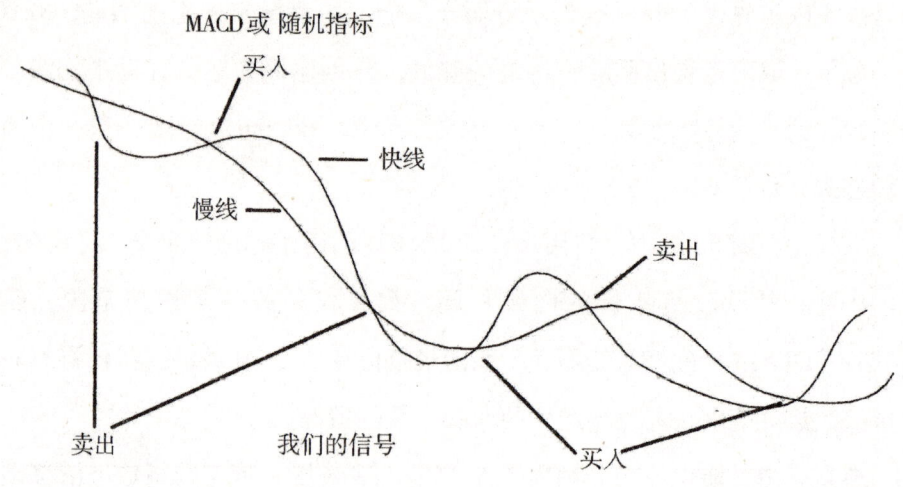

图 5 – 3

期"输入模拟,前提是你所使用的软件能接受"周期"输入并模拟指数移动平均线平滑。在我所知道的图形程序中,对这项研究做了准确编程的有 CQG 公司、Aspen Graphics™、TradeStation® 和我们自己的 CIS TRADING PACKAGE。我确信还有其他的也一样好用,但是我尚未对此进行确认。

如果你是那种"拔枪就开火"型的人,可能会认为我过于关注细节了,我只能说你有权这么认为,但我必须强调我认为重要的内容。你可以选择忽略你愿意忽略的内容。我并不是说,如果你不严格遵守这些的话,你就会亏钱,我只是说,你应该清楚你所做的事情,不做无根据的假设。另外,我们需要很多"拔枪就开火"型的人,他们往往为我们提供了我们的交易成交时的另外一方。

好了,我们终于完成了随机指标和 MACD 的研究工作(为清楚起见,从现在起我将 DEMA 也称为 MACD)。我是这样使用它们的。

对我来说,MACD 是更为可靠的趋势指标。我一直继续采用杰克的数字,保持它的强劲。我通过输入 8、3、3 而不是杰克和其他很多人采用的 14、3、3,来故意削弱随机指标。图 5 – 4 和图 5 – 5 是美国债券合约 3 月份随机指标和 MACD 的日线图。

第 5 章 趋势分析——平滑异同移动平均线/随机指标组合

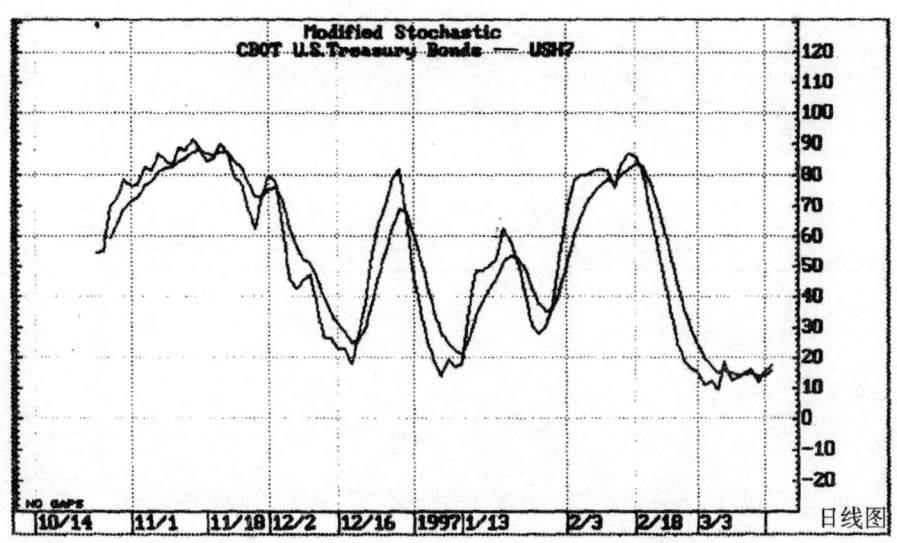

图 5-4

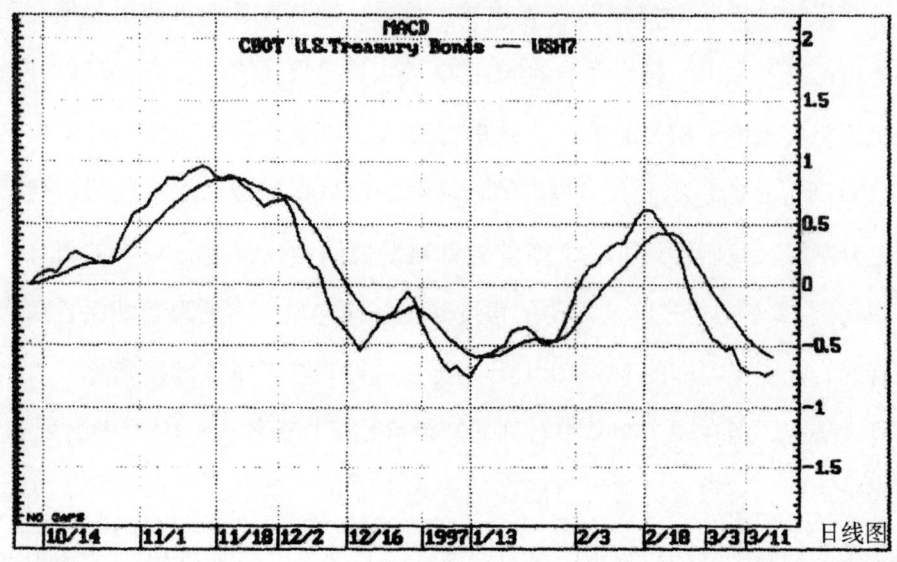

图 5-5

注意，随机指标比 MACD 更陡峭。MACD 的流动线展现给我们一个平滑的趋势，这才是我们想要的！与随机指标相比，MACD 给出的买入和卖出信号并不那么频繁。如图 5-6 所示，把这两个指标显示在上下两个独立窗口中，就可以评估何时淡出（不看好）市场，何时不这么做。

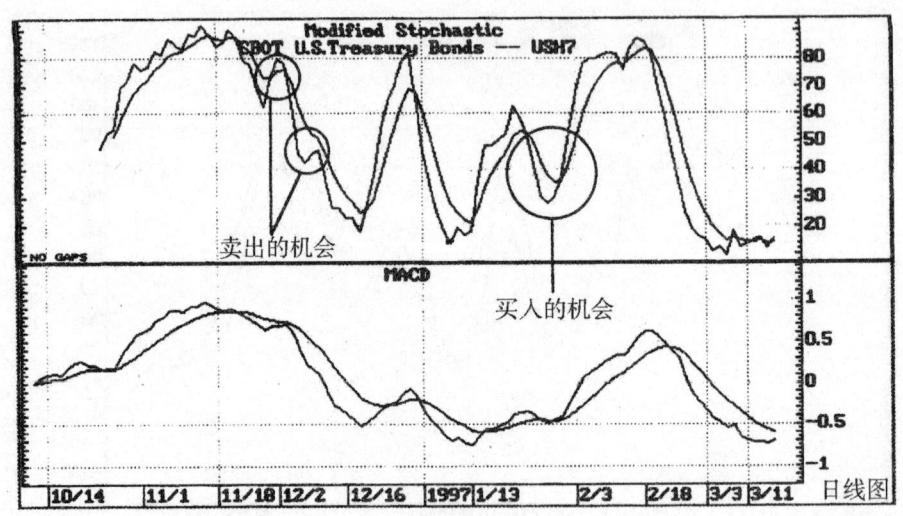

图 5-6

如果随机指标和 MACD 都发出买入信号，趋势就是向上的。如果疲弱的随机指标指示卖出，只要强劲的 MACD 买入信号保持完整，我就可以针对与随机指标卖出信号相关的价格暂跌进行买入。注意 1 月中旬和 2 月中旬之间 MACD 所显示的稳固上升趋势。随着疲弱的随机指标转为卖出信号，然后回到上升阶段，我们得到了一个绝佳的针对斐波纳契支撑进行买入的机会。11 月中旬到 12 月中旬之间从卖出的角度看也是同样情形。更为微妙而且蕴含着机会的，是图最左端的 MACD 上升趋势。一般观察显示，随机指标一直处于上升走势中，但在现实交易中看到的却恰恰相反！为什么？10 月中旬到 11 月最高价之间，有很多次随机指标在一天之中显示未确认的卖出信号。从这张图表中我们看不到这些卖出信号，因为交易日收盘时（已确认）才是指数的计算点，图 5-6 中显示的是根据收盘已确认值计算的结果，所以我们事后在图 5-6 中看到的是随机指标一直处于上升走势中。但是，按未确认日间信号实时采取行动的交易人给了我们一个机会，可以在他们卖出时做多。然后，当随机指标回到买入信号、他们的止买价格被触及的时候，我们就可以在预先算好的斐波纳契逻辑获利目标价位获利了结！

## 第5章 趋势分析——平滑异同移动平均线/随机指标组合

通过在最常用图——5分钟线图、30分钟线图和60分钟线图、日线图、周线图和月线图上观察组合信号，我们就可以用鸟瞰的方式了解疲软玩家的位置（随机指标）以及强劲玩家的位置（MACD）。我的目标是在上升趋势（MACD买入信号）中，在斐波纳契折返点针对价格止跌（随机指标卖出信号）买入，或在下降趋势（MACD卖出信号）中，在斐波纳契折返点针对反弹（随机指标买入信号）卖出。这样，我就将领先指标（斐波纳契）和滞后指标（MACD/随机指标）结合在一起，与价格行为进行"安全"互动。你还应该注意，随机指标信号应在25或75极值的传统要求被忽略了。就像MACD一样，我只要求快线与慢线有个交叉，以产生信号。

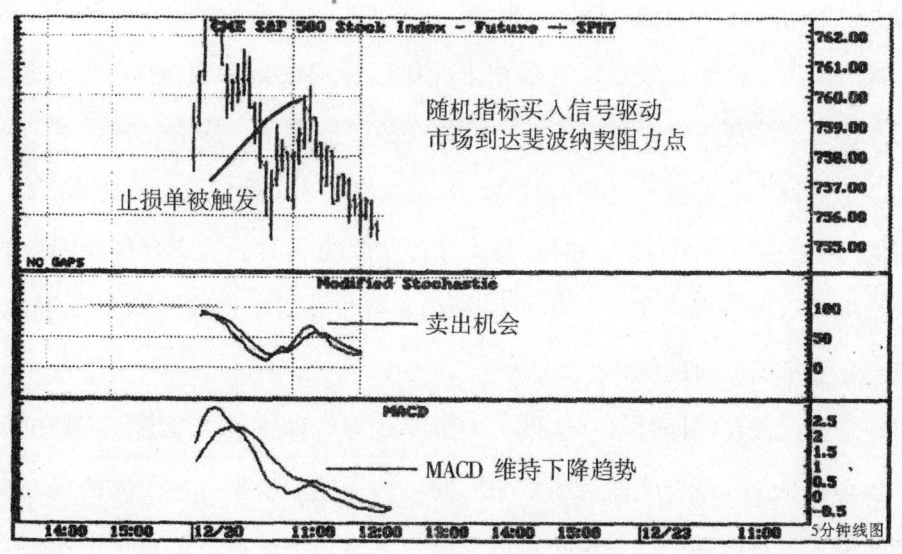

图5-7

图5-7显示了处于向下迅猛推进式运行之中的标准普尔指数5分钟线图。由于柱线显示只局限于图的1/3，我们很难看到推进的范围。我之所以这样做，是为了让你看到MACD和随机指标的行为。最初，两个指数都显示卖出。一个中期价格低点被达到，随机指标进入买入信号状态。它带来了疲弱的多头，抛弃了疲弱的空头。MACD定义的向下趋势保持完整。观察这种行为，你就会看到，在不恰当位置设置的追踪止损，给了见多识广的玩家一

个绝佳机会，从疲弱玩家手里获得仓位，即按主导趋势的方向针对价格暂跌买入或针对价格的回升卖出。图5-7显示了止损买入单如何被触发，使市场回升到斐波纳契阻力点位，在此之后，随机指标恢复了与MACD的一致，市场回到早先下降的方向上，也许会达到新低。这种行为在各种时间周期图中反复出现。需要提醒注意的一点是，为避免有可能出现的锯齿形态，在操作这种模式时，必须首先确认市场是处在迅猛推进式的状态中。

在讲授MACD/随机指标组合信号的使用的时候，我一般会按照复杂程度分级，并根据教学安排和学生的经验水平来讲解。上面的解释涉及第一级（两个指标给出一致的信号时才定义一个趋势）和第二级（在主导趋势的方向上，逆向操作疲弱随机指标的概念）。下面我们会举几个第一级和第二级应用这一技巧的例子，第三级（预期未确认信号或根据未确认信号进行交易）我也会有所涉及。第四级涉及转换你的交易时间周期，除非是在课堂上，否则这个题目讲起来过于复杂。但是，为了让你有个大致概念，我可以告诉你，就像上面的例子一样，半小时走势往往显示卖出信号，为5分钟线图上的随机指标淡出操作提供了进一步的根据和支持。在讲解过斐波纳契分析之后，我会举更多这方面的例子。

现在，让我们回过头，从另一个角度观察这种方法，考虑一下随机指标的数学计算，你就会明白市场是如何发生转折的。设想有一个大的场内交易商，或者更可能是一群场内交易员，他们在市场上做空。如果他们能使几个柱线的价格保持在一个最高价之内（使价格不再继续升高），（疲弱）随机指数就会被迫转向向下。疲弱的多头开始卖出其持仓，疲弱的空头建立新的做空交易仓位。一种情形是，这些场内交易员（还有我们）可以针对那些卖出委托单进行买入。这些场内交易员可以获取几个波动点的利润，而我们可以为预期的市场新高，或者向斐波纳契展开点的运行做好准备，使自己处于有利的位置。如果我们不在价格暂跌的点位买入，而是试图在原来的最高价的点位用止损买入单买入的话，我们实际买到的价格会与我们计划买入的点位

（原来的市场最高价）有很大的价差。而且，在我们买入后，我们还可能不得不再次承受一次回拉，而与此同时那些喂给我们卖出委托单的场内交易员则获利了结了。另一种可能的情形是，如果我们淡出随机指标而买入，但 MACD 后来也跟着崩溃（和随机指标一样给出卖出信号），在这种情形下，我们知道我们犯了错误，我们会在下次反弹回升时退出。即便是这时我们犯了错误，但如果我们操作的是短期的时间周期，并对这种退出方法有足够的经验的话，我们还有可能持平，获取几个点的利润，或者仅承受几个点的微小损失！

让我们看一下图 5-8 原油日线图，一个相对简单的例子。

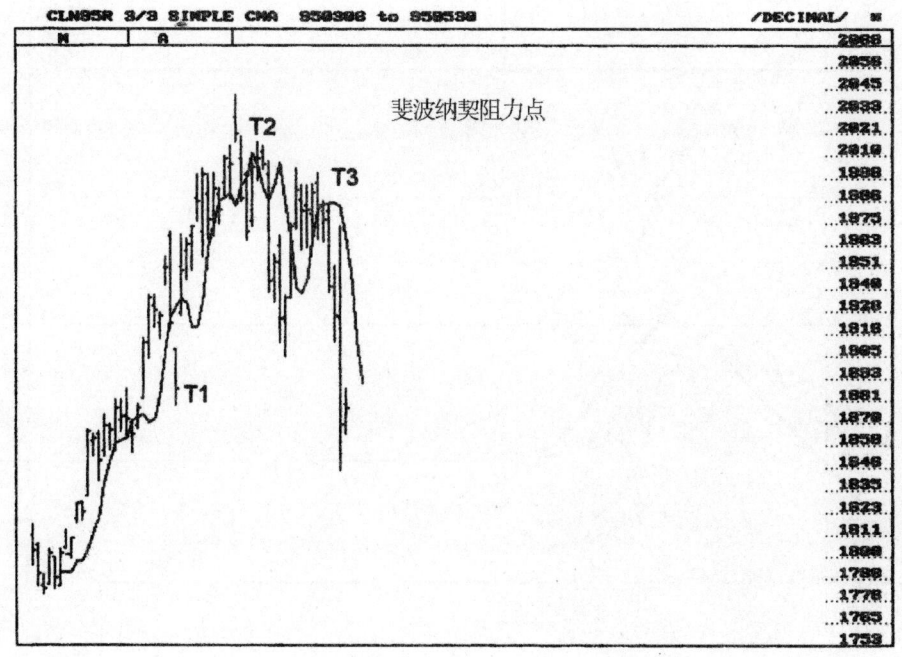

图 5-8

显然 3×3 置换移动平均线定义了一个迅猛推进式的上升趋势市场。如果你在市场上升的时候主要是从多头一面操作的，你肯定做得很好。你不会在 T1 点卖出，或在 T2 点或 T3 点买入而陷入困境。虽然这符合你以前学到的置换移动平均线定义的趋势规则，但你不会进行这样的交易（下个章节里我们会讨论可以否决趋势的方向性指标，它们会让你在 T1 点买入，在 T2 点和 T3 点卖出，这些都是在几乎完美的斐波纳契折返点上。抱歉我跑题了，但是有时候提前了解一下我们后面要讲的内容，对你是有帮助的）。现在，回到刚才的问题。

图 5-9 仍然是图 5-8 描述的原油日线图表，只是加上了 MACD 和随机指标。

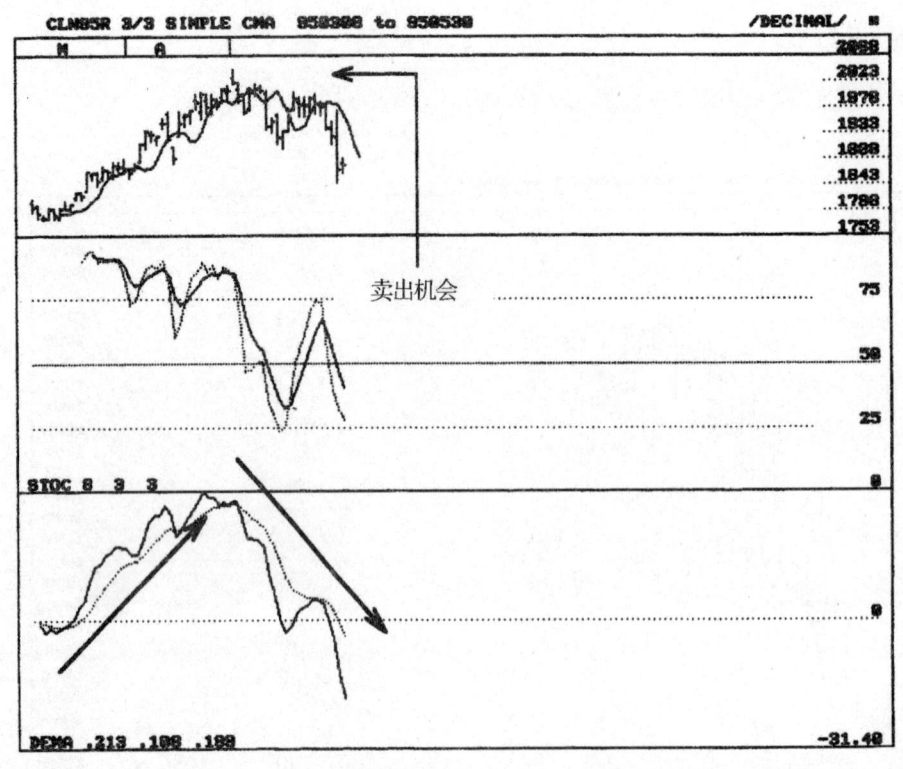

图 5-9

图中最高点之后的整个下降趋势都受到了 MACD 的制约。由随机指标支持的、冲到位于 T3 点斐波纳契阻力位所展开的回升，给了我们一个绝佳的卖空机会。

最高点之前的向上运行也是同样。向上运行也几乎完全被 MACD 所制约，而随机指标使我们在市场折返的时候有充裕的做多的机会。

## 常见问题

有两个强劲的趋势指标，而不是一个疲软一个强劲的指标，不是更好么？

不是这样的。疲软的随机指标显示了疲软的玩家的手，它还能显示市场的力量。如果随机指标显示卖出信号，而你并未观察到价格的向下运行，你就要留心了，有可能发生较大的向上运行！

"保守迟疑"的卡尔：决定指标是否给出信号之前，是不是要等柱线（时间周期）结束？

这个问题涉及有关第三级的知识。从定义角度讲，你当然应该对信号进行确认。但是，如果你坐等确认的话，部分波动可能已经发生了。等待确认，就好像是购买一份你并不需要的保险。就像你可以在周期结束之前预期价格的 DMA 会交叉一样，你也可以在周期结束之前预期这些趋势信号的出现。这样做的一个要求是，你一定要确保在收盘时得到对于你预期的确认，否则立即退出！

每次得到随机指标买入信号时我都一直是买入。那么我现在怎么能卖出？

如果想成为 5%～15% 赢家之中的一个，你就必须采用与大多数人所采用的不同的方法和程序。如果你只需按照随机指标的交叉操作就能成为赢家，那么我们到哪里去找所有那些为场内及场外交易中的赢家埋单的输家呢？

"性急冒动"的汉克：那么我在随机指标得到卖出信号的时候应该买入，在随机指标得到买入信号的时候应该卖出，对么？

不对。应该是在 MACD 的支持下，你根据趋势情况淡出（逆向）操作迅猛推进式市场中的随机指标，而不是简单地买入或卖出。然后你应该运用第 8 章、第 9 章、第 10 章、第 11 章和第 13 章中将要阐述的进场方法。

为什么评估随机指标的买入或卖出信号之前你不用 25/75 线？

只要快线与慢线交叉，就认为有一个信号，这是我使用随机指标的独特方式。你还应注意，交易经验（而非正式的计算机化的研究）告诉我，交叉点的攻击角度越大，MACD 和随机指数所给出的信号往往就越强劲（图 5-10）。强劲的外观预示的往往是波动或转折中的市场，而不是盘整之中的市场。

"谋定后动"的丹尼："在债券日线图的第一个例子里（图 5-5），我看好像接近一月底的时候 MACD 几乎给出了卖出信号，然后又直接回到向上的一面。看到这种行为处于进展之中的时候，有没有办法可以帮助我们规避损失？"

由于这个信号是建立在日线图的基础上，我很可能如你所说已经遭到了损失。我几乎从来不会在收市后留在场内一个与 MACD 信号相违背的仓位。但是，在类似情况下有很多方式可以帮你规避可能的损失。比如，如果斐波纳契支撑位还没有被价格穿透，你的交易计划可以容许 MACD 被稍稍地穿透，这样可以给 MACD 一个修正的机会，如果 MACD 信号如图 5-10B 图所示，属于比较疲弱的类型，我就会容许我自己这样做。日间图上 MACD 的微小穿透，要比日线图上 MACD 的微小穿透容易对付得多，因为你很快就能发现，你所期待的对斐波纳契折返的支撑是否出现。你也可以选择不允许你的交易计划中有这么多的自行判断的余地，直到你积累了有关这个概念的更多经验之后。

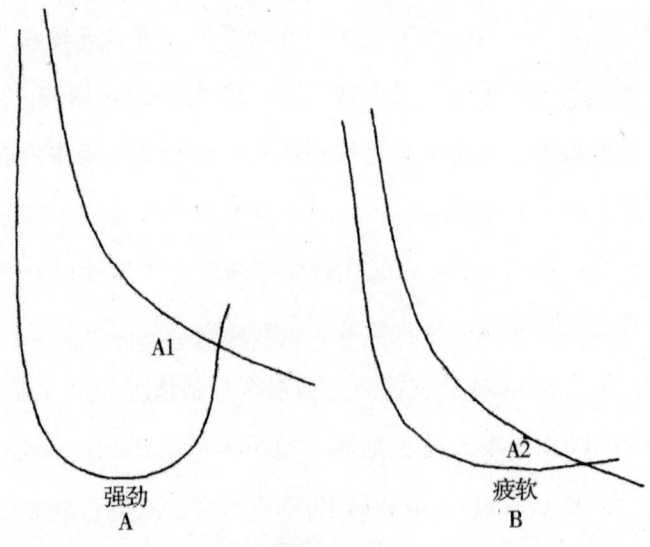

图 5-10

## 总　结

让我们总结一下第二个趋势分析工具 MACD/随机指标组合的要点。

（1）当快线交叉穿透慢线的时候，MACD 和随机指标都会给出趋势信号。在下次穿透发生之前，这些信号保持完整。信号在周期结束时得到确认。

（2）MACD/随机指标组合适用于我们采用的所有时间周期。

（3）我使用的 MACD（DEMA）数值是 0.213、0.108、0.199。

（4）对于有意削弱的首选随机指标，我所使用的数值是 8、3、3。

（5）为使应用这些指标得到满意的结果，你就必须了解相关研究中所涉及的公式，以及将数学应用到这些公式之中的编程方式。用来显示图表的交易图形软件应该显示"与市场活动相对应"的柱线，而不是"与设定时间相对应"的柱线。

（6）通过使用疲弱的随机指标和强劲的 MACD，我们就可以切实了解疲弱玩家和强劲玩家的情况，并由此决定怎样以最有效的方式对价格行为作出反应，以实现我们的目标。

# 第6章 方向性指标

高概率交易信号的几个强劲形态

## 总 论

如果你不理解或不记得方向、失败或运行的定义,那在你继续之前,最好回顾一下第2章里的这些概念。

方向性指标往往就是某种形态,当然也并非总是如此。这些形态之中的一部分是由3×3置换移动平均线定义的。虽然我们将3×3置换移动平均线用来描述趋势,并作为我们即将用到的某些方向性指标的标准,但请不要将趋势的概念与方向的概念混淆。方向性指标不是趋势指标,不管它们是怎样产生的。如果趋势指标和方向性指标所表示的内容有所抵触,你应按照方向性指标行事——方向支配趋势。

最近几年,我的大部分交易都是基于方向性指标而不是趋势指标的。这反映了我作为一名交易人的逐渐成熟,以及我的耐心的增长。也许从哲学角度讲,耐心和成熟本身就是一码事。方向性指标需要耐心,因为它们必须自己显示出来，而趋势是可以被找到的。方向性指标往往非常强大，而且非常可靠。它们符合我的整体哲学观：

　　失去机会，总比失去资金要好！

## 空头的"双重穿透"信号（Double Repo）

　　图6－1A 显示的是一个理想的双重穿透信号，它具有如下独特的可识别的特征：

　　（1）双重穿透信号之前，市场必须呈现至少有 8~10 个迅猛推进式的柱线，如果能有 15 个或者更多就更好了。要理解什么构成了迅猛推进式的形态，直观的图形比概念化的定义更好理解。这对我们来说是个好消息，因为这样的话程序员就很难把它数量化而编入到软件程序中。所以，在未来的一段时间之内，它还能继续发挥作用。

　　（2）在向上迅猛推进形态之后，我们需要看到收盘价格出现在 $3 \times 3$ 置换移动平均线之下、之上，然后再之下，这时才得到一个确认的卖出信号。向下推进形态的信号则刚好相反。

　　（3）图6－1A 所示形成顶部（或底部）的那些柱线应该互相比较接近。

　　（4）顶部（或底部）从第一次穿透到随后的再次穿透（在折返之后）之间的宽度应不超过 8~10 个柱线，如果是 3 个或 4 个则最好。

　　（5）信号保持完整，直到市场达到一个主要的逻辑赢利目标（定义见后文，图上的 M 点），或直到市场的收盘价格超越盘整区域（第二次穿透之后）的最极端到迅猛推进形态的最极端之间的 0.618 折返线 "*" 处——在我们以后讲解了斐波纳契分析之后，最后这句话会更容易理解。用将在后文定义的术语来说，你在这里创建一个阻力系列，并寻找收盘价超越折返线水平 "*" 的柱线。

　　（6）我采用的双重穿透信号的周期为每日、每周和每月，但是我的很多客户都说 30 分钟线图和小时图也能取得很好的结果。

让我们回顾一下这个理想化图上的每个标准，以确保在我们涉及实际市场例证之前，你已经理解了这些标准。

第 1 项

市场行为处于迅猛推进上升运行之中，持续 13 个周期保持（基本来说，但不是总是）上升的趋势（在 3×3 置换移动平均线之上）。

第 2 项

我们最后看到收盘价格出现在 3×3 置换移动平均线之下、之上，再之下，并得到信号柱线。注意被画上圆圈的收盘价。两者之中的第二个是信号柱线。

第 3 项

盘整区域内柱线的最高价形成的顶彼此接近的程度可以接受。

第 4 项

介于并包括两个收盘价在 3×3 置换移动平均线下的柱线的数目明显少于最大数目值。

第 5 项

如果市场的收盘价格重新回到被标记为"*"的斐波纳契水平之上，或市场达到赢利目标点 M，则信号就会被否定。这两种情形都尚未发生。

**必须注意的几个关键点**

第 1 项到第 5 项里定义的这些标准，显然能让很多人满意，也能让一些人彻底失望。在书中后面附上的真实市场图表的具体程度，对于在心理上适应判断性交易技巧的人来说肯定是足够了。对于"双重穿透"信号和所有后面介绍的方向性指标，我会做到尽量具体地讲解。你需要注意，如果有某些标准没有被精确地达到，并不意味着市场行为就不会像标准已经被完全达到那样而发生，这一点非常重要。详情见本章后面"类似形态"的部分。在课

## 第6章 方向性指标

堂上，有时我将一个"类似"的双重穿透形态称为一个不够"漂亮"的双重穿透形态。要让你的钱包变得更鼓，"双重穿透"形态不一定非要像芭比娃娃一样标致。

你还要注意，在周线图或月线图上出现"双重穿透"形态会是一个非常重要的事件，它可能预示着主要的牛市或熊市周期的终结。

图6-1B显示了"双重穿透"形态发生之后的典型市场行为。

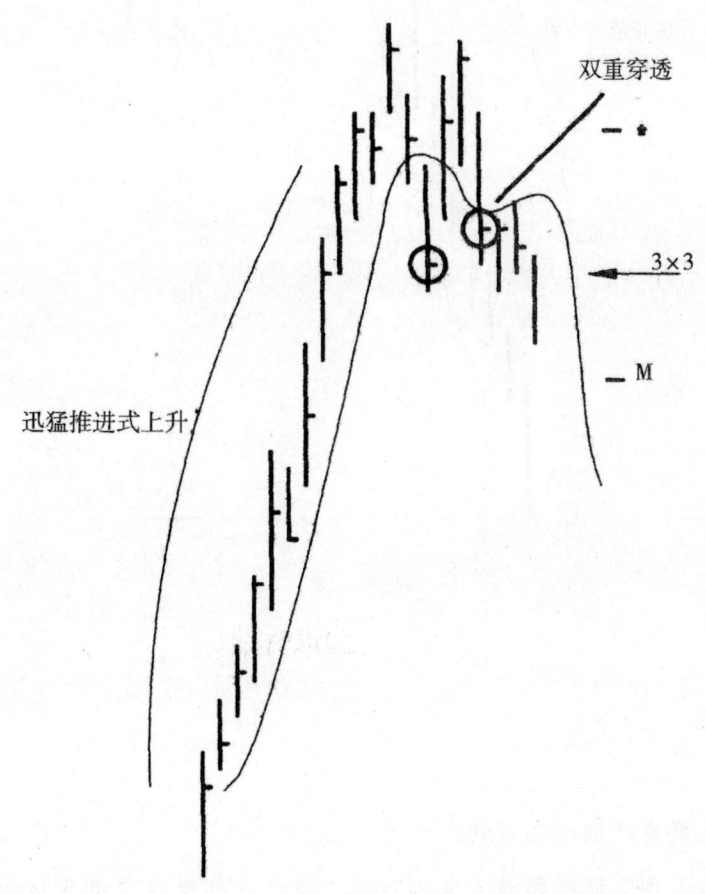

图6-1A

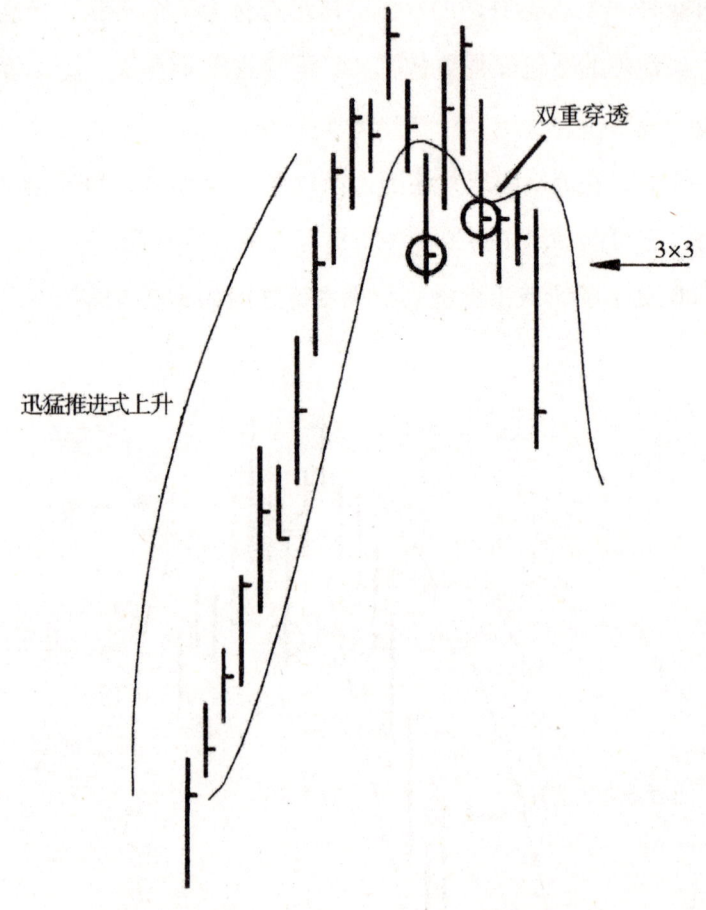

图 6-1B

## 常见问题

你是怎样发现这个信号的？

就像本章里介绍的所有方向性指标一样，这些指标全部来自于我在交易过程中积累的个人经验，有些甚至是非常惨痛的经历！发生戏剧性的价格变动行为的时候，我非常想知道原因，而且因为一般我都是在用我自己的资金做交易，我有很充分的动机对事情的原委进行调查。一旦我认为我学到了什么，我就会在预期市场中复制这个行为，一遍又一遍地。不错，只有在不断地重复之后，这时才将这个我认为可以被认可的方向性信号添加到我的交易工具库之中。它的可靠程度是比较高的，因为在信号被确认之后我的交易活动总能迅速实现不错的效果。其实，当初我正是从对本单元后面一系列真实市场例证中的第一个图表——图6–2的观察中发现"双重穿透"信号的！1986年以来，它一直是我非常得力的交易资源！

你能预计收盘时会产生一个双重穿透信号，并根据可能发生的情况建仓么？

是的。举例而言，如果理想化图表上显示的信号柱线上的价格在3×3置换移动平均线之下，但市场尚未收市，你可以做空。甚至如果你的日间趋势信号MACD/随机指标有足够的说服力，你就可以预期价格运行会穿越3×3置换移动平均线。但是，与任何预期的或未确认的信号一样，如果在周期结束时信号没有得到确认，你就得和交易说拜拜。

你展示的不只是个双重顶么？

不，我是在对某种特定类型的双重顶或双重底下定义。

这个信号在什么市场中起作用？

所有流动的市场，包括股票、共同基金和外汇，但是，为保险起见，让我们排除小麦和猪肉。

我在收盘时得到信号建仓，然后等着赢利目标就可以了，是么？

你可以根据一个确认的或未经确认的信号建仓，但是你必须要清楚亏损的"退出"点和预期的利润点。你还可以应用我们稍后会讨论的有关交易进场的其他方法。对于多合约玩家来说，交易进场的方法之一就是，一些合约根据未确认信号，更多的合约根据一个已确认信号，还有更多的合约可以根据我们后面要讨论的其他标准。

如果我们有个"双重穿透"形态，然后价格收盘于3×3置换移动平均线之上，但没有超过标记着"*"的斐波纳契点，怎么办？

在这种情况下，双重穿透信号还尚未被否定。别忘了，你不仅需要在

"*"处超过斐波纳契点,还必须在收盘时超过,才能得到经确认的退出。至于对向上趋势的确认(价格收盘于3×3置换移动平均线之上),你应该忽略它,因为方向信号支配趋势信号。

如果价格在收市时超过了"*"点,然后转回来,继而在收市时重新回到3×3置换移动平均线之下,怎么办?

如果真是这样的话,你很可能正垂头丧气地算着你亏了多少钱。在我的交易计划中,三重穿透信号是不存在的,其实用性和高度可靠性不如双重穿透信号。但是,我确实观察到一些例证,这样的市场行为曾在美国债券市场中发生过。债券市场具有这样一种怪异的习性,在非常极端的迅猛推进式运行之后产生这样的行为。我针对这样的行为进行交易的方式与针对"双重穿透"形态的类似,这可以算作"类似形态"。

为什么你所采用的周期只限于每日,以及更长的周期?

它们是最可靠的。我有些客户也用日间图做"双重穿透"交易。如果你想看看这样的交易会是什么样的,第4章图4-5显示了一个在标准普尔指数30分钟线图上进行双重穿透交易的例子。

你能否解释一下,市场中到底发生了什么,使得这个信号能发挥作用?

我可以试试。价格一天接着一天地以迅猛推进式运行,使空头士气低落并产生恐慌,退出的多头则由于贪心而懊悔不已。多数人已经没有能力杀回来。第一次回撤就是由这些人买入的,如果在下跌之前的上升运行受到"*"处斐波纳契阻力的约束的话,第二轮回撤最终发展成了对阻力的投降甚至恐慌。关于对正在发生的事情所产生的心理方面的讨论,关键是要理解,对于一定长度的迅猛推进式形态的盘整时间不要过长,也就是在第一次穿透3×3置换移动平均线和第二次穿透之间的宽度不要过大。换句话说,18天的向上迅猛推进式形态之后出现6天的盘整,这要比8天的迅猛推进式形态之后出现8天的盘整要"漂亮"得多。太多的盘整能淡化贪心和恐慌,那不是我们所希望看到的。

## 市场实例

以下各个图可用来试图识别并认清双重穿透方向性（变化）指标。

图6-2显示了1986年出现在标准普尔指数图中两个双重穿透信号。第一个信号发生之前，别人刚刚把我的"倒霉的午餐"递给我。第二个信号发生之后，别人则刚刚把"倒霉的午餐"递给从事标准普尔指数交易的场内交易员。我们都从这次经历中学到了某些东西，我知道了"双重穿透"信号，那些交易员则学到，当标准普尔指数如满载的货车般呼啸而过的时候，他们应该躲闪到一边。

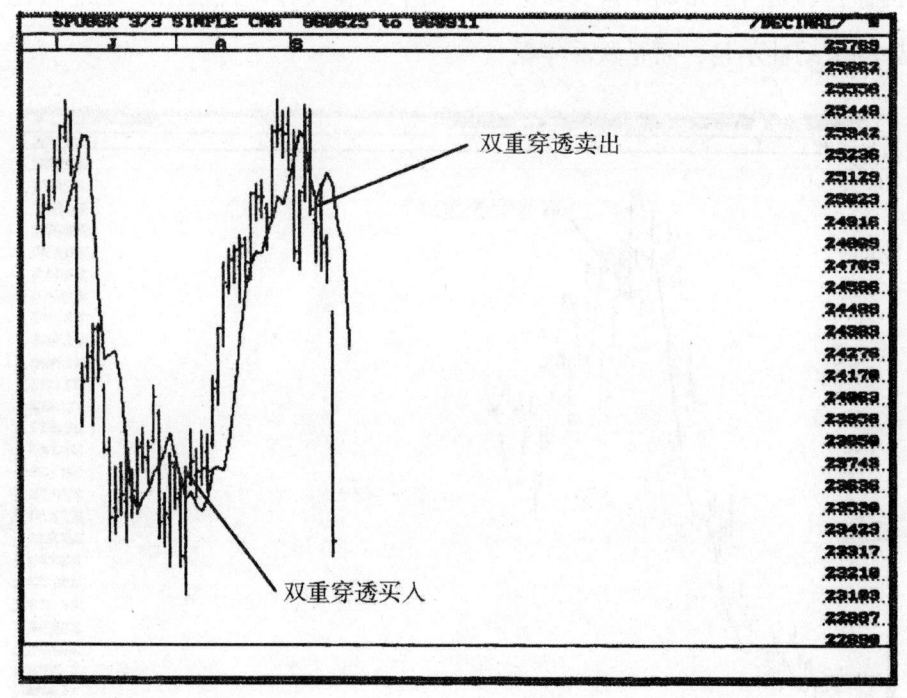

图6-2

第二个信号（做空交易）的构图非常完美。它发生之前有漂亮的迅猛推进式形态，有几乎等高的顶，而且介于在3×3置换移动平均线之下收盘的第一个和第二个柱线之间的跨度非常狭窄。

第一个信号（做多交易）当然是有效的。但是，虽然它之前的向下迅猛推进式形态非常强大，但并不像第二个信号之前的那个向上迅猛推进式形态那样一往无前。在推进式运行方面，我们更希望看到像理想的例子里那样的持续的压力，而不是单一的大波动、盘整，然后再一个大波动。虽然双重底的水平还算接近，但它们不如做空交易的信号之前的双重顶那么"漂亮"。就之前发生的向下迅猛推进式形态的范围和性质而言，介于在3×3置换移动平均线之上收盘的第一个和第二个柱线之间的天数的跨度也有一点宽。

图6-3显示了一个完美的双重信号，它就出现在1988年我们在玉米商品天气市场中所经历的一个顶部。如果你没有涉及过天气市场，那么我可以告诉你，那是所有市场中最为险恶的。图上的虚线并不代表由于缺乏兴趣而导致的流动性不足，而是跌涨停板！

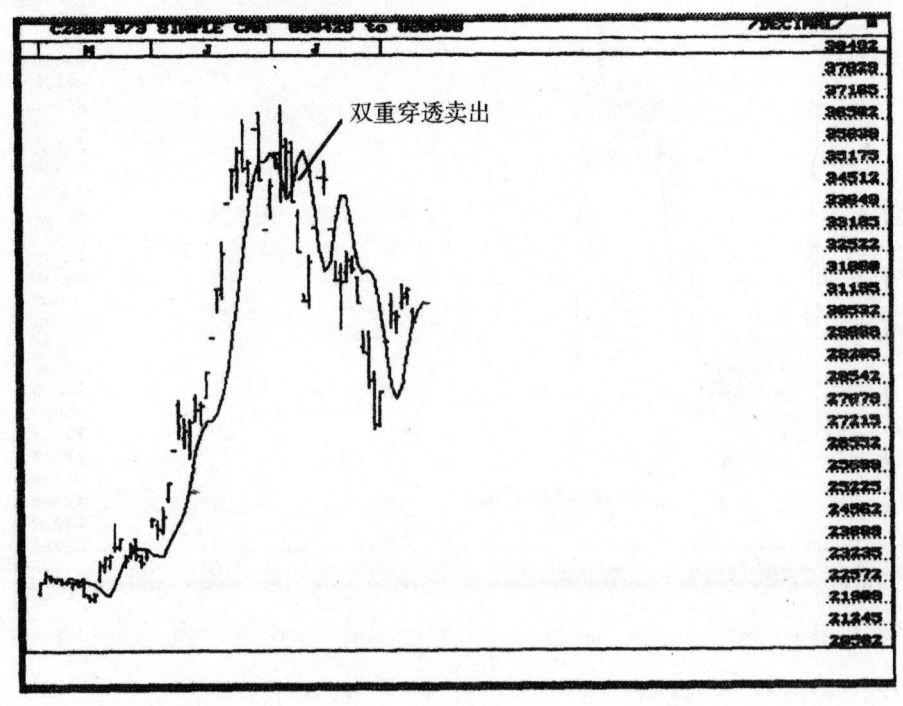

图6-3

## 第6章 方向性指标

图 6-4 显示了 1996 年谷物短缺之前及期间谷物价格的每周连续数据。注意发生在 5 美元水平附近的清晰的双重穿透信号。如果这种情况发生的时候，你有 10 手做空的仓位，那你会是一种什么感觉？

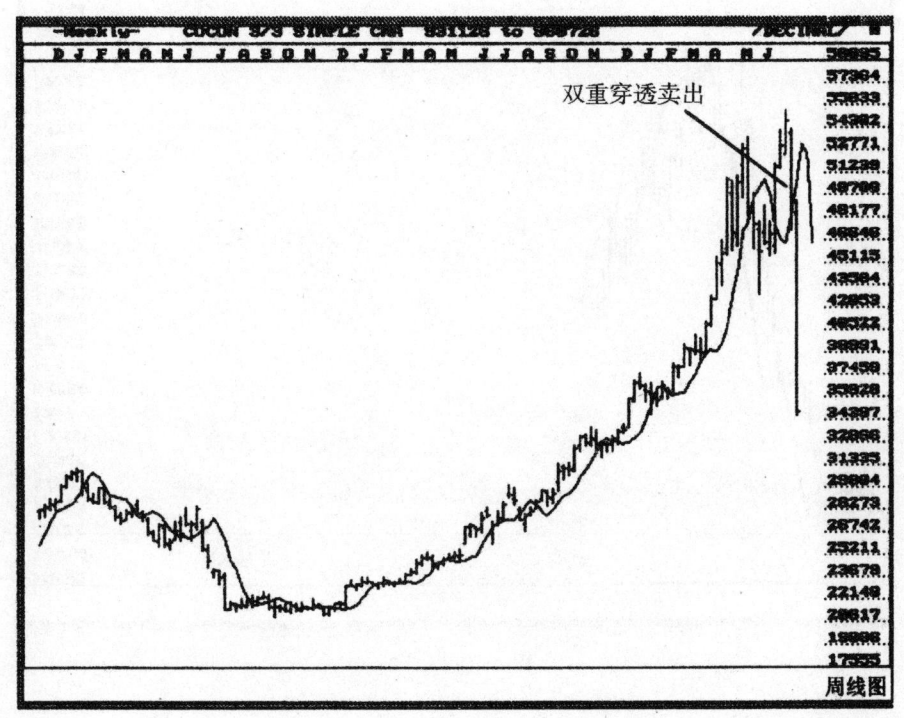

图 6-4

你应该意识到，如果你当时有仓位，它会是在 9 月的玉米合约上，而不是在连续价格图上。在那里双重穿透信号也出现了。但是，连续价格图仍然是必要的，因为它展现的画面更干净。这里的思路与后面第 15 章中深入讨论的即将出现的大豆粉交易的思路非常相似，在大豆粉交易中，我做的是 7 月份大豆粉。但其进场背景分析得自于连续价格的周线图。

下面，我们来看一下 1993 年洪水期间和之后的每日大豆价格（图 6-5）。

为了改变一下节奏，我们来看一下这个方向性指标是怎样在股票市场中发挥作用的。

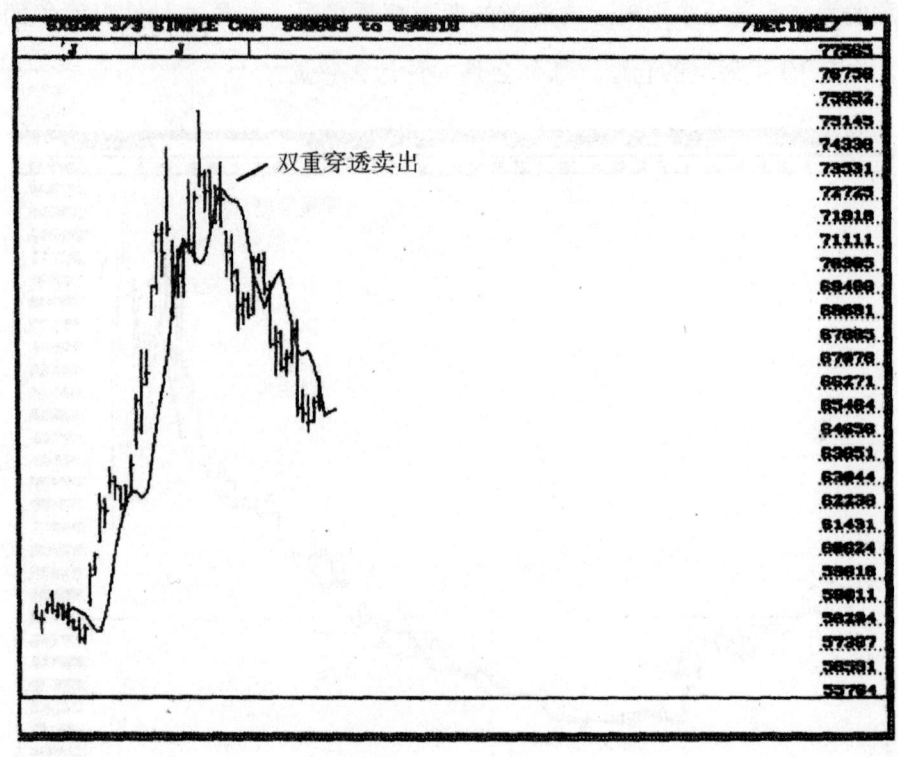

图 6-5

Windows® 95 面世时,"微软"(图 6-6)股价冲到最高,随后出现了几乎完美的"双重穿透"形态。它从最高点下跌至一个可预先算出的斐波纳契赢利目标。这不仅是个在周线图上做空大赚一笔的好机会,还可以趁着这个机会在持续上升趋势中的月线图的折返点上建立做多仓位。现在就跳到后面的章节去阅读对你并没有帮助,但我们马上将会看到在每月时间周期上"微软"的一些非常有趣的价格图表。如果你仍然不太理解时间周期、趋势和方向的概念,下面这些图会对你有所帮助。

## 第6章 方向性指标

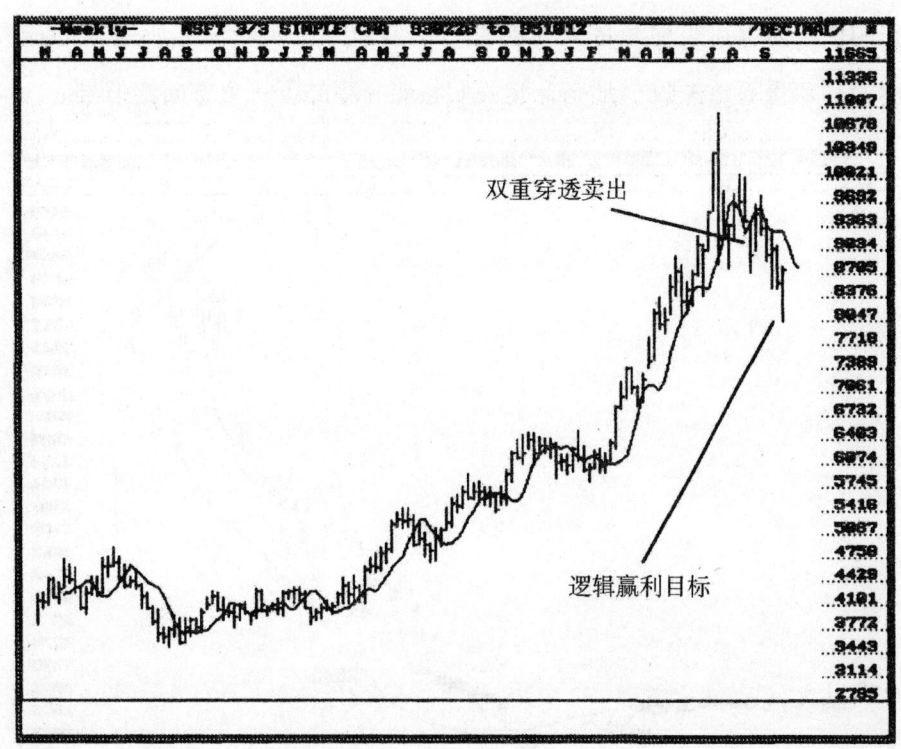

图 6-6

那么原油呢？没错，它的确是个流动性的市场，同时它也是个波动性很大的市场，而这正是我们想要的。让我们回顾一下 1990 年夏天伊拉克总统萨达姆的所作所为导致了什么样的结果。

图 6-7 显示的 3×3 置换移动平均线一直制约着向上的趋势，直到 40 美元的水平，然后是一个"双重穿透"形态，以及其后对 25×5 置换移动平均线的突破。这个"双重穿透"形态是伊拉克侵略科威特以来第一次"安全"做空的机会。之前对 3×3 置换移动平均线的突破（S1 和 S2）只是单一的穿透，主要是由于每次穿透之前形成的两个顶（T1 和 T2）之间的距离相差很大。这些价格暂跌代表了买入机会，我会在讲解"面包和黄油"方向性信号的时候进行这方面的阐述。

如果你一开始错误地将这些单一穿透理解为一个"双重穿透"信号，但当"*"斐波纳契水平（未显示）被超越的时候，你迅速离场并紧接着反转操作的话，你赚到的利润将大大超过由于前面一个判断失误所造成的损失。这称为"双重穿透失败"形态，是我们将要介绍的下一个方向性信号。

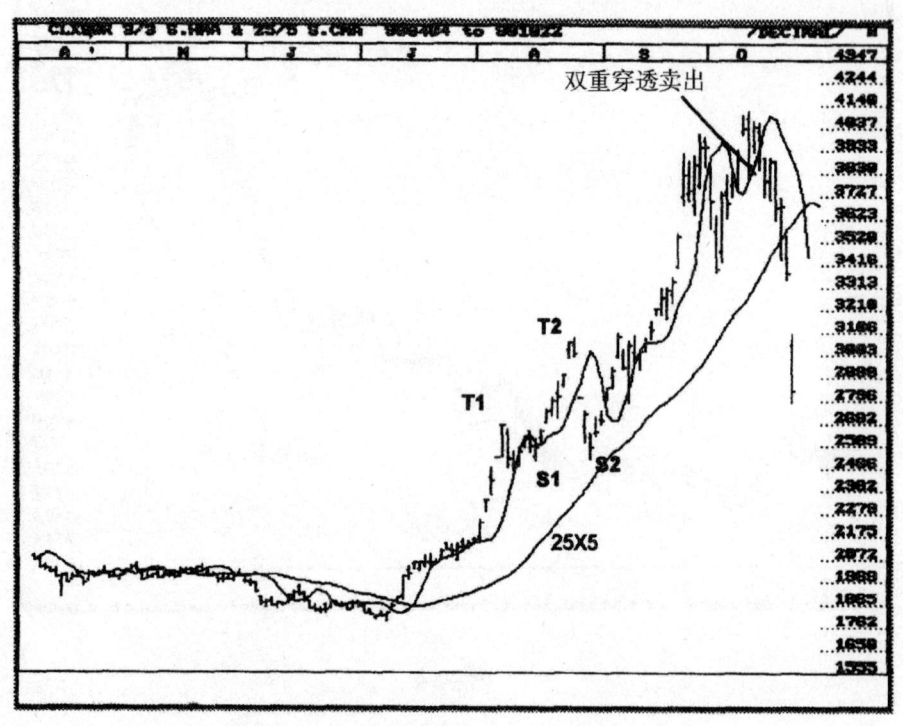

图6-7

图6-8显示了德国债券月线图里的一个"双重穿透"买入信号。

这样的例子我还能举出很多，但在这里列举的例子已足以使你能够在看见这个方向性指标时认出它来。我已经强调过，你需要理解"双重穿透"信号，因为你对其形成过程的理解，对于你对"双重穿透失败"信号以及"面包和黄油"信号的理解是非常关键的。但是，结束这个题目之前，我想再给你们看一张非常有趣的黄金价格月线图（图6-9）。

20世纪80年代早期这个事件发生的时候，我还没有发现"双重穿透"信号。但我真希望我那时就已经知道了这个信号！

## 第6章 方向性指标

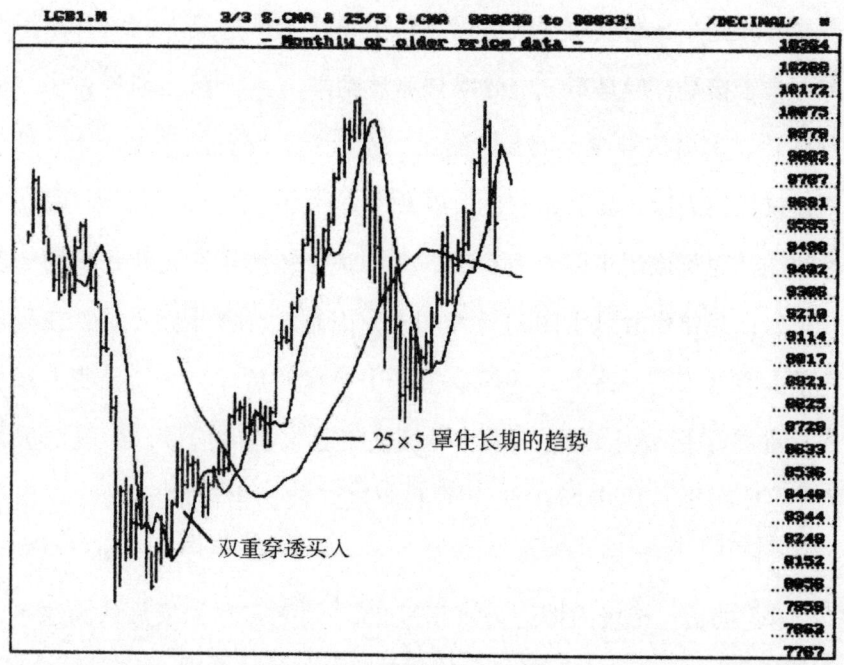

图 6-8

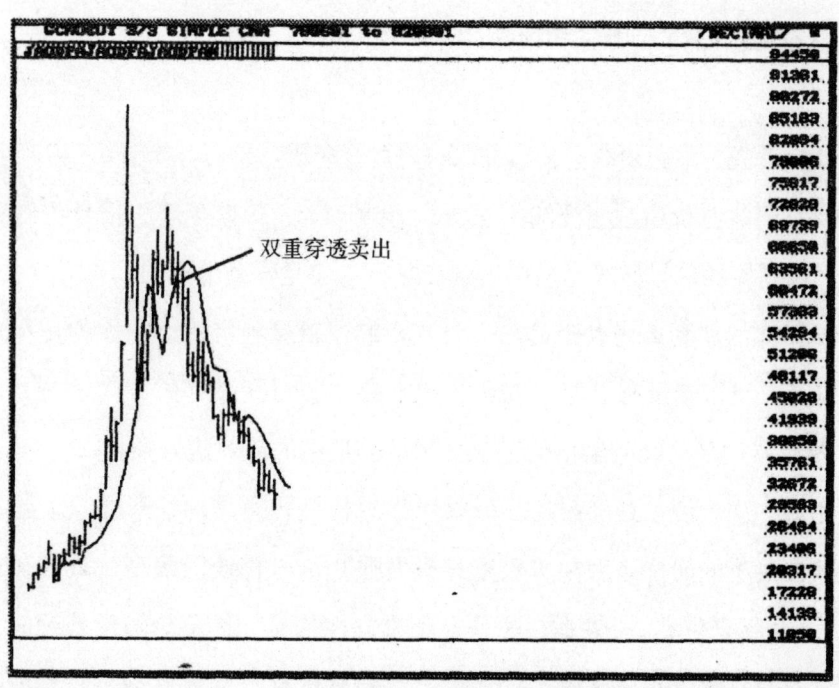

图 6-9

最初上涨到 875 的波动当然可以算得上是迅猛推进式形态。有差距的顶让人有点难于接受，但是第二个波峰被斐波纳契"*"阻力抑制住了，使情况有所好转。卖出信号在大约 625 给出，然后就一路狂跌到大约 280 处！我当然不建议任何人以 200 美元的止损单做这个月图的交易。你需要明白的是，这种月线图，也可以用于以周为基础的共同基金转换或以天为基础的商品交易。我之所以想给你看这个图的另外一个原因是，我想让你看看，在我极度看跌之前，我在当前一路上涨的股票市场中寻找的是什么。如果我们在道·琼斯或标准普尔指数月线图上得到"双重穿透"卖出信号，那就对股票说"拜拜"吧！如果其后市场在月线图上回撤到根据牛市的起点计算出来的 0.618 折返点位，美国股票市场的损失可能超过 4000 个基点！如果只回撤到 0.382 折返点的话。市场的损失仍将超过 2500 个基点！如果你认为这不太可能甚至绝不可能发生，那就再仔细看看图 6-9 吧！

## "双重穿透失败"（Double Repo Failure）信号

（1）首先，你必须有一个已确认的"双重穿透"形态，如图 6-10 所示。

（2）当收盘价超过斐波纳契"*"水平时，"双重穿透"信号失败并被否定。这是你的信号柱线，预期后继市场行为应是强劲上升的。

（3）你的获利离场点会是在一个重要的逻辑赢利目标上，你的止损离场点可以是，当市场没有沿着"双重穿透失败"信号所预期的方向运行，而由 3×3 置换移动平均线所给出的一个已确认的反向的趋势信号处。

注意：这个信号是少数几个可以让你进行反转交易的情形之一。你甚至还可以在最小的回拉之后在"双重穿透失败"信号柱线的最高价处主动进场（启动一个新仓位）。关键是，这是一个方向性信号，你不能随便处理它，而应该让开道，顺应它！在图 6-10 里，我们显然有个双重穿透，而且由于超过了"*"点，它失败了。一旦你进入多头交易，你有两种离场的方法。

## 第6章 方向性指标

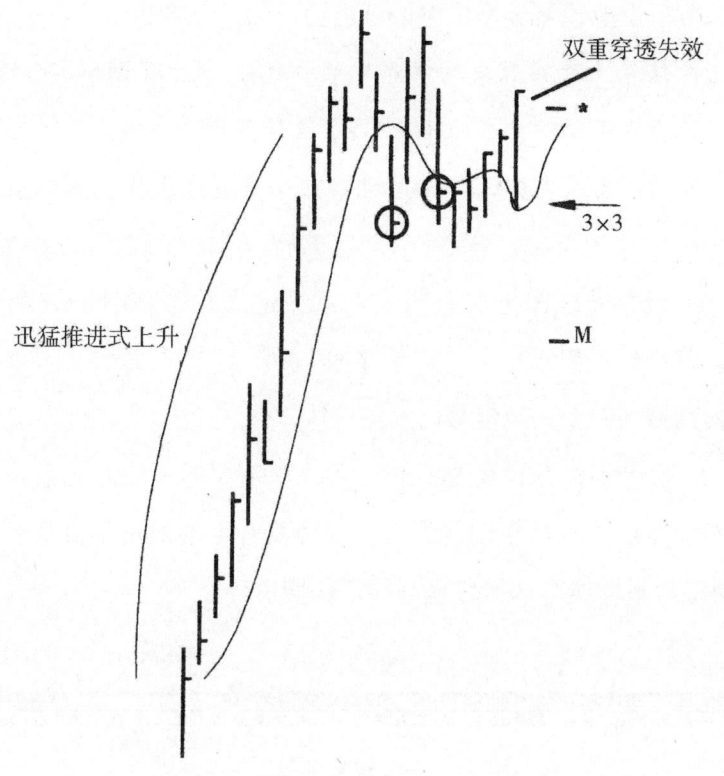

图 6-10

LPO 点（未显示）将是你预先算好的斐波纳契赢利目标。收盘时再次下穿 3×3 置换移动平均线对你来说是保护性的离场信号。这个保护性离场的结果是让你赢利还是亏损，取决于价格活动什么时候、在哪里与 3×3 置换移动平均线交叉。你也可以运用第 8 章到第 11 章之中讨论的止损设置方法。不管你使用何种策略，信号都会持续存在，直到达到一个重要逻辑赢利目标，或直到你获得一个与预期运行相反的已确认趋势。

**常见问题**

一旦出现失败信号，我应该怎样大胆主动地对待它呢？

立即退出与失败信号所预期的行为相反的任何现有仓位。你可以大胆主动地建立新的仓位。或按照目前还没有介绍到的一些标准（缩短时间周期，或在斐波纳契折返线或黄金率汇聚区域进场）启动新仓位。

如果失败信号没有按照我的意愿发展，我能否采用MACD/随机指标组合趋势指标来决定保护性离场而不是3×3置换移动平均线？

是的，失败形态现在应该开始运动，并一直运动下去，否则就是不太对头了。

图6-11债券周线图上有两个"双重穿透失败"信号和一个"双重穿透"信号。我已经找出了一个"双重穿透失败"信号和那个"双重穿透"信号。你能找到另外一个失败信号么？

图6-12显示了债券日线图中的一个"双重穿透失败"形态。右上端的价格行为不能算是"双重穿透"形态，因为没有足够的迅猛推进形态。注意25×5置换移动平均线多么完好地制约了长期走势。

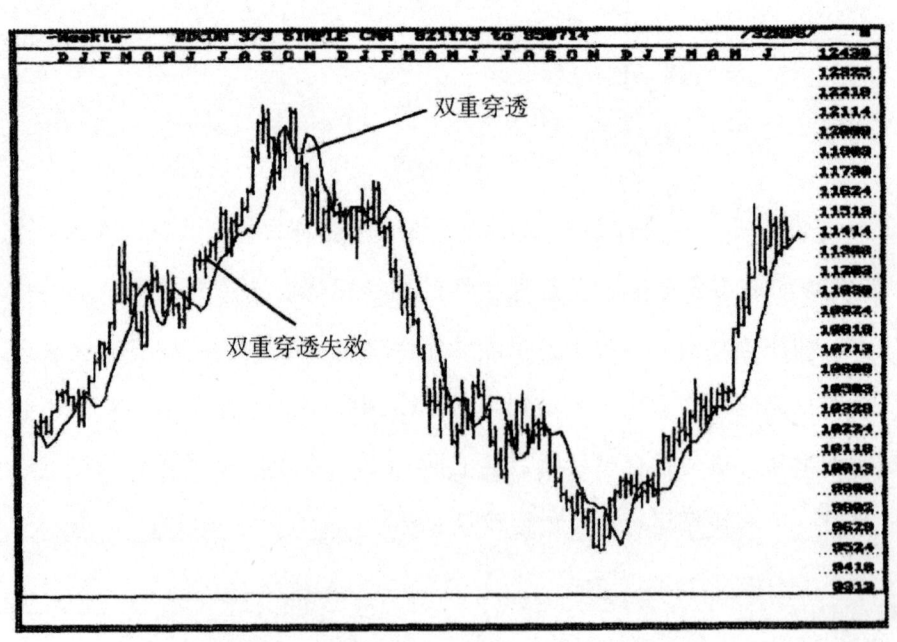

图6-11

第6章 方向性指标

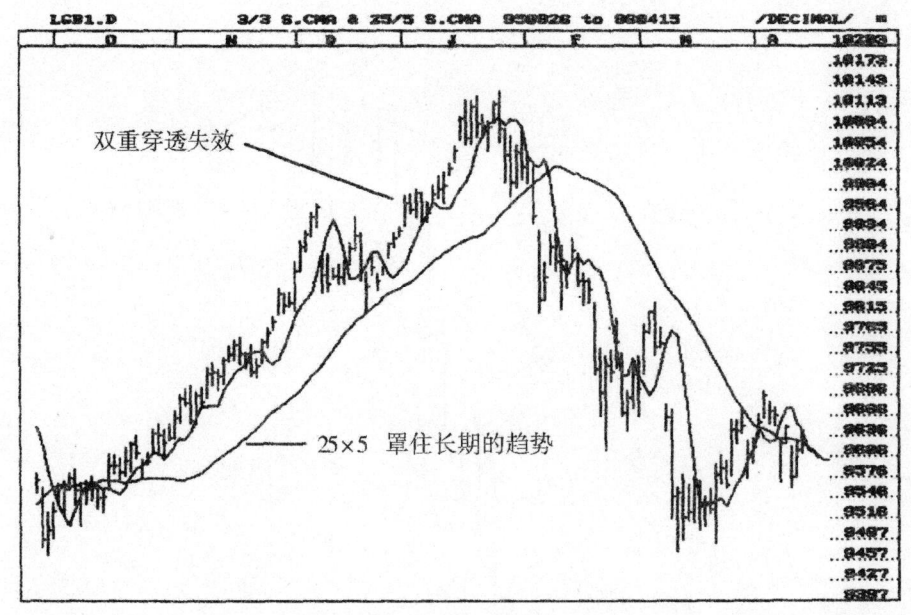

图 6-12

## "单一穿透"或"面包和黄油"（Bread and Butter）信号

我希望我能说这是一个"白给"，但是，显然交易之中没有任何东西是"白给"的。这个信号确实能让你以很小风险得到不错的利润。不幸的是，你需要对高级斐波纳契分析有很好的理解，才能实施这种交易，所以，当我们在本书后面讨论完帝纳波利点位™之后，你可能需要重新阅读这一章节。下面有些必要词汇的使用和理解应该宽松些。

（1）与"双重穿透"信号一样，"面包和黄油"信号也必须有至少 8～10 个周期的迅猛推进式市场行为，多多益善。要理解什么构成了市场迅猛推进式行为，直观的图形比概念化的定义更好理解。这是个好消息，因为这样的话程序员就很难把它定死了。所以，未来的一段时间之内，它还能继续发挥作用。

（2）收盘价格最初穿透 3×3 置换移动平均线之后，在时间周期较低的图表中，寻找一个在重要的黄金率结点（在后面章节中会定义）上的斐波纳契

91

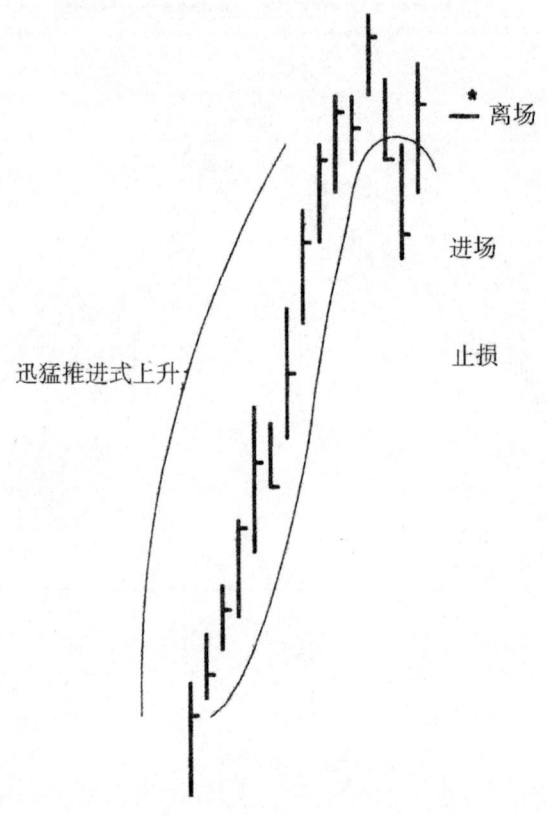

图 6-13

折返（支撑）点位，然后顺着迅猛推进式行为的方向进入市场。这个点位应该出现在 3×3 置换移动平均线被确认突破后的 1~3 个周期之内。虽然这一策略在日间图上同样奏效，但我推荐使用每日、每周和每月周期。折返黄金率结点是你进场和止损的基础，如果你采用我所推荐的周期，它们应该是从小时（或更高）时间周期图中计算出来的。

（3）一旦进入交易，将你的止损设置在超越更深的斐波纳契折返线的点位处，并将你的赢利目标设置在整个反向运行的 0.618 折线 "*" 之前一点，反向运行是指与原来的迅猛推进式行为相同的运行。

现在，让我们看看黄金月线图（图 6-14），用它来作为买入和卖出点的例子。

## 第6章 方向性指标

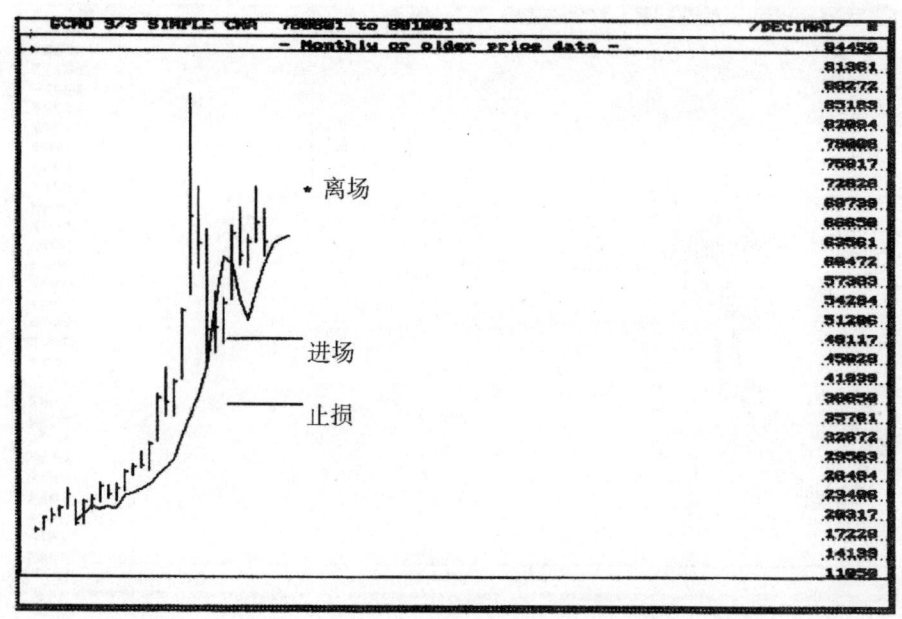

图 6-14

在你因为这 200 美元止损被触发的可能性而患上冠状动脉血栓之前，我想指出，这仅仅是一个理论上的例子。但是，如果我们将每月方向用于以每周为基础的共同基金转换，甚至以每日为基础的斐波纳契进场，这就会成为现实。背景！背景！背景！要对你的交易进行计划，就像你对任何其他重要的金融活动要进行计划一样。我还可以举出很多例子，但是我们还没有讲到如何算出斐波纳契进场和止损价位，因此如果现在做太多练习的话，没有太大意义。

但是，结束这个题目之前，让我们看看我们的朋友"微软公司"（图 6-15）。这回我们将在月度时间周期内观察。

像前面讨论过的那样，根据周线图上的"双重穿透"信号做一个卖家，在图 6-16 显示的逻辑赢利目标上结束交易，然后根据月线图（图 6-15）上的"黄油和面包"信号做一个买家，并没有什么矛盾之处。如果这对于你来说看起来是矛盾的，那说明你还没有完全理解价格与时间图或时间周期的关系。也许回顾一下第 2 章里讨论过的趋势会对你有所帮助。

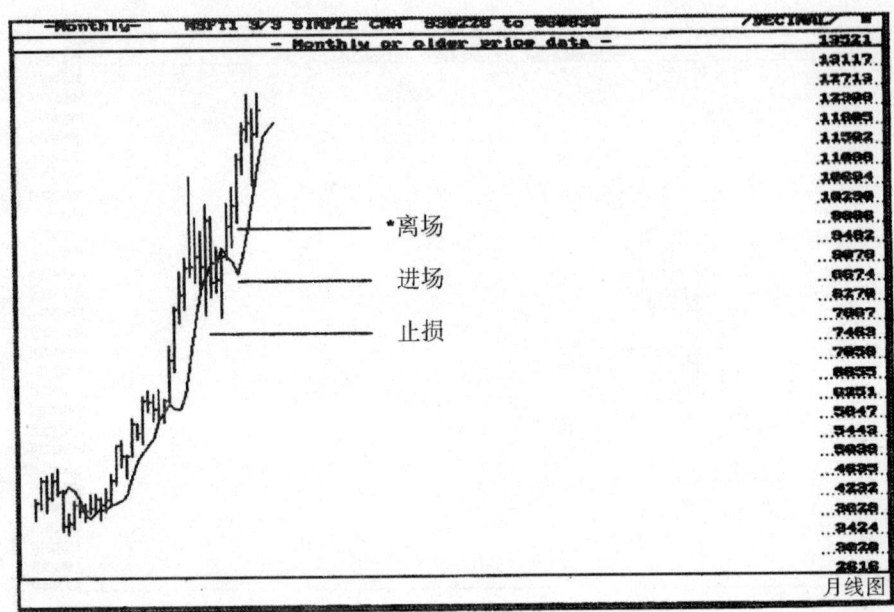

图 6-15

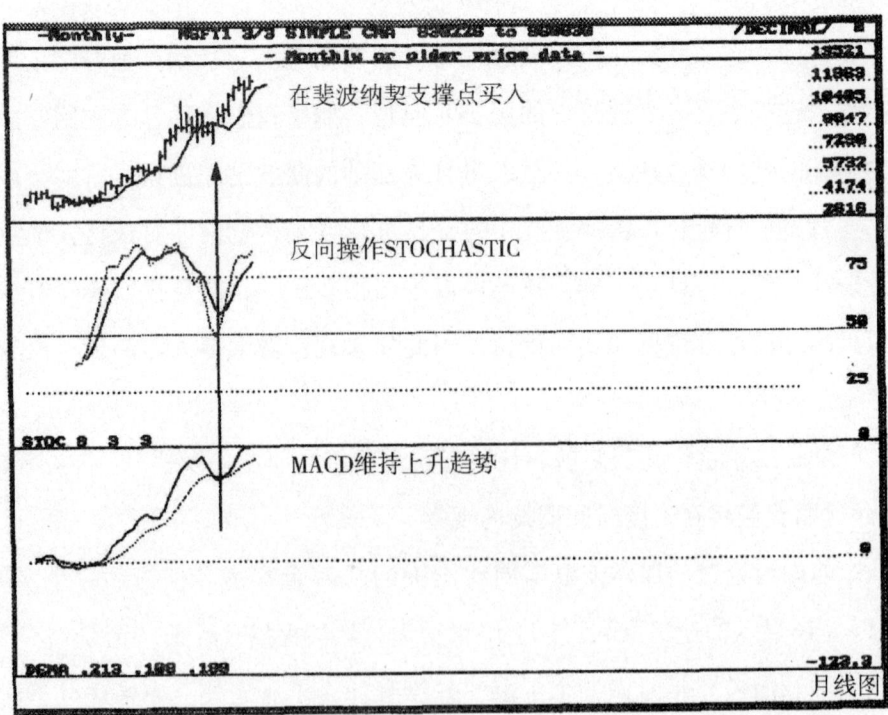

图 6-16

注意：一旦图 6–16 中显示的赢利目标达成之后，当随机指标向我们显示了一个极好的买入机会的时候，每月 MACD 是如何对发展中的月上升趋势进行确认的。

注意月线图上的"面包和黄油"买入信号和上图显示的 MACD 之间的一致性。上图没有显示的，是同时发生的买方的日线"双重穿透"的类似形态！这就是高概率交易的意义所在！

## 形态失败

这些方向性信号背后的宗旨是，不要随波逐流，只要你确信那些形态玩家是错的，就不要理会他们。一般情况下，新手交易人总是从标准的罗伯特·爱德华（Robert Edwards）和约翰·迈吉（John Magee）交易形态[1]中寻找交易信号。如果你能了解这些交易新手在做什么、什么时候会陷入恐慌的话，他们可以成为你获利脱手时非常好的承接对象。当这些交易人有较充分的时间以错误的方式开始交易的时候，这些信号能发挥最大作用。正是由于这个原因，我才关注每日、每周和每月的形态失败。虽然更高的时间范围有更安全的概率，但某些日间形态失败也能产生非常戏剧化的结果。

## "头肩形态失败"信号

上述理想化例子显示了一个清晰的头肩形态，颈线被突破，在颈线下面稍做盘整，然后收盘价又重新回到颈线以上。预计后继的行为会是强势上升，因为空头卖出形态的玩家犯错了，必须平仓。颈线突破之后的盘整的下半部分可能得到了重要斐波纳契点位的支撑。如果真是这样，你会得到预先警报，

---

[1] 罗伯特·爱德华（Robert Edwards）和约翰·迈吉（John Magee）：《股票趋势的技术分析》(*Technical Analysis of Stock Trends*)。

告诉你失败即将发生，你可以按照第13章中讲授的斐波纳契战术进场。后继的失败不一定是这类支撑引发的，但一定要明确的是失败确实发生了。预期这种形态发生而采取行动是要担风险的。如果你在价格重新拉回颈线上面之前预测该信号会出现，你的交易就是在违背一个经典形态，你也很可能在违背主导趋势（图6-17）。记住，如果这种情况发生了的话，你接受的不是经典卖出信号，而是失败（买入）信号。

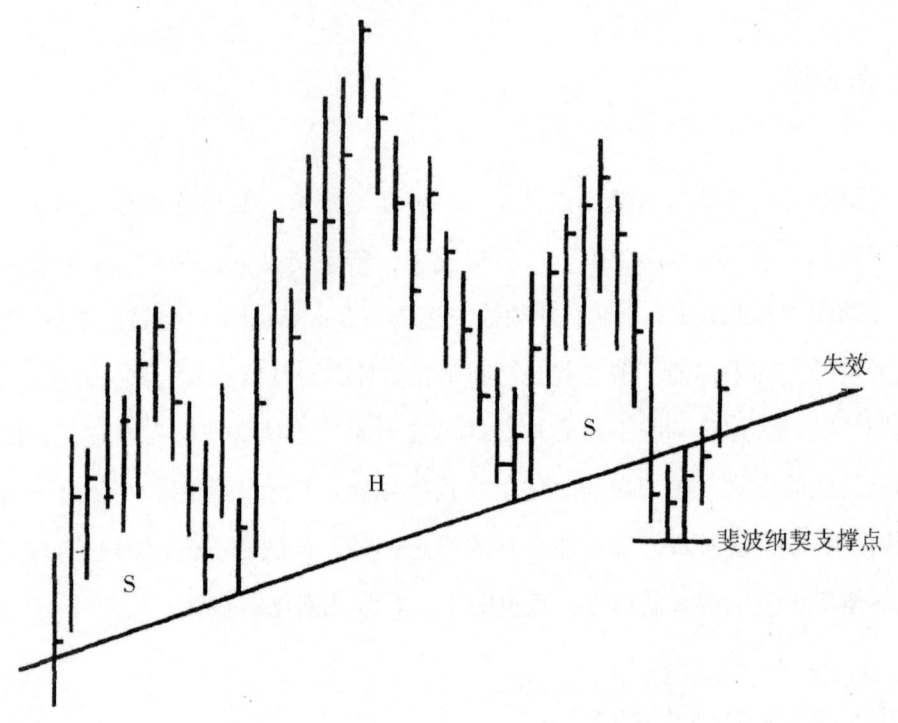

图6-17 头肩图形态失效

债券周线图6-18显示了这个现象的完美构图。颈线之下有强大的斐波纳契支撑。市场给了玩家"犯错"的足够时间（两三个星期），随后是急剧的上升，这些形态玩家纷纷落入圈套。这个周线图给出了交易的背景形态。你实际交易的进场则应该在日线图上实施。

日线图（图6-19）显示了这个信号能有多么强大，并能带来怎样的回报。这里的思路是，一旦形态开始明朗，就缩短时间范围进入交易。

## 第6章 方向性指标

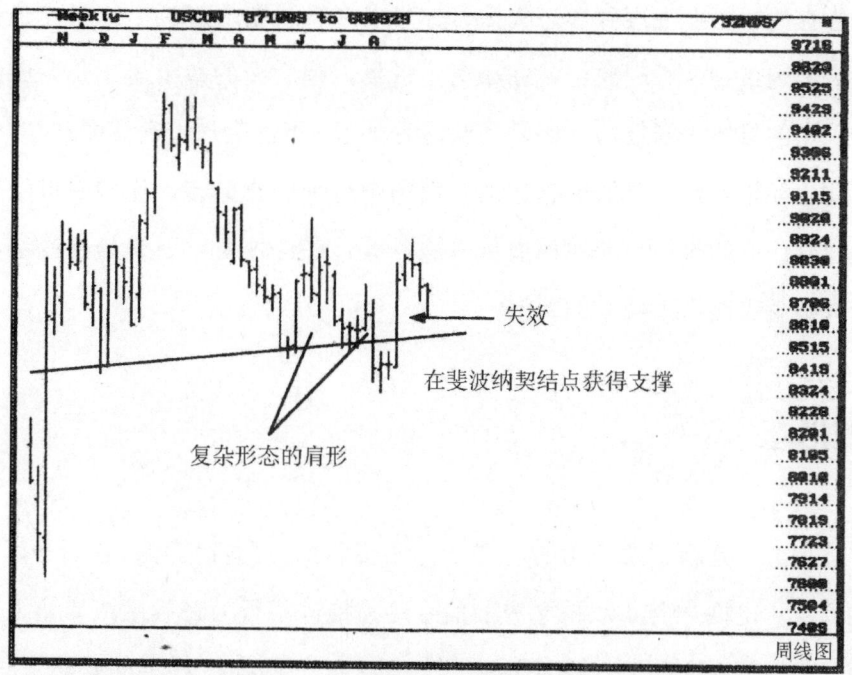

图 6-18

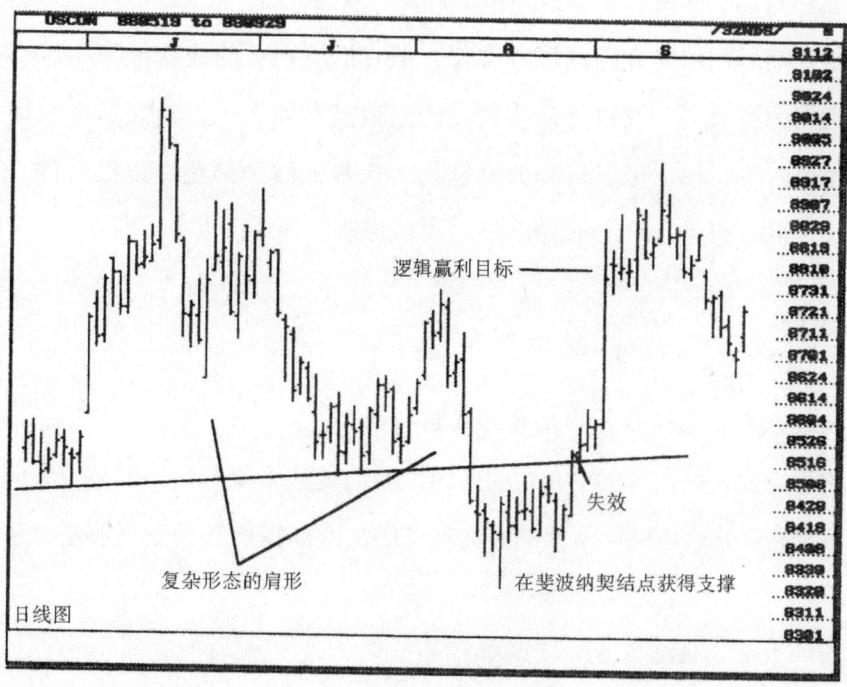

图 6-19

如果你在周线图上观察到形态失败，你可以在日线图上进场。如果你是在日线图表上观察到这一现象，就在小时上进场。在后面的章节里，我会讲到你可以采用的具体进场技巧。如果犹豫的话，你一下就会被甩在后面！

注：如果这些经典的形态在某个市场中得到广泛宣传，比如通过电视节目、受众广泛的投资新闻通信或传真服务等，在这种情形下交易这些经典形态的失败就更能产生极大的回报。

## 类似形态

类似形态是指"要成为的"或"差不多"的方向性信号，它们不符合严格的要求。也许一个"双重穿透"信号迅猛推进式行为在程度或质量上不够理想，也许第一次和第二次穿透之间的顶之间的距离比规定的要略宽一点，在失败发生之前，头肩形态颈线以下的盘整也许只有一个周期，而不是我们希望看到的几个周期。所有这些情况都是"类似形态"。"类似形态"的表现往往与它们所相仿的方向性信号类似，但它们所预示的成功概率不像合格的方向性指标那么大。我对待这些信号的兴致没有那么大，若交易时所持有的仓位也比较少，你也可以选择放弃它们。这两种做法都是可以接受的。但你需要记住的一点是，绝不能和这些"类似形态"对着干！

### 常见问题

我能预期方向性信号会发生而提前行动么？

你可以预期我在本书中介绍的任何信号而提前采取行动，但是对方向性信号的预期行动是最危险的。预期经典形态的失败而提前行动更可能是自杀式行为。

为什么方向性信号优先于趋势信号？

因为就其性质而言，前者更强大。

你举的大多数例子都是做多交易操作，这些信号在做空交易方面也一样好用么？

是的，也许更好用，因为大众交易人或经验相对不多的交易人往往更喜欢做多交易。他们犯错误的时候，更容易陷入恐慌。

你有没有同情过承接你交易的另一方的玩家？

那是你的选择，是做小鱼还是鲨鱼。当大白鲨逡巡的时候，小鱼会被吃掉，聪明的鲨鱼则能逃离危险地带。

总之，我鼓励你对你看到的市场中发生的情况进行思考。检验一下不断重复的形态的有效性，以及已被普遍接受的信号的失败可能。很快你就会总结出自己的一些方向性信号。困难的部分是，等待方向性信号的形成。

# 第7章 超买和超卖摆动指标
什么有效，什么无效，为什么

## 总 论

　　超买（Overbought）和超卖（Oversold）在交易者中间属于最不被理解的市场状态之列。大多数试图运用自己在这方面的知识的人都亏了钱。这并不奇怪，因为我们正在使用同步指标和领先指标，而且几乎没有交易人对这些概念所呈现的挑战做好了准备。由于这种深层的误解，在此我想从广泛的、一般性的角度讨论一下摆动指标的概念，什么有效，什么无效，为什么，等等，而不是狭窄地定义我所使用的对象及使用的方法。

　　有关摆动指标的典型观点可以概括如下：摆动指标在盘整市场中有效，但趋势一旦开始，这种指标就完全无效了。虽然这种观点非常典型，但它严重地限制并扭曲了一系列重要交易策略。这种概念背后存在这样一种认识，即只要市场仍处于盘整之中，你就可以根据超买信号卖出，并根据超卖信号买入,而且……还可以等着赚钱。这种"听上去不错,感觉不错"的策略,意味着你能非常肯定地辨别市场何时处于盘整之中,并发出买卖指令。有没有人愿意试试用 ADX 平均动向指标(Average Directional Movement Index)① 作出这种判断?也许你们有些人能接受这种方法,但我不能接受。我认为它在这个背景中不够准确,尤其对于日间图来说。那么这种说法的后半部分呢?

"趋势一旦开始,摆动指标就完全无效了。"这里存在这样一种认识,即发出与主导趋势相反的交易指令很可能导致亏损,因为你的止损会被触发。

陈述的前半部分的实际问题其实与如何定义"有效"有关。我想让你看到,在多种市场情况下,如何使用正确的摆动指标并让它对你有效。

但是,在我们开始讨论使用方法和潜在好处之前,让我们首先讨论一下哪些摆动指标最常用,哪些在超买/超卖指标的背景下最好用。

## 随机指标

随机指标是交易者的交易工具中经常被误用的指标之一。交易人往往将任何超过 75 的波动认为是超买,任何低于 25 的波动认为是超卖。乔治·兰恩(George Lane,随机指标创始人)可不是这么教的,而且这与杰克·伯恩斯坦(Jake Bernstein)对随机波普指标②(Stochastic Pop Indicator)的研究也背道而驰。实际上,根据杰克的研究,在一波强劲的市场运行中,足足有 50% 的走势是在超越 75% /25% 关卡之后发生的!

在政府长期债券日线图(图 7-1)中,有两处标记垂直线的地方,在那里价格低于 25% 的超卖线,如果你在这两个地方买入的话,你是要吃大亏

---

① 威利斯·小维尔德(J. Welles Wilder Jr):《技术交易体系中的新概念》(*New Concepts in Technical Trading Systems*),Trend Research,1978,下文中提到时简称"维尔德,《新概念》"。

② 杰克·伯恩斯坦(Jacob Bernstein):《短期期货交易》(*Short Term Trading in Futures*)(普罗伯斯出版公司,1987),(Probus Publishing Company, 1987),下文中提到时简称"伯恩斯坦,《短期交易》"。

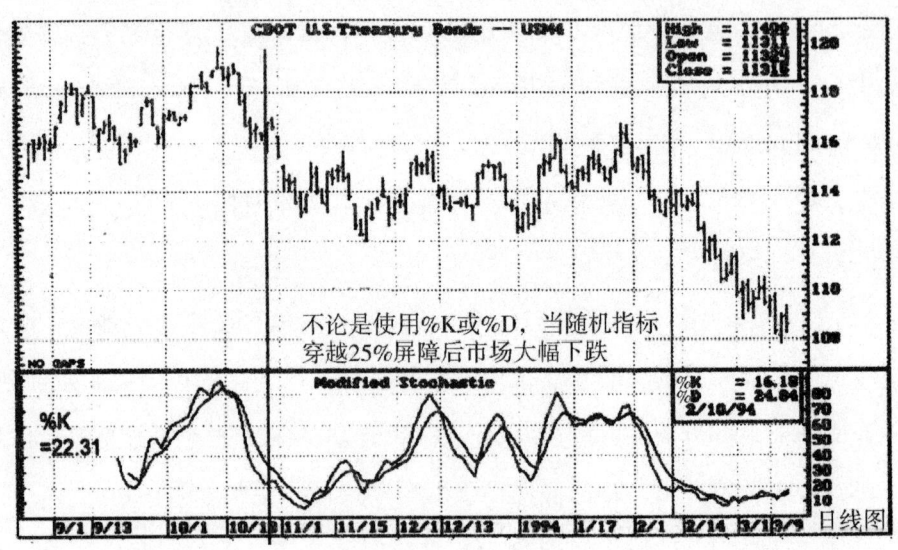

图 7-1

的。注意，虽然我采用的是更为典型的（强劲的）14 周期随机指标，而不是我在第 5 章中描述的指标，但情况仍是如此。在趋势强劲的市场里，随机指标在现行趋势的典型折返线处几乎永远不可能出现这样极端（75%/25%）的水平，对于新交易人来说这让事情变得更为复杂。如果你在等着这种水平的出现的话，那你很可能就永远不会有机会在强劲向下的趋势中卖出，或在强劲向上的趋势中买入。

## MACD

其他交易人用 MACD（移动平均值背驰指标，Moving Average Convergence Divergence）指示市场运行中的极限，甚至更差，将它当作背离工具。正如你从第 5 章中了解到的，这种摆动指标能指示趋势，其设计非常巧妙，功能强大，但它并不是超买/超卖工具；但是，确实有一种创新式技巧（伯恩斯坦，《短期交易》）可以让你将MACD的慢线和快线之间的距离用作超买/超卖指标。但是，在我看来，在这方面有另外一种好得多的方法。

## 相对强弱指数（RSI）

相对强弱指数并不是那种好得多的方法。虽然这个重要指标在超买/超卖分析方面比随机指标或MACD强很多，但威利斯·小维尔德（维尔德，《新概念》）当初创建它的初衷是使它在各个市场中有广泛吸引力和简单适用性。他当然达到了这些目标，但是对更为熟练的交易人来说却缺了什么东西。由于RSI在+/-100被规范化，像随机指标一样，它会被强劲的市场波动压垮。如果摆动指标在95的位置上，而且一个较大的向上波动在持续的话，那所剩下的可变动空间就只有4.9999个点了。

如图7-2的咖啡价格日线图所示，当相对强弱指数（RSI）达到96.50时，它将去往何方？随着价格的波动，相对强弱指数下降到93.78，而非趋势摆动指标（Detrended Oscillator）从9.41增加到16.19。在这个例子中，两个指标都使用了7个周期。在图右侧，我们看到非趋势摆动指标位于一个极大数值上（相对而言，超过9.41初始数值4倍多），而相对强弱指数这时却小于开始时候的数值，位于89.00。与价格相对应的超买和超卖数值的可辨认性至关重要。为什么不采用一个能明白地显示它们的指标呢？

另外，想想看，咖啡的超买信号与玉米的超买信号的特性不同，而后者的特性又与标准普尔指数中的超买信号不同！然而，使用规范化RSI不能给这些特性提供任何展现自己的回旋空间。

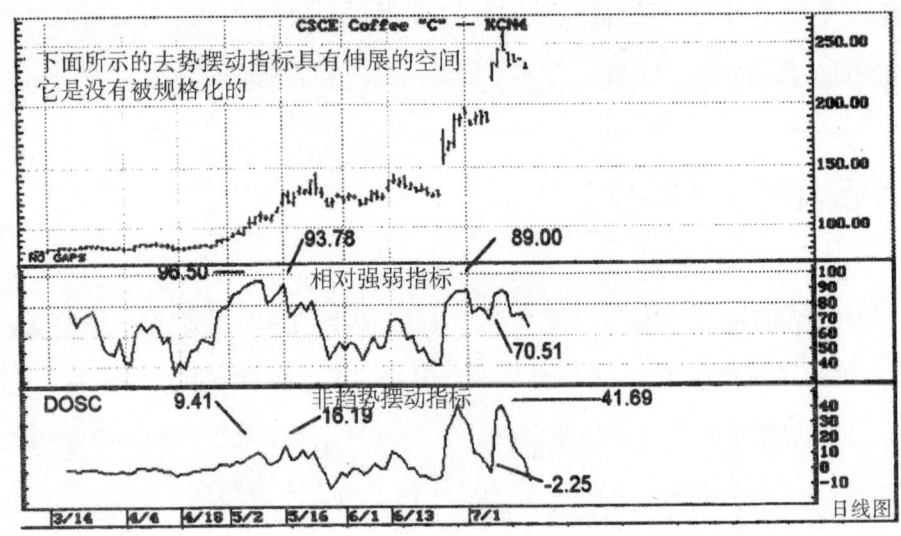

图 7-2

## 商品渠道指数（CCI）

最后，还有商品渠道指数（CCI）。我对商品渠道指数几乎没有任何批评，这很可能是因为它与我所使用的摆动指标颇为相似。虽然唐纳德·兰勃特[①]（Donald Lambert）对这个指数的开发是与趋势和循环周期的研究结合在一起的，但使用这个指数的多数交易人都将它用作超买/超卖工具。CCI 未规范为 +／-100，因此要使用它，你就需要对它有更多理解。可能正是因为这个原因，对它的使用（或误用）并不广泛。虽然商品渠道指数确有其价值，但我相信非趋势摆动指标达成的结果更好。

---

① 唐纳德·兰勃特（Donald Lambert）：《商品渠道指标：进行循环趋势交易的工具》《股票和商品技术分析》（*Technical Analysis of Stocks & Commodities*），1983 年 7 月、8 月，第 120～122 页，（*Commodity Channel Index: Tool for Trading Cyclic Trends*）。

## 非趋势摆动指标

非趋势摆动指标存在已经有很长一段时间了。我不知道它是由谁在什么时候创建的。由于非趋势摆动指标试图对围绕代表了某种趋势的零线的价格变化进行测量，故称之为非趋势。这里我们将趋势定义为一条特定的移动平均线，然后我们以数学方式将该平均线保持恒定，即让它成为零线。

非趋势指标的公式非常简单：

$$非趋势摆动指标 = 收盘价格 - 移动平均线$$

一个合理的变形是，如图7-5所示，最高价或最低价减去特定移动平均线。

我的一些同事相信，只要懂得了令人费解的数学运算就相当于是天才，因此也就相当于可以获得赢利。而我一直奉行使事情尽可能简单的原则。由于我对这项指标的研究是20世纪80年代早期在一台8088处理器上完成的，简单主义是一个务实而理性的考虑。

我研究非趋势指标的方式与我研究DMA的方式相同。我以大量数据为基础，在交易情景中观察指数的有用性。几年之后颇为流行的典型优化技巧，我一个都没有采用。

通过各种非趋势指标的结合（中间价、最高价、最低价、收盘价等的简单、加权、指数平滑和数学移动平均线），我观察了上千个数据集，最后发现最好的数据集是：

（1）收盘价（当天）减去收盘价的3天简单移动平均线。

（2）收盘价（当天）减去收盘价的7天简单移动平均线。

在上面两种数据集之中，显然在我的应用环境中，7天移动平均线是最好用的。但是，我两套数据集都用，尤其在下文描述的策略1之中。

这种费力的工作，不仅能产生利润，它的另一个让我高兴之处就是，直到今天,在经历了 15 年之后我都没有看到有任何理由要改变这些参数!

## 使用非趋势摆动指标

现在,让我们讨论一下,在各种易于应用的策略中应怎样使用这种强大而多能的摆动指标。

### 策略 1

当你的持仓达到平均超买/超卖指标的 70%、80%、90% 或 100% 时,要获利了结。

实施策略 1 时要考虑:

我们用来计算超买/超卖指标的时间周期以及理解平均超买/超卖指标的含义。

在这里经验就显示出它的价值了。我一直是在每日基础上计算超买/超卖水平的,即使用每日的数据,尽管我 80% 的交易都是以 5 分钟线图完成的。也许我应该用另外一种方式解释一下,以免误解。虽然我的持仓可能是根据日间图建仓的,但我从不采用日间图计算超买/超卖水平来决定逻辑赢利目标。要决定超买/超卖水平,我会考察大约最近 6 个月的每日数据,以回顾这段时期以来摆动指标的波峰和波谷。

平均超买/超卖指标是一个价值判断,而不是严谨的数学计算。如果在图 7-3 中,我有 3 个超买最高数值 96.85、101.00 和 100.70,我就会取大约 98.00 作为平均超买水平。

一般在市场中我会把指令挂单在一个大约相当于摆动指标 90% 平均超买水平的价格上。在这个点上,我对交易说"拜拜"。你所选择的百分比可能更高也可能更低。挂单指令最能够从出人意料的消息或大规模交易者为了自己的目的而推动市场的行为中受益。如果挂单指令没有被触发,就取消该指

第7章 超买和超卖摆动指标

令，或让它自动过期。

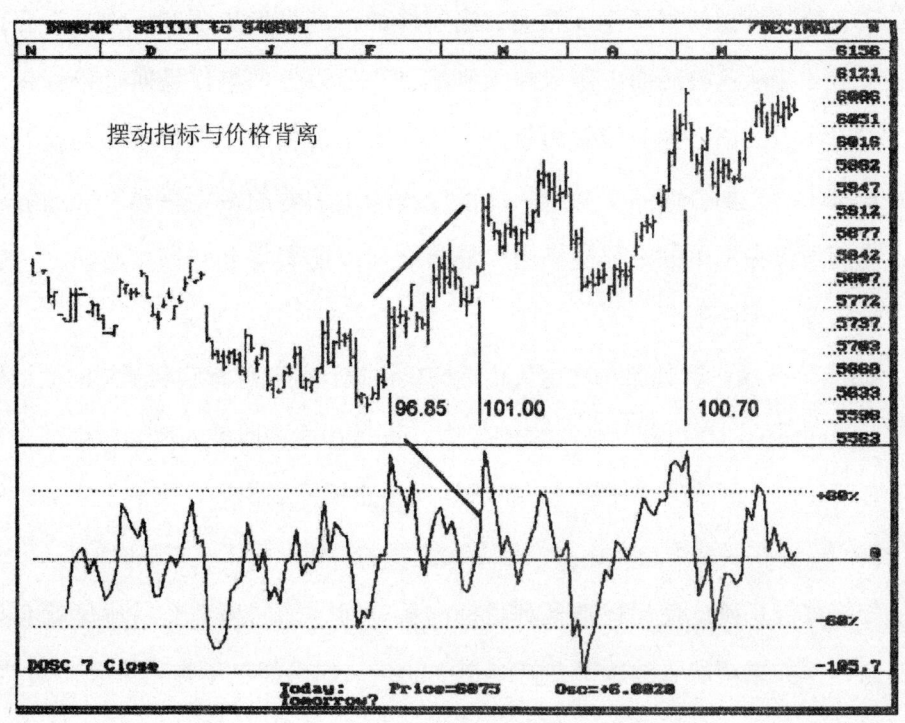

图 7-3

好了，现在你的头脑中已经有了一个摆动指标的数值，你希望在此点获利了结。但你不能给交易所打电话，要他们在 7 天非趋势指标数值为 88（98 的 90%）时退出交易。你需要有一个价格。要提前得到这个价格，你需要摆动指标预测器（Oscillator Preclictor™），我会在本章末尾或附录 C 中对其进行更详细的阐述。如果你没有摆动指标预测器来预先计算出对应于你在采取行动时想要依据的非趋势摆动指标水平的价格的话，你还有另外一个选择。你可以使用有些分析软件（比如 Aspen Graphics™ 和 TradeStation®）在一个指标的某个水平上设置一个提醒。听到"滴滴"声后，退出交易。虽然这种方法可以让人接受，但是在指标上设置提醒有个问题：当你听到提示，采取行动并联系交易所的时候，你可能已经错过了交易。这些价格水平本身就不稳定，这些价格的持续时间往往不长，除非市场处于急速狂奔的模式之中。可以想象，如果你在听到提示之后下价格单指令，你的离场单能够得到执行的只有在急速狂奔型的市场中。然而，当这样的市场情形出现时，你是需要留在其中，才能从这种局面中赚取更大利润的！所以，如果你是通过指标提醒来寻找退出点的话，你所能做的就是下达一个市价指令单，然后一切就看命运的安排了。芝加哥商品交易所的地下停车场里泊着的雷克萨斯和美洲豹轿车不是随便停在那里的。那些场内交易员之所以能买得起它们，原因之一就是市价指令。小心吧！

如图7-3所示，如果每次超买指标的极值被达到时你都获利了结的话，你就能免受随后的回撤可能给你带来的损失。正是在这些回撤的地方，许多交易人最有可能因为不适时地收紧其止损，从而被止损强制出局。回撤发生的时候正是我们需要在斐波纳契折返点位处再次进场的时候，而不是离场时候！

如果你能正确地使用逻辑赢利目标的策略时，你的赢利交易比例就会显著提高，但如果市场真的腾飞并持续走高的话，你可能已不在其中了。当然，你可以持有多个合约，并只对部分合约在逻辑赢利目标处了结。你也许会有兴趣知道这样一个事实，我曾经操作若干平行的账户，有的账户我所有的仓位都在逻辑赢利目标处了结，有的部分仓位如此，有的从不如此。随着时间的推移，第一种所有仓位都在逻辑赢利目标处了结的方法毫无争议地胜出。

作为策略1的一种引申，当你以日间时间范围交易，使用斐波纳契赢利目标时，你的策略应该是，按照非趋势摆动指标的定义，在价格极值或价格极值附近操作的时候，选择在市场达到较近的逻辑赢利目标（COP）时就获利了结。我以前教过的场内交易员甚至使用这种技巧的变种。随着超买和超卖水平接近，他们在交易场里的行为会有很大变化。你也可以改变自己的行为。考虑一下吧。如果在某一天，市场达到70%~90%的平均超买水平，这时市场很可能会遇到阻力，或至少在随后几天中进行盘整。在这种情况下，避免在前期高点"止买"。寻找日间价格暂跌到斐波纳契支撑区域的机会并及时买入。然后，当价格再次接近平均超买水平时，或接近斐波纳契赢利目标时（以先发生的为准），一旦前期高点出现就立即离场。记住，产生超买/超卖的价格水平每天都会改变。这是一种动态情况，而动态计算的市场水平往往好过统计计算出来的市场水平，后者比如固定的止损金额。

现在，我知道你们中的有些人在逻辑赢利目标处了结时为什么会有所犹豫，因为你不具备充分的进场技巧，能让你在离场之后再回到市场之中。我会在下文中解决这个问题的一部分。在我们学习第 9 章、第 10 章和第 11 章，高级斐波纳契分析，帝纳波利点位™的时候，会对这个问题的绝大部分进行解答。

## 策略 2

非趋势摆动指标可以被用作为任何进场技巧的过滤器。

在我知道并理解高质量的进场技巧之前，我的不良进场的比例很高。不良的进场不仅仅是指最终导致亏损的进场。如果在市场按照你的意愿发展之前，你的进场让你承受极大压力的话，那么它也算是个不良的进场。后来，我使用非趋势摆动指标来确定在我预先制定的进场价位比较明显的平均超买/超卖值是多少，陷入这种不幸的概率大大降低。如果进场的价位超过超买/超卖的大约 65%，我根本不会做这笔交易。如果到第二天信号仍然有效，我会再看看非趋势指标，看看现在交易是否"安全"。如果你不能确定应该怎样在你的设备上设置非趋势指标，你可以这样试试。打开"摆动指标设置（Oscillator Set Up）"菜单，选择一日收盘价格移动平均线（即收盘），减去 7 日收盘价格的简单移动平均线。这样应该就可以了……然后，当你的进场信号发出的时候，看看摆动指标的值，在交易行动之前先看看市场处于怎样的超买/超卖状态中①。

考虑一下图 7-4，想象一个简单的交易系统，在这个系统里，收盘时价格在移动平均线之上的话你就做多，收盘时价格在移动平均线以下的话你就做空。我画了一条非置换 12 天简单移动平均线，因为这是很多交易人最常用

---

① 如果你拥有摆动指标预测器™的话，这些超买超卖水平就会被提前计算并打印出来。

的。我在这个例子里选择了两个买入信号。

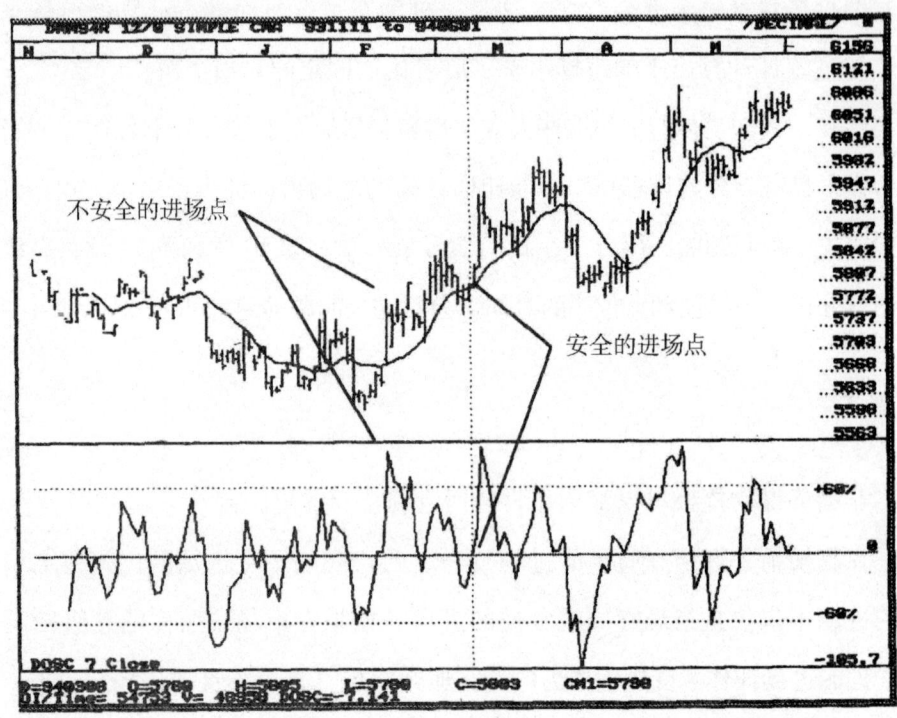

图 7-4

这其中的思路非常简单明了。如果你在一个高度超买的情况下（不安全）选择一个买入信号，它所带来的痛苦很可能要超过你在合理的超买/超卖水平下（安全）选择的信号。在这个例子中，这两个信号都会为你赚钱，只要你没有觉得无聊，或被吓得退出交易的话，也就是说，如果你坚持遵守系统规则的话。但是，如果系统的规则中有个日间止损点，或如果止损收紧，不安全的进场就可能导致极大损失。

## 波动性突破

我想波动性突破的玩家可能会不喜欢这个策略，但是我认为，在进场之前先让市场平静一些，绝没有什么坏处。你会错过一些好交易吗？当然！你会躲开被止损多次淘汰出去的可能么？当然！最后的净效应会是正的么？我想是的。但是，自己测试一下这个策略，看看你自己是怎么想的。很多交易人之所以参加这个游戏，不是为了赚钱，是为了刺激。有些交易人能泰然自若地容忍30%或40%的交易赢利，我不能？你需要知道自己所属的类型。

## 策略3

超买/超卖水平可以被用来设置止损。

如果你观察到与最大超买或最大超卖的值相对应的价格，你可以将止损设在该价格之后，并留出一些边际。如果是债券，这个边际可以是几个1/32，如果是标准普尔指数则可以是50个点。但是，你必须要注意指令单所用的术语：如果正如我以上所建议，你使用的是收盘价减去移动平均线，你只应有一个收盘价格止损。如果你需要一个实时日间止损，就使用最高价或最低价减去移动平均线，这要看你做多还是做空。这些摆动指标会分别高于或低于用收盘价格计算的摆动指标，并会相应产生不同止损（图7-5）。但是我可以向你保证一件事，如果不是凑巧的话，你的止损的位置会与其他的人止损位置截然不同。另外，你的止损是动态的，每天都在变动。无须赘述，当你选择上述的止损点时，你应处于资金管理所要求的参数之内，而且当初指导你进入交易的信号应该仍然保持有效。

如果你对自己的各种进场方法非常有信心，那就是你运用策略3的最佳时机。这意味着你不希望采用紧跟的止损点而使交易受到干扰，你选择给予这些方法所需要的时间和空间，让它们发挥作用。我给你们举两个例子。

莱瑞·威廉姆斯（Larry Williams）有各种高风险、有较高获利潜力的非判断式系统，这些系统通常是以某种形态确认为基础的。但是，有一个问题是，在进场当天，有些系统只有一个"收盘价止损"，甚至根本没有止损，这当然会让一些系统使用者感到不舒服。那么，你可以按照策略3中建议的那样，隐藏你的（日间）止损。

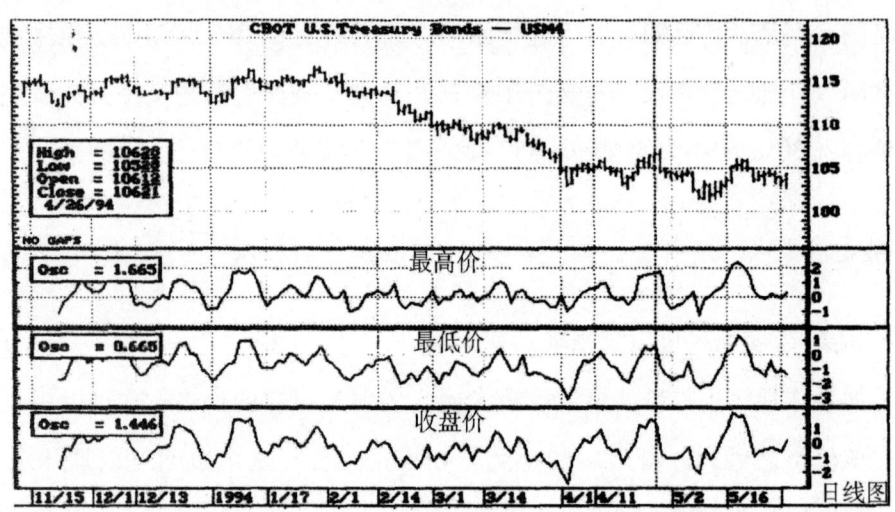

图 7–5

当我们在以后讲到斐波纳契技巧的时候,你将了解我们有时候会有设置初始的、远距离或灾难止损的需要。策略 3 能对如下问题提供答案:应该在哪里设止损?这个止损几乎永远不会被击中。如果原始进场信号被否定,我就以"市价"退出,或者在市场沿着我进场的方向做第一个折返时退出,然后取消灾难止损。

你应该意识到,如果市场超卖,那么最大超卖止损会在数英里以外。但如果市场接近超买,超买止损则相对近很多。你可以用较低的平均超买和超卖百分比来调节止损的设置,但我的建议是不要低于 70%。

## 策略 4

这个策略运用超买/超卖最大摆动指标水平,并与主要斐波纳契阻力或支撑区域相结合,来确定进场点的范围。这个策略的一个名字叫"拉伸"。不可否认,要对抗一个现有趋势,是有风险的,但是仍值得一试,因为这两个强大指标的结合所产生的力量不可小觑。

由于我们还没有讲到斐波纳契分析,我想先往前跳过一点,做如下解释。

第7章 超买和超卖摆动指标

我的建议是，如果你现在读不懂的话，可以在完成第 8 章到第 11 章之后再重新研读这部分。图 7-6 显示的是债券日线图，我之所以选择以它为例，是由于几个原因。光标竖线被置于初始"拉伸"信号的卖出点上。从这点开始，价格回撤至斐波纳契支撑，然后达到一个上方逻辑赢利目标（COP），与从 A 到 B 的向下波动的 0.618 折返线汇聚在一起。正是这个斐波纳契折线区域，帮助我们得到了最初的"拉伸"信号卖出点。再重申一遍，如果在与最大超买差不多相同价格上，同时有一个重要的斐波纳契阻力区域，则应将这个重叠区域作为一个卖出区域而采取行动进场。

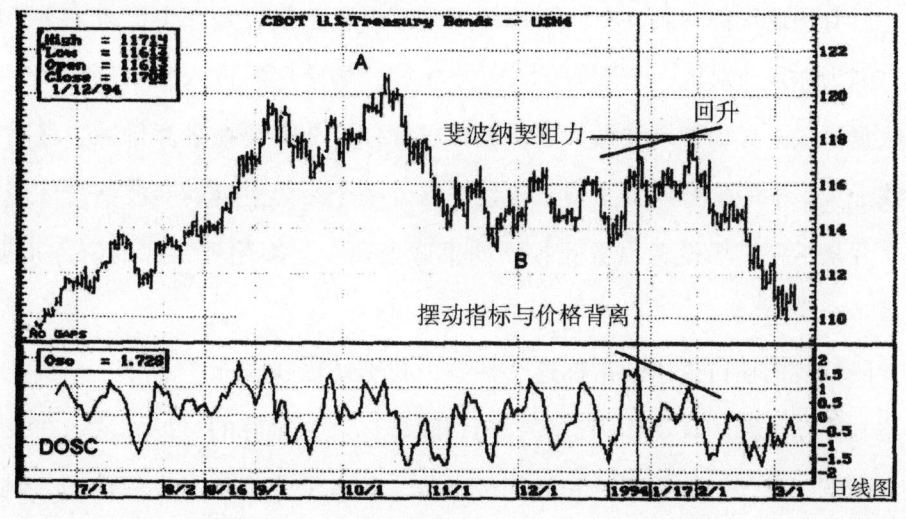

图 7-6

## 需注意的要点

初始的"拉伸"信号卖出信号给我们带来了两个剧烈下跌的交易日。这是突破建立的信号。你有没有意识到你可以利用这一高概率的突破赚多少钱？在这样的时候所有的日间趋势对你都是有利的，在卖出时你可以大大提高你的收入边际。如果你足够自信，你可以加大仓位，最后带着丰厚的战利品离开。你不需要5个点的向下波动，你需要的就是等待的耐心，以及对未来发展态势的信心。在这种情况下，阻力达到之后，日间下降趋势会支撑一个强势空头仓位，直到到达一个支撑水平，这种支撑水平可以通过第9章和第10章中介绍的技巧提前测量出来。

而在回到新高的反弹上，我们只实现了一个回到主要斐波纳契阻力的波动，如上所述。非趋势摆动指标仍然很高，你有机会在做空交易上再来一次。如果我们能根据某个特定价格水平提前决定超买或超卖水平，我们就可以就怎样处理一个特定交易作出明智而自信的决定。

所有的玫瑰都有刺，在使用拉伸策略时设置止损会是一个比较棘手的问题，因为你是在对抗一个现有的波动。比如，如果你的进入卖出价位大约位于收盘价减去移动平均线最大水平的位置，你可能需要在最高价减去移动平均线最大水平的位置设置止损，或设在另外一个距离更远的斐波纳契区域后面。我从不在市场设置财务止损。如果这个安全止损超过了我的财务止损，我就不会交易。

既然我们在讨论摆动指标这个话题，我不妨借机颁布个禁令：不要使用价格与摆动指标的背离作为进场技巧，除非你有个很好的过滤方法。在我们最后的例子里，初始最高价和弹回最高价之间有个背离信号发挥作用，但这并不是一个高概率信号。即使是用最好的摆动指标，也往往预示着灾难，尤其对新手而言更是如此。回过头来看一下图7-2，以及这里谈到的其他图。这些图里有很多价格和摆动指标的背离现象，而市场也在不断地淘汰背离玩家。回过头来看看，你肯定会发现很多确实起作用的背离，但是在真实交易过程中，这种技巧的准确性是不存在的。

## 策略5

通过对非趋势摆动指标的特殊应用，以决定确定主要走势变化。

这样的应用有很多，我举一个例子。这个策略背后的思路是，长期非趋

## 第7章 超买和超卖摆动指标

势摆动指标的突破，可能比长期价格的突破更为重要。看一下图7-7黄金期货月线图。

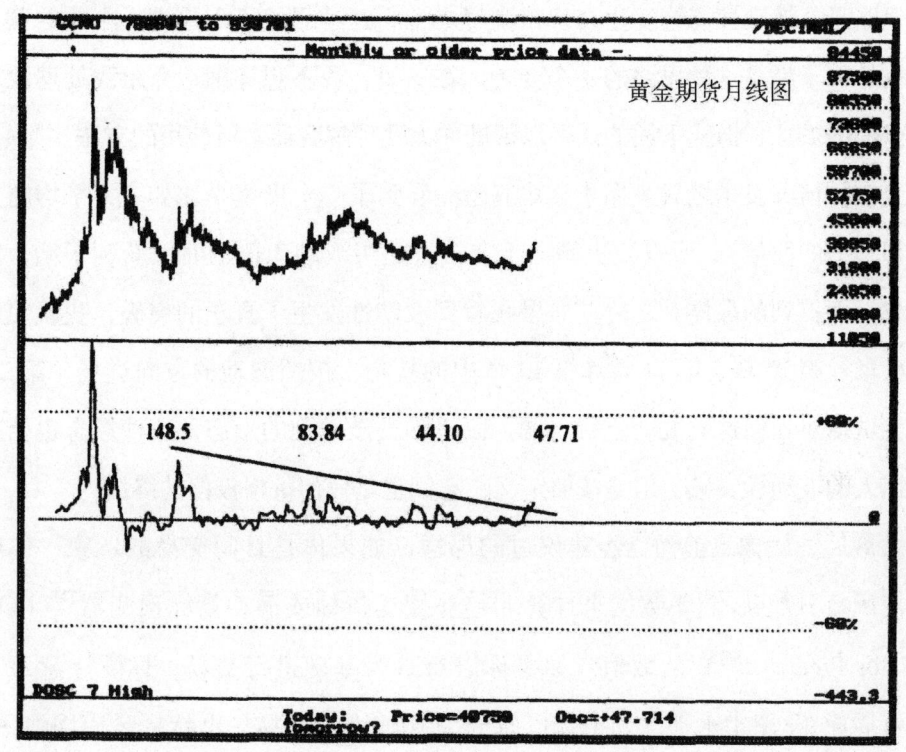

图7-7

1980年黄金市场的突破之后，我们第一次看到摆动指标月线的读数显著超越了以前的高峰，它对应于价格的运行。我不担心摆动指标与价格之间形成的背离，但很担心这样一个事实，即摆动指标的数值在一个长期向下波动之后超过了它以前的反弹最高峰。还要注意，当我们在这种背景下测量动量时，我们使用的是最高价减去移动平均线，或最低价减去移动平均线，而不是收盘价。这是因为这种背景中的动量是在试图测量市场背后的最大推动力，而不是某个具体时间点上的力量。

这意味着黄金市场熊市的终结，我们可能面临着一个长期的盘整期或向上波动期。为了对这个假设进行确认，我们希望看到47.71水平在下一个黄金价格反弹中被完全超越。如果能看到黄金价格的回撤被约束在一个上升形态中，也很好。到目前为止，还没有发生这种情况。

在第1章以及本章的策略2中我提到波动性突破技巧。这种方法成功背后的思路是，波动性高峰发生在价格高峰之前，这种思路不无道理。刚才的黄金价格的例子就是这种思路的一个变种。在这里，我不想详细地介绍我处理波动性极值的方法，但我下面的话可以帮助你大致理解我通常所使用的方法。第一，直到实际情况发生之后，你才会知道已经看到了一个极值（比如说，平均超买或超卖值的两倍），所以我更倾向于在接近超买或超卖值的时候获利了结，就像我上面提到的那样。之后，如果我看到波动性发生了真正的突破，我就使用第9章、第10章、第11章和第13章中的技巧，按照波动的方向进场。第二，我会试图对任何这类波动进行过滤，以排除突破破裂的形态，这种形态也会产生惊人的波动性突破，但是按照定义，它们也是任何价格极值的终结。

最后，就像我前面已经建议过的那样，如果你是日间交易的玩家，你应该使用每日超买/超卖数据来计算非趋势摆动指标或摆动指标预测器™（Oscillator Predictor™）的数值。如果你以每日为基础进行交易，你要注意每日和每周超买/超卖水平。如果你以每周为基础进行交易，也就是运用周线图，那你就要小心每周和每月摆动指标的水平。使用这些技巧，能极大地增强长期共同基金转换的效果。

最重要的是，别忘了我多年来一直在强调的一个市场公理。它蕴含于我的市场交易方法中，而且是对我已经提过的规则的升华。

失去机会，总比失去资金好！

## 摆动指标预测器™

20世纪80年代早期，我认为我需要一种比我所见到过的所有方法都更好用的获利方法。那时候，我还没听说过斐波纳契展开分析，而且虽然我所开发的置换移动平均线为我提供了合理的进场点，但当时我所使用的离场策略，使我回吐的"账面利润"比我所愿意看到的要大。对我来说，任何"账面利润"都是我的利润。我是承担了风险，才得到这些"账面利润"的。在进场时，我做了很多工作，所以我不想看到市场把任何部分的账面利润再从我这儿拿回去！简单而言，这个问题就是，"我怎样才能在价格极值上离场，而不是等着置换移动平均线的交叉出现？"因为我确信非趋势摆动指标是我最得力的超买/超卖工具，而且因为我曾经是一名工程师，我推理出的主张是，可以创建一套参数方程，提前一天产生与市场中的超买/超卖条件相应的价格水平。带着这个问题，我找到了我的程序员乔治·德缪斯（George Damusis）。他在办公室里研究了两个星期，运用他天才的智慧，创建了摆动指标预测器™（Oscillator Predic–tor™）背后的数学体系，并将研究成果以图形的形式编入我公司的海岸投资交易软件（CIS TRADING PACKAGE）之中。

你可以想象这项发现对我的意义有多重大。我可以提前整整一天的时间，精确地预测何种价格水平将能产生逻辑（符合历史的）利润，一个生意人的利润。当你实际应用逻辑赢利目标的时候，你获利交易的比例会毫无疑问地提高。实行逻辑赢利的主要问题是，交易人试图在低风险点重返市场的时候，缺乏相关的知识。关于这个问题我会在第8章到第13章中谈到。

附录 C 显示了在现实情景中摆动指标预测器™是怎样发挥作用的。

# 总　结

探讨斐波纳契分析之前，让我们对整体计划（第 3 章）做个简短总结，看看到目前为止我们已经学习了什么内容：

**成功交易方法的必要组成部分**

（1）资金和自我管理。

见书目和参考材料部分。

（2）对市场机制的理解。

到目前为止，我们已经数次提到过市场机制。在适当的时机，我还会提及这个内容。如需更多信息，见参考材料。

（3）趋势和方向性分析。

我们已经谈到过滞后指标和同步指标。

我们已经学习了发现趋势的最佳方法。

我们已经了解了一些效力高于趋势并支配趋势的非常强大的方向性信号。

（4）超买/超卖评估。

我们已经涉及超买/超卖评估理论。

我们已经学习了怎样有效地对交易进行过滤和量化。

我们已经学习了如何实行某些逻辑赢利目标。

总之：现在，我们已经了解什么时候做多，什么时候做空，什么时候退出市场，而且我们有了一种方法，对一笔交易能为我们带来的收入作出合理预期。

（5）市场进入技巧（领先指标）。

在下面的章节里，让我们看一下，在我们按照上述标准进入市场之后，我们怎样才能尽量使自己处于安全的位置。我们还会探讨一些强大的设置止损的技巧。

（6）市场退出技巧（领先指标）。

然后，我们会讨论另外一些确定逻辑赢利目标的方法。

# 第三部分
# 帝纳波利点位

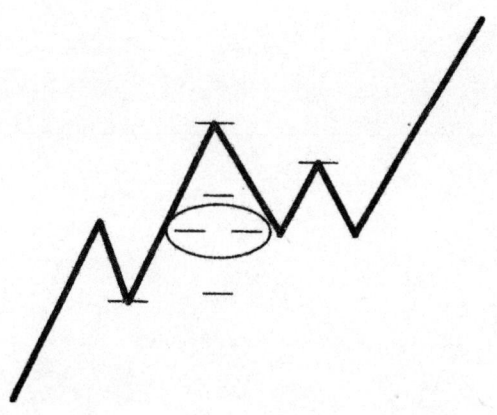

今天所有的投资市场都有一些共同点，无论我们交易的是期货、外汇、股票，还是共同基金，速度和波动性比以往都显著地增大了。标准普尔指数在1983年时一天的交易范围在今天的市场上只是5分钟线图上的一根柱线而已！不管你从事什么样的交易，昨天的方法已不再足以应对今天的挑战。恰当地运用领先指标则能够解决这个问题。

# 第8章 基本斐波纳契分析

## 总 论

也许未来几年里，你能使用部分交易利润到过去和现在的文明中心去游览。如果你有机会这样做的话（我就曾经这么做），你就会发现斐波纳契关系是雅典、罗马、阿姆斯特丹、巴黎、埃及和南美洲一些地区的建筑的固有特征。这些充满审美情趣的外形，正是自这种数学比例关系中派生而来的（图8-1）。

图8-1

你会在音乐的音阶、结晶，甚至野兔种群数目的增长之中发现斐波纳契展开式的踪影。不管是在 DNA 螺旋结构中，还是在蜂巢的预先设计好的建筑过程中，还是在吉萨的金字塔之中，斐波纳契关系无处不在（图 8-2）。人的身体本身也有斐波纳契的比例关系。最近，在我的一次培训课上，我遇到一位外科医生，他的毕业论文的主题是面部整容。他的研究的主题是，术后面部整容的成功与复原骨骼接近"黄金分割"的程度之间的量化关联性。不可否认，斐波纳契比率，以及生成这些比率的数字，存在于所有事物之中。

因此，不难理解，人类的整个活动，会以某种方式服从这些规则。这一点在市场中尤其明显，因为市场与人类强烈的贪婪和恐惧的情绪紧密相连。

图 8-2

## 一点历史

雷纳尔多（Leonardo）是 1170 年左右比萨一位富商圭里亚莫·波纳契（Guilielmo Bonacci）的儿子。在意大利语里，斐加罗（figlio）是指"儿子"，所以随着时间推移，Figlio Bonacci 就被简化为 Fibonacci（斐波纳契）。雷纳尔多·波纳契（Leonardo Bonacci）先生是当时一位杰出的数学家。他发现了被后人称为斐波纳契数列（Fibonacci Series）的数字序列和比率。

发现斐波纳契数列的过程，有点像发现美洲大陆的过程。我相信，哥伦布发现美洲大陆之前，印第安人就已经知道它的存在了。同样，数学关系所定义的、对我们这些交易人至关重要的比例，其实也早就存在了。

黄金分割或黄金比率1.618 比1（或0.618 比1）与这本书的价格很接近，它有很多名字。希腊人以字母"phi."称呼这一比率。帕乔利（Pacioli），一位中世纪的数学家，称之为"神圣的比例"。开普勒（Kelper）称之为"几何学的宝石之一"。曾经还有人称它为"旋转的正方形的比率"。很高兴这个名字没有流传下来，不然的话，这本书的名字就会叫做"旋转的正方形在投资市场中的实际应用"了。

## 起 源

斐波纳契数字序列其实有一些我们想象不到的有趣内容。虽然它的各种可能结果会把我们搞到头大，但那是数学家的最爱。想象一下我们所了解的数列：1，1，2，3，5，8，13，21，…直到无穷。从1，1开始，我们把最后两个数字相加，就得到了这个数列。以不同方法除这些数字，就可以得到这些比率。比如说，我们用 21 除 13，就得到 0.619，而用 13 除 21 则等于 1.615。如果我们跳过一个数字，用 21 除 8，就得到 0.381。相反，8 除 21 则等于 2.625。我们在数字序列上走得越高，做除法之后的结果与精确的数字斐波纳契比率就越近（图 8-3）。但是，我们永远不会达到这个数字，因为它后面跟着无穷的小数序列。在数学中，这称为无理数。

这个求和过程的有趣的地方在于，我们在哪里开始都没有关系。我们可以取任意两个数字，比如 5 和 100，很快我们就会回到同样的序列上。

5, 100, 105, 205, 310, 515, 825, 1340, 2165

$1340 \div 2165 = 0.6189$

$2165 \div 1340 = 1.616$

图 8-3

虽然众所周知，斐波纳契先生在埃及之旅之后"发现"了数列，但当我想象当时的情景的时候，我所看到的是个不同的画面。想象一下，13世纪的某个时候，波纳契的儿子吃了一碗意大利面，然后坐在一棵树下。他的手指和脚趾已经不够用了，必须要用算盘了，这时突然灵光一闪。他当时的感觉，肯定与我将他的发现应用到标准普尔指数的感觉一样……

哇！！！

我可以继续赞美斐波纳契关系，但是如果我真的那么做，我就永远不会讲到它们在市场中的实际应用。如果你对这个题目感兴趣，有很多书都介绍了斐波纳契关系的更为深奥的内容[①]。这些书对于数学系统的描述肯定比我还

---

① 本书后面的参考部分列有大量有关斐波纳契数学概念的信息来源。

要深入。另外，我对这个题目不够尊敬，这肯定会让一些人感到不舒服。所以，对于斐波纳契数列和比率的赞美、产生和历史，我留给他人去讲吧。这本书主要讲述的是斐波纳契概念在市场中的实际应用，因此，让我把大家重新带回现实中来，重复一下我已经告诫过的禁令。

斐波纳契分析必须由经过适当培训的人，在适当的市场背景下，而且必须作为一个整体计划的一部分来使用。

## 路　标

后面几章将会涉及的和不会涉及的内容。

将会涉及：

（1）应用到价格轴的基本斐波纳契展开和折返分析。

（2）我对应用到价格轴的高级斐波纳契展开和折返分析，即"帝纳波利点位™（DiNapoli Levels™）"。

不会涉及：

（1）斐波纳契分析在时间轴上的任何应用。

（2）斐波纳契数列中数字的任何使用方法（我只用某些比率）。

（3）斐波纳契椭圆。

（4）斐波纳契弧线。

（5）斐波纳契螺旋。

（6）受斐波纳契启发的带状形态。

（7）受斐波纳契启发的趋势线。

（8）较次要的斐波纳契比率，如 0.09，0.146，0.236，0.50，1.382，2.618 等。

我没有涉及的题目是一些有意思的题目，有些题目很有价值。但是我的经验、研究和交易方面的实际应用明白无误地告诉我，它们不值得你花费大量时间研究，尤其是当你还处在学习曲线初期的时候。由于它们会使问题过于复杂化，我想集中讨论那些最为有用和实用的思路和概念。

## 应用两个主要比率 0.382 和 0.618 进行的基本折返分析

图 8-4 描述了 A 点到 B 点的向下运行。根据折返理论，你测量这两个价格极值（A 点和 B 点）之间的波浪的垂直距离，并计算该运行的 0.382 折返点。在这一点上，毫无疑问任何向上运行肯定会遇到（卖出）阻力。

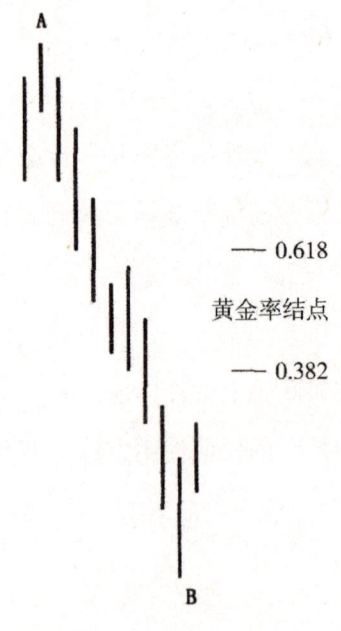

图 8-4

折线理论并没有说价格必须停留在这里，只是说进一步的运行会遇到相当的阻力。

如果价格行为超过 0.382 折返点水平并持续向上，到达同一下行波浪的 0.618 折返点处时，毫无疑问地又会遇到另外一个相当强的阻力。市场是否

## 第8章 基本斐波纳契分析

会停留在这里?我们无法知道,但是如果你是要在这个市场(背景)中卖出,这两点中的任何一点都是启动卖出指令的绝佳点位。如果你是在寻找设置止损的区域,那么把你的止损隐藏在任何一个点位的后面,要远胜过主观地挑选一个财务止损点。

在图8-5中,我们同样也有一个从A点到B点的运行,这次它是向上的。斐波纳契折返分析告诉我们,该波浪的极值之间的0.382和0.618折返点将出现意料之中的支撑。

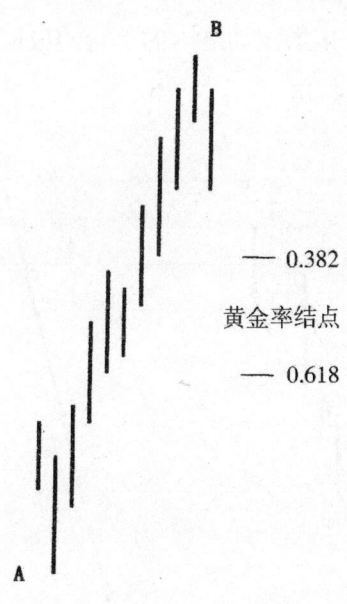

图8-5

与上述标准相关的等式为黄金率结点(FibNodes)等式:

$$F3 = B - 0.382(B - A)$$
$$F5 = B - 0.618(B - A)$$

其中,F3是3/8黄金率结点或0.382折返点;F5是5/8黄金率结点或0.618折返点。

这些是表示折返点位的行话,它们的使用可以追溯到江恩早期的著作中,在这些著作中,它们是指作为支撑或阻力位的 1/8 点。①

黄金率结点是应用上述方程式计算出来的数字。每个市场波动产生两对(或更多,你稍后就会看到)黄金率结点。如果从上方接近它们,它们就会产生支撑,如果从下方接近它们,就产生阻力。

注:我所说的是这个波动的极值,而不是收盘价,或小时中位数,或标准差交叉之前最后两个最高价的平均值……明白我的意思了么?你应该注意的是最高价和最低价!

为了表达清楚,在后面的章节中理想化的柱线图会常常被表示为曲线图。这些曲线图总是画在一个市场波动之内的运行的极值之间(最低价到最高价,最高价到最低价),见图 8-6。

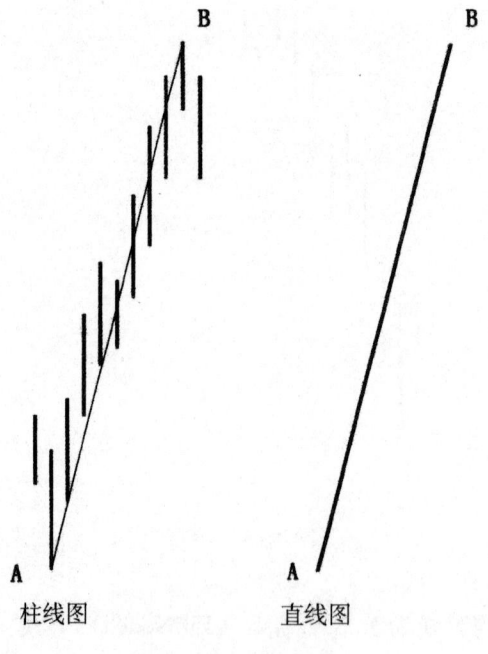

图 8-6

---

① 如果你亲自听过我的课或听过我的教学录音,你会知道我经常称黄金率结点为 3/8 结点或 5/8 结点。

# 第8章 基本斐波纳契分析

如果你对本书教授的高级斐波纳契技巧（帝纳波利点位）的应用感到困惑时，你可以创建一个准确反映你所分析的柱线图的曲线图，这个简单的步骤会极大地缩短你的学习曲线。

## 应用三个主要展开比率0.618、1.0和1.618的基本斐波纳契展开分析

展开分析所描述的数学关系控制或规定了价格的增长形态，因此为你提供了逻辑价格（利润）目标，我们称之为目标点（Objective Point，OP）。从任何一个ABC的市场波动中都能计算出三个目标。如图8-7所示，初始的推进可能向上或向下。在一般情况下，C位于市场波动的波浪AB之内，但这并非绝对。下面的公式被用来计算这些利润目标。然后，可以将价格图从C点顺着波浪AB的方向伸展。这些伸展被显示为虚线波浪，代表可能发生的价格进展情况。

目标点等式为：

$$OP = B - A + C \qquad \text{目标点}$$
$$COP = 0.618 \times (B - A) + C \qquad \text{收缩目标点}$$
$$XOP = 1.618 \times (B - A) + C \qquad \text{展开目标点}$$

此前关于这个题目的一些研究，以及一些流传颇广的理论都认为，展开开始于B点最高价或最低价，而不是C点折返点。我的研究和经验让我不敢苟同这一观点。

用B点开始展开。如果向下波浪上的展开到达零点以下，你应该意识到负数是不被"认可"的。否则，有人就需要向你付钱，脱手股票或谷物了。除去某些税务抵扣之外，我不知道这样的事情还能在哪儿发生。

展开分析丝毫没有涉及时间，在图8-7中虚线波浪标示在不同时间达到不同的目标，这样做的目的仅仅是为了避免混淆。实际上，在经过某种反弹

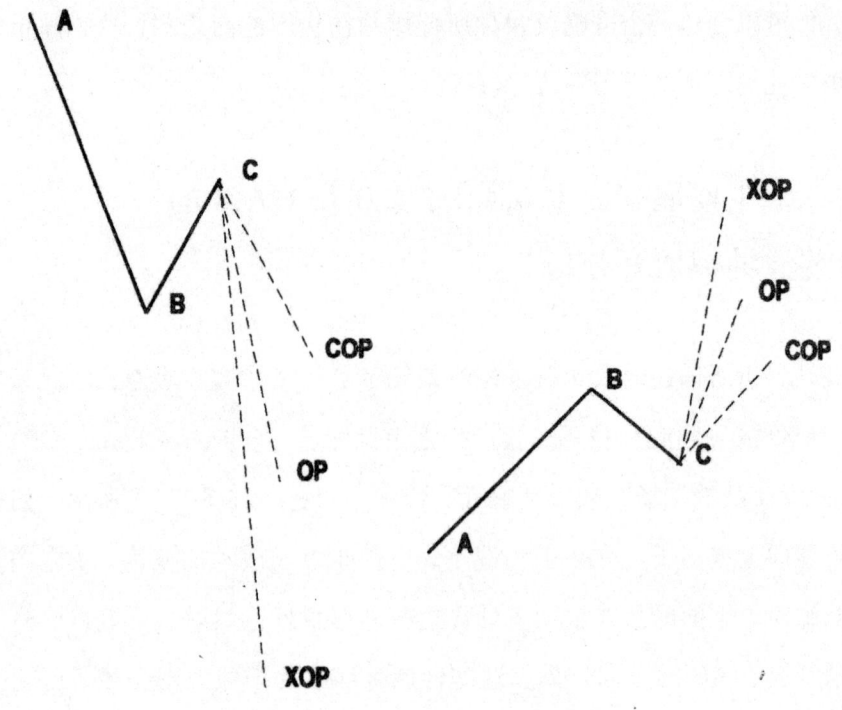

图 8-7

之后，这反弹很可能在黄金率结点的位置，某个 AB 波浪会达到所有三个目标点。如果有强大的方向性波动，价格可能会马上到达 XOP。AB 区间的市场力量，以及 BC 区间上折返的力量或深度的缺乏，这些会帮助我们确定这三个价格目标之中哪一个会被最初实现。OP 代表目标点（Objective Point），COP 代表收缩目标点（Contracted Objective Point），因为它是三个可能目标中最小的一个。XOP 代表展开目标点（Expanded Objective Point），因为它是最大的一个。一般而言，在一个重要的折返发生之前，COP 目标的实现比 OP 目标的实现更为频繁。XOP 目标的实现的频率最低。

还有其他有效的斐波纳契展开比率，但我们必须在过度繁杂和经证实的可靠性之间达到某种平衡，我的研究和经验表明，上述展开比率是最可靠的，

第8章 基本斐波纳契分析

最值得我们给予关注。如果你看看这些比率在下一章节帝纳波利点位中被怎样使用、组合并应用，你就会发现这是非常明显的。

## 常见问题

你能否阐述一下斐波纳契弧线的概念？

虽然我的专长是斐波纳契分析，但这并不意味着我将这种分析的所有内容都运用到市场之中。我的特长是斐波纳契分析在市场中的实际应用。换句话说我们怎样用它赚钱。

1989年我曾研究过斐波纳契弧线。它们对我并不是十分有用，所以我没有将它们作为我的交易方法之一。如果你希望了解这方面的更多情况，参考书目部分包含了一些这个题目的有关材料。

你使用7天摆动指标，7×5和25×5置换移动平均线，但7和25不是斐波纳契数字，为什么用它们？

我不关心它们是不是斐波纳契数字！7和25在你所引用的例子里起作用，这就够了。我不是斐波纳契的狂热分子。什么管用我就用什么！

为什么斐波纳契理论能起作用？

从某种程度上说，这是一个自圆其说的理论，因为一些大型或小型具备学术能力的组织都成功地运用了这一理论。然而，这种解释不能算作一个充分的解释。斐波纳契理论是一种自然法则。我们每一个人对风险、痛苦和恐惧都有我们自己的承受力，同时我们还具有某种程度的贪婪。虽然每个人表达这些情感的强度都不一样，但是对于一个人群来说，这些感情的平均程度以某种方式能够被斐波纳契理论的数学关系量化，并准确地在市场中被反映出来。

# 第 9 章 帝纳波利点位™

## 介绍和注意事项

从 1 分钟线图到年线图甚至周期更长的图表，都可以使用帝纳波利点位，而且准确性之高令人惊奇。如果你想要做非常短时段的交易，就要做好非常努力地工作的思想准备。虽然使用计算机和适当的软件可以减轻这种工作负荷，但是这种辛勤的工作会让所有人感到疲惫。不管所采取的方式有多么优异，或者你的分析有多么详尽，它都很可能出毛病，并由此浪费你好不容易挣来的资产。

纵观全书，我一直在作出各种尝试，不仅将我的研究成果包含进来，还尽量容纳我从这些惨痛的交易教训中所得到的知识和经验。我感到，在沙障摇红旗，是我有资格做的一件事情。由于我已经从事了很长时间的教学工作，我有很多机会观察我的学生的成功和失败的经历。这些观察让我总结出如下的注意事项。一旦你吸收消化了这些教学材料，并学会了正确运用帝纳波利点位，你就需要小心，不要过分自信，不要由于一系列莫名其妙的原因使你吞下缺乏资金管理所造成的苦果。除此之外，实际使用中的不严谨，以及对买卖指令输入和交易操作经验的缺乏，都是严重的隐患。如果你在错误的地方买卖，那么你是否缺乏与交易相关知识都无所谓了，因为反正你会输的。但是，如果你在正确的地方买卖，就会在完成交易单方面遇到很大竞争，你会遇到你以前从来没有经历过的问题。①

## 艾略特波浪原则

很多人以为艾略特波浪（Elliott Wave）原则与斐波纳契分析是一个意思。它们是两个概念。斐波纳契分析可以自成一体（但不推荐这么做），或者作为整体交易战略的一部分，这个整体交易战略可能包括也可能不包括艾略特波浪。如果你们对艾略特波浪原则非常熟悉，很快就会发现这本课程中教授的交易方法的特殊价值。要想搞清楚自己具体处于艾略特波浪的第几个浪中，即使对于长期实践者来说也是非常困惑的，更不要说新手了。帝纳波利点位规避了这个问题，它将波浪视为其本身的扩展和收缩。

## 帝纳波利点位™（DiNapoli Levels™）

我在第 8 章中描述了基本的斐波纳契分析。多数人在价格轴上使用斐波纳契分析的时候，用到的只是这种基本方法的某种形式。一般来讲，这样做还说得过去，但是要前进到一个更高水平的话，我们必须要有各种定义，以明确并量化我们的思维。这些定义的理解，对掌握这一主题，以及对你最终将高级斐波纳契分析（帝纳波利点位）应用到市场之中的实践，都是绝对关键的必

---

① 乔尔·帝纳波利：《被黑掉的进场单（或我的进场单到底在哪里成交了?)》，《股票和商品技术分析》，1995 年 3 月号，第 88 页。

要前提。所以，如有必要，请不断返回来复习这些定义，直到你敢说你真的掌握了为止。

# 定　义

**市场波动**（Market Swing）

市场波动是指由交易人员定义的市场运动，可以持续几分钟或几年，从过去某个时间出现的"显著"市场最低价或最高价，到最近的最高价或最低价。市场波动可以被称为一个波浪。在图9-1中，市场波动在焦点数字和反弹5之间。

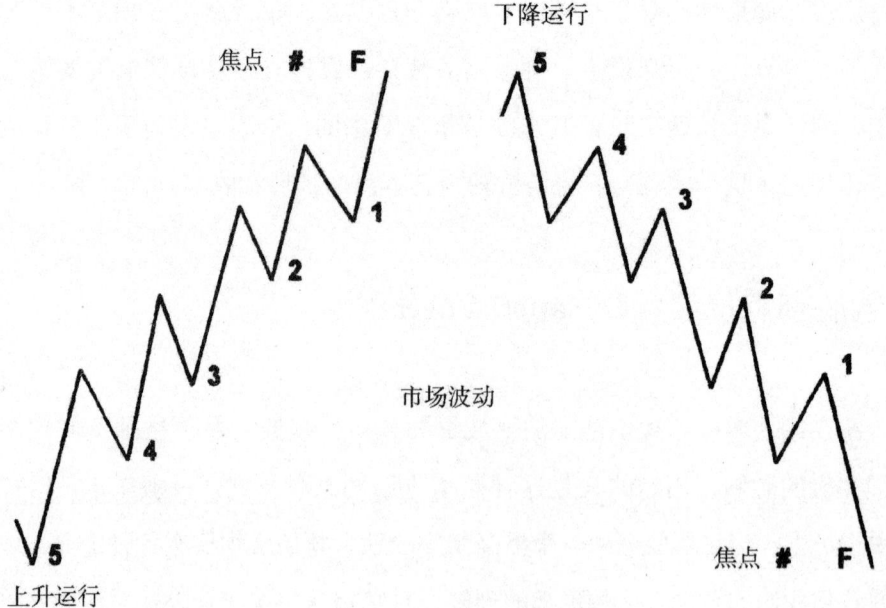

图9-1

### 反弹数字或反弹点（Reaction Number or Point）

反弹数字往往是某个特定市场波动（从 1~5）之内的低价点或高价点。我之所以在"反弹数字"的定义中避免使用"波动最高价"或"波动最低价"这样的字眼，是因为两个原因。首先，你们中的某些人会将某些不合适的限定词与这个字眼联系在一起。其次，在根本找不到"波动最高价"或"波动最低价"的区域里，我们也将涉及反弹数字。

一个市场波动中可能有多个反弹数字。决定反弹数字是低价点还是高价点的，是市场波动的走向。在这个例子里，每个波动有 5 个反弹数字。根据我们的用法，点 5 被认为是符合我们对反弹数字的定义的，虽然点 5 可能并不是对之前任何点的反应。比如，它可以是历史最低价，就像抢手的初次公开招股（IPO）的价格那样。实际上，点 5 非常重要，因为它是市场波动的极值。它被称为"原始反弹数字"，或用符号"*"表示。

### 焦点数字（Focus Number）

焦点数字是市场波动的极值。它是图上的一个位置，某个特定市场波动的所有折返线数值（黄金率结点）都是从这个位置上计算的。如果焦点数字改变了，某个特定市场波动的所有黄金率结点都随之改变。

### 黄金率结点（Fibnode）或结点（Node）

黄金率结点（Fibnode）或结点（Node）是以斐波纳契折线比为基础的数字，当市场从上至下向该数字靠近时，它会引发支撑；或者当市场从下至上向该数字靠近时，它会引发阻力。计算两个黄金率结点或结点，一个在焦点数字和一个反弹数字之间的 0.382 折线，另一个在 0.618 折线上。

黄金率结点™（FibNodes™）也是我公司出版的一个软件程序的名称，这种软件程序是用来计算和表示斐波纳契折线和目标的。在这种情况下，如果提到的是软件程序，则 FibNodes 中的字母 F 和 N 将用大写表示。

## 目标点（Objective Point）

目标点是基于斐波纳契展开比的一个数字，它标志着一个上升或下降波浪的赢利目标。

## 叠加（Confluence）

当来自不同反弹数字的两个黄金率结点有相同或几乎相同的数值的时候，所产生的价格点或区域就是叠加（"K"）。叠加必须仅仅出现在 0.382 和 0.618 黄金率结点之间。叠加区域包括创建叠加的黄金率结点，以及黄金率结点之间的价格范围。叠加又被称为"黄金率叠加"，简称"黄金叠加"。

与单一的黄金率结点相比，叠加呈现出的支撑或阻力更强劲。叠加（接近程度）取决于市场波动的易变性和时间周期。因此，图与图之间的黄金率结点叠加可能截然不同。比如，一分钟和一个月的图表的价格范围极值差异之大让人惊异。同样，某个特定时间周期内的价格范围也有可能变化很大。一天之中的价格范围可能有 250 个点，另一天可能有 1250 个点。叠加具有主观性，它让程序员和非判断式交易人员感到困惑，而这些因素对这种方法的长期性和有用性是很有裨益的。

## 结点标记（Lineage Markings）

结点标记是半圆形弧线，用来直观地识别哪些反弹数字创建了一个特定黄金率结点。

## 逻辑赢利目标（Logical Profit Objective）

逻辑赢利目标是个预先决定的价格点，在这个价格点上，会有许多与你正在交易的方向相反的买卖单。如果你做多头，它就会显示为阻力。如果你做空头，它就会显示为支撑。有两种设立逻辑赢利目标的方法，一种是使用摆动指标预测器所提供的点位，另一种则是使用斐波纳契派生点。斐波纳契派生点可以是来自斐波纳契展开分析的目标点，也可以是某些黄金率结点的单一结点，或者是黄金率叠加点。

由于交易其实就是一场关于百分比的游戏，所以，自然而然地，（逻辑）赢利目标点，将会显著地提高你评估百分比的能力以及长期获利的机会！

### 汇聚（Agreement）

当一个黄金率结点和一个目标点（COP，OP 或 XOP）的距离"比较接近"的时候，发生的价格区域就是汇聚。汇聚也被称作"黄金率汇聚"，简称"黄金汇聚"。

### 黄金率系列（Fib Series）

黄金率系列是一套黄金率结点的组合，来自帝纳波利点位在价格轴上的适当应用。它并不是我们在前面基本斐波纳契分析中讨论的斐波纳契合计系列。

## 帝纳波利点位™或帝氏点位™

帝纳波利点位是根据一套具体规则创建的支撑和阻力点位，它是斐波纳契分析在价格轴上的高级应用。帝纳波利点位包括黄金率结点、目标点，以及叠加和汇聚价格区域。

## 举 例

- 确定帝纳波利点位的第一个步骤，是焦点数字和反弹数字的正确定位。

让我们看一看图 9-2：

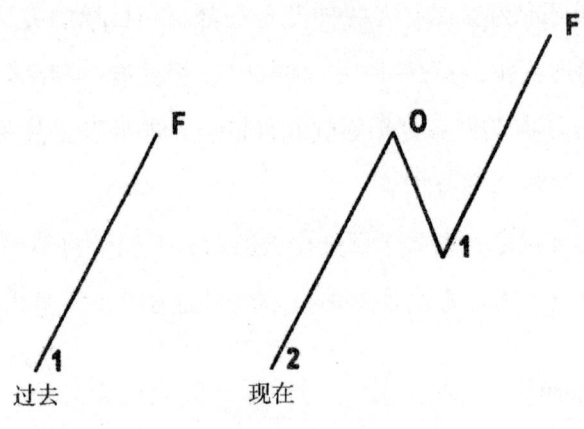

图 9-2

在图 9-2 中，我们看到的是随着时间的推移一个市场波动的发展。焦点数字是波动的最高价。在过去的波浪中，反弹 1 是原始反弹数字。这个波浪会产生两个黄金率结点。

前面波浪中 O 点上的旧焦点数字在决定新的或当前的黄金率结点方面没有什么影响。当前波浪有两个反弹数字，1 和 2。反弹数字 2 现在是原始反弹数字。我们在第 8 章中已经学到，每个反弹数字有两个黄金率结点，因此现在我们可以生成 4 个黄金率结点。

图 9-3 显示了 4 个黄金率结点，一个叠加区域，以及数个结点标记。叠加"K"出现在 F 到 1 区间的 0.618 反弹，以及 F 到 2 区间的 0.382 反弹所创建的区域中。

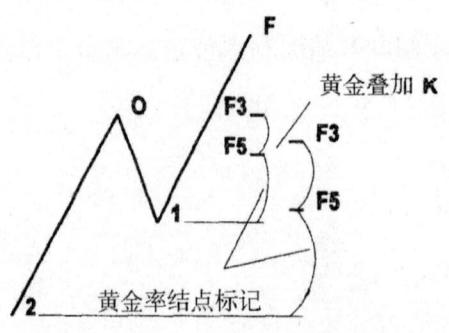

图 9-3

## 第9章 帝纳波利点位

你务必要知道哪个反弹低点创建了每对黄金率结点，它们之间必须有清楚的关系。当市场活动接近黄金率结点的时候，黄金率结点标记能够为我们提供很多有关我们的反应的性质方面的信息。如果图中散落了各种水平线，而没有识别性结点标记，那只会困扰我们的行动，对我们没有任何帮助。没有必要将结点标记一直画到焦点数字，因为一个市场波动中的所有黄金率结点都是创建自同样的焦点数字的。正是因为这个原因，它才被称为焦点数字。

图9-4显示了汇聚发生的例子：

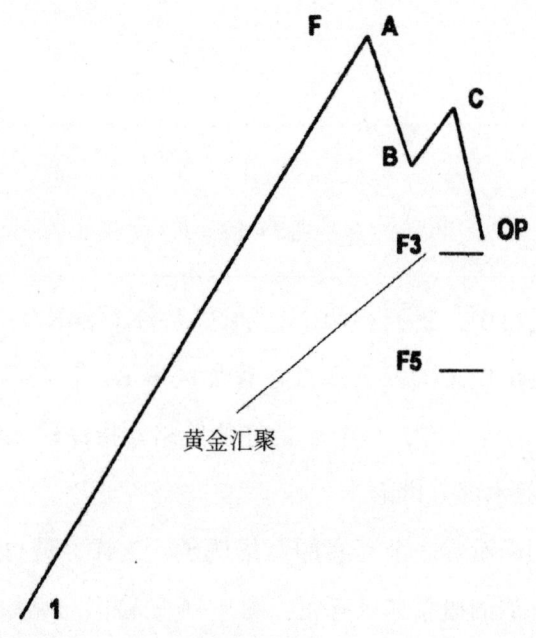

图9-4

焦点数字F和反弹1之间的0.382支撑黄金率结点，在可以接受的程度上接近于来自C的OP扩展。在可以接受的程度上接近是一个主观性的概念，它取决于时间周期和市场波动的振幅。

现在，让我们看看这个稍稍更为复杂的波浪。

图9-5显然是个上升波浪。也可以用类似方法图示一个下降波浪，如前面的图所示。

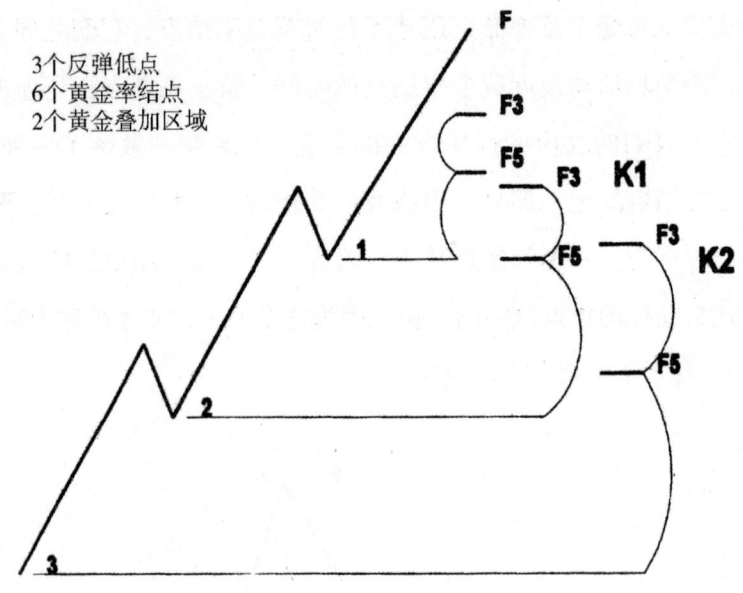

图 9-5

在这个上升波浪中,我们有两个叠加区域,K1 和 K2。如果在市场向上发展的时候,你决定做个买家,那么在叠加区域 K1 上方买进,将你的停损单恰好隐藏在 K2 区域下方,是个非常好的策略。指令输入的详细情况将在第 13 章的黄金率战术部分讨论。

现在,让我们来看看一个真实的市场例子,这样你就可以理解,在真实的交易场景中,叠加的概念多么有用。图 9-6 是德国马克的月线图。

如果我们像前面看到的理想化图 9-2 那样把这张图做上标记,就得到 4 个黄金率结点,其中两个创建了图 9-7 中显示的叠加区域。

正如我们所预料的,叠加区域提供了强大支撑,为市场做好了主要回升准备。见每日图图 9-8。如果我们不清楚月度叠加区域,在这个市场上做空头,我们就会遇到让我们吃惊的事。从我们对逻辑赢利目标的定义来看,这个叠加区域应该是结束空头的理想位置。如果我们是以月为基础的玩家,我们就可以等着折线返回,重新开始空头(只要我们的交易背景保持有效)。如果我们是以日为基础的玩家,我们可以用多种方式沿着日线图的走向做多。我会考虑几种方式。

## 第 9 章 帝纳波利点位

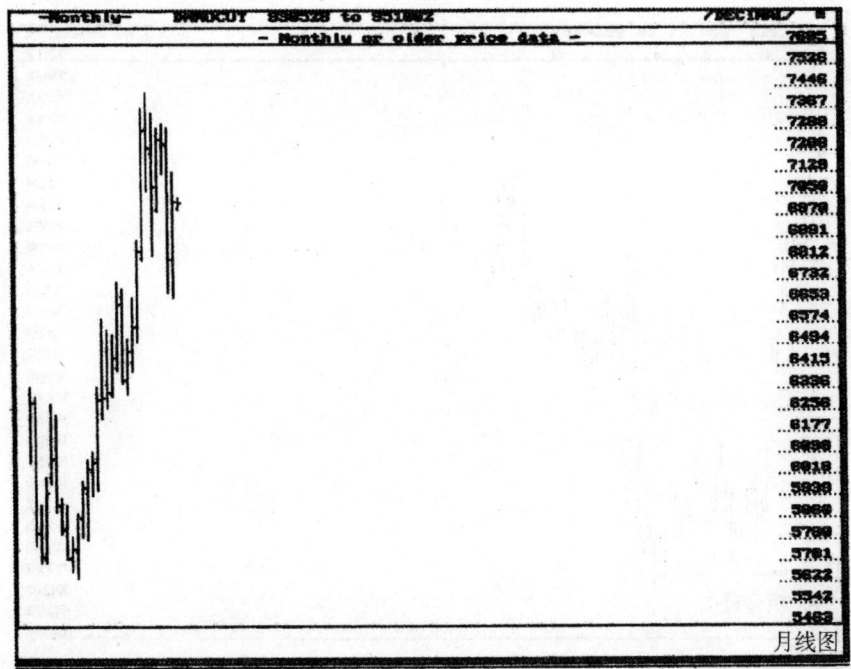

图 9-6

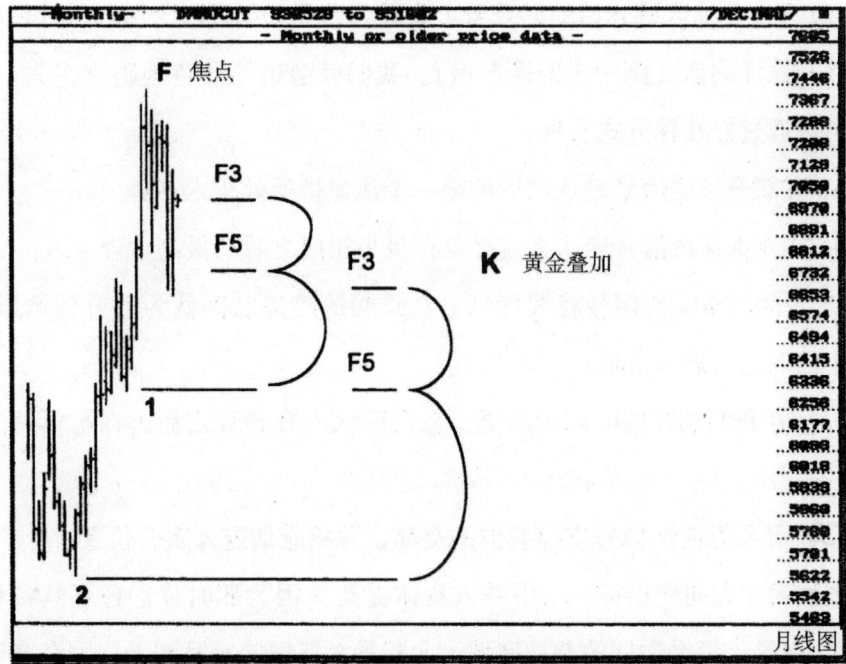

图 9-7

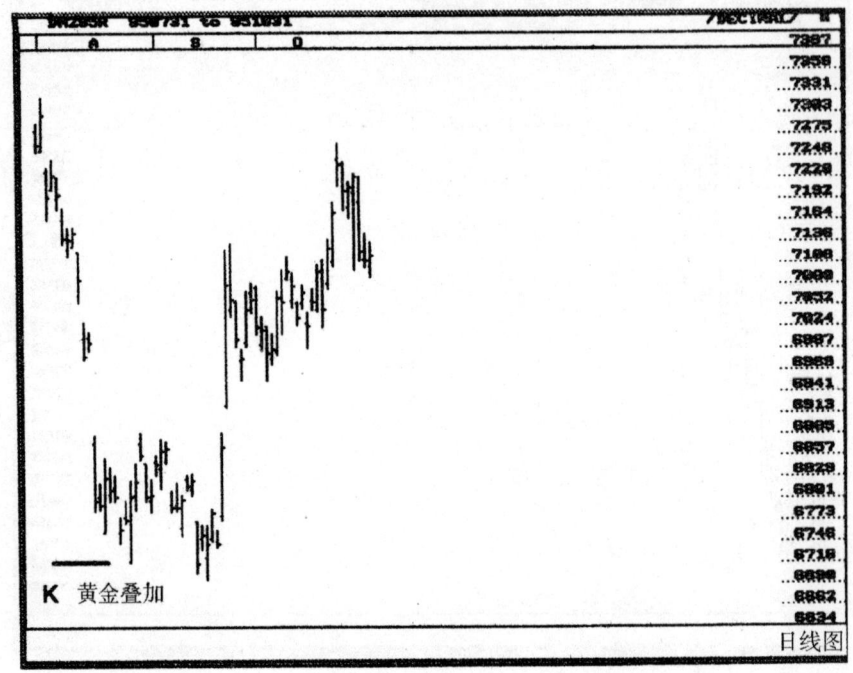

图 9-8

（1）从叠加区域开始的回升看上去非常像是日线图上的双重穿透信号。如果真是这样的话（图中未明确显示），我们就会迫不及待地跳到多头一边。我们可以通过好几种方式实现。

　　A. 在双重穿透信号确认之后的第一个浅显折返处买入。

　　B. 在双重穿透信号确认之后并且在最小拉回之后的最高价处买入。

　　C. 预测双重穿透信号将要确认，在日间的趋势已确认为上升的情形下，在一个拉回之后进入市场。

（2）在我们选择的时间周期里，在已确认上升趋势之后，在折返处进入市场。

（3）寻找方向性信号支撑我们的交易，并相应地进入多头位置。

虽然我在方向性指标一章中并未具体提及（因为那时你们还不具备相关基础），但是，一个强烈的叠加区域，尤其是在每周或每月图上，本身就可能是个方向性信号。这种方法稍微有些风险，除非市场已处于一种超卖状态中。

我使用这种战略的方法是等待一个已确认的趋势（在上面这个案例中，已确认趋势是向上的），然后采用我们将在第 13 章中介绍的黄金率战术进场信号。我的某些学生会以"盆景"法进入叠加区域。一般我会使用"扫雷艇 A"或"扫雷艇 B"。我对你们的建议是，不要现在就提前跳到那部分，看看这些策略是什么。我想你们最好仍然遵守本课程的顺序，并在以后重新阅读这一部分内容。

## 重要提醒

（1）如果你没有在每月图上对这些帝纳波利点位进行预先计算，你就根本无从知道支撑即将显现。当时的市场就像一块坠落的石头。你应该务必研究一下时间周期更高的图，以便清楚你在整个大局之中的位置。

（2）如果你在图 9-7 中显示的第一个（最高的）黄金率结点附近察看每日活动（未显示），你就可以看到一个非常不错的、可以对之加以利用的回升。

（3）在图 9-7 上，如果你重新将 2 标记到 A，将 1 标记到 C，并将 1 之前的最高价标记到 B，F 就会成为一个接近完美的 OP。

（4）稍后在第 11 章中我们还会看到一个更引人注目的叠加的例子，它涉及 500 点的道·琼斯指数单日下跌。把这个例子放在后面章节中是因为它更为复杂。它涉及更多的反弹最低价，因此也涉及更多黄金率结点。我意识到，开始跑之前，我们最好先学会走。

## 比 例 规

让我们退回去一点儿，讨论一下怎样才能不用付太多钱，就可以在价格图上得到正确的黄金率结点标记。

你可以使用一个称为"比例规"（图 9-9）的精确建筑设计工具（Proportional Divider），它的另一名字叫查准率罗盘（Precision Ratio Compass）。

图 9-9

比例规①是正确标记帝纳波利点位的最经济的方式，因为它能让你在打印出来的图上便捷地找到黄金率结点的位置和结点标记。虽然你可以，但我不推荐使用一般的图形技术分析软件来完成这个工作，因为那样的话图上会布满很多无法让人识别的线条。这种显示方式会降低你自信地利用手边信息的能力。

如果你想使用计算机完成这个工作，那么你可以有几个选择。如果你有足够的天赋，对各种概念有一定理解，而且具有在搏击最激烈的时候认识到自己将在交易中需要什么的远见，你也许能够编辑一份EXCEL电子表格。否则，我们的黄金率结点™（FibNodes™）软件会制作一个具有可识别特征的表格。这种显示方式能够准确地描述你在当前市场行为中所遇到的黄金率结点的类型。这些特征的作用方式与结点标记类似。但是，这个软件并不能代替比例规。一个高质量的比例规会非常有用，但是，如果你做的是当日交易，如果没有充分足够的软件，你根本就不可能应付。

## 底　线

使用比例规和（或）适当软件，以得到最佳结果！

---

① 海岸投资软件公司提供的比例规质量非常好，跨度宽，重量很轻，并附有应用手册，告诉你比例规的正确用法。有些建筑用品商店出售比例规，这种绘图仪器有很多种类，购买的时候要仔细挑选，并非所有种类都适合在这种境况下使用！

# 第10章 多重焦点帝纳波利点位™

现在你们对我的方法具备了坚实的基础,就可以前进到下一个难度级别了。在开始这个更高级的分析级别的时候,让我们看一个市场波动,这个市场波动是你们每天都会在市场中看到的典型的情况。在翻开下一页之前,看看你是否能在图 10-1 上正确标出焦点数字和反弹数字。

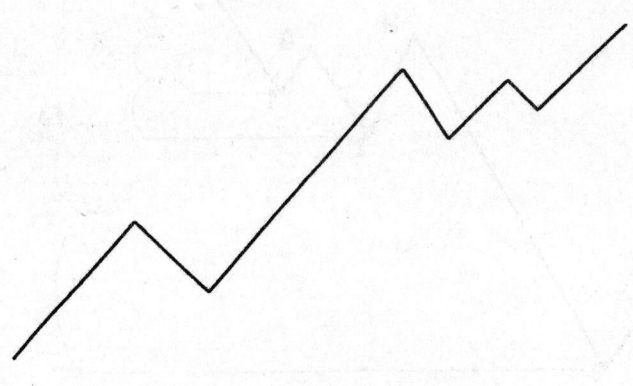

图 10-1

如图 10-2 所示,除了点 M 和 Q 之外,你所做的标记是不是这样的？

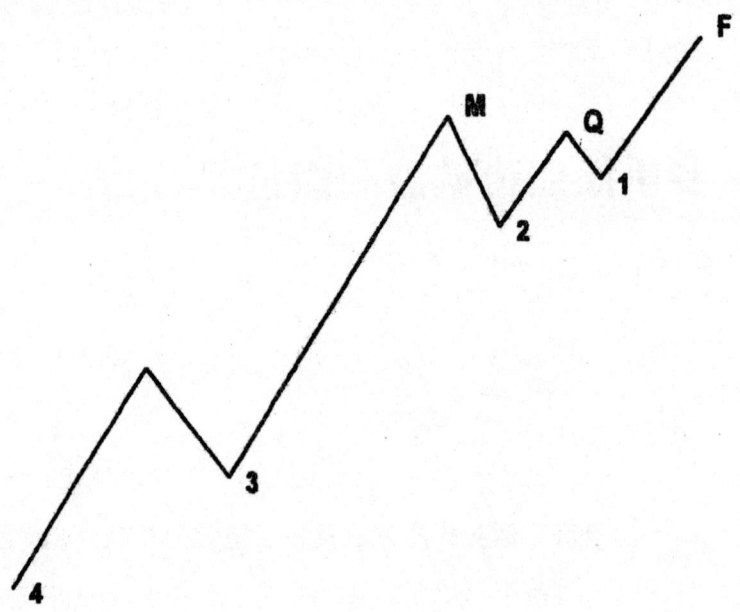

图 10-2

帝纳波利点位的外观如图 10-3 所示。

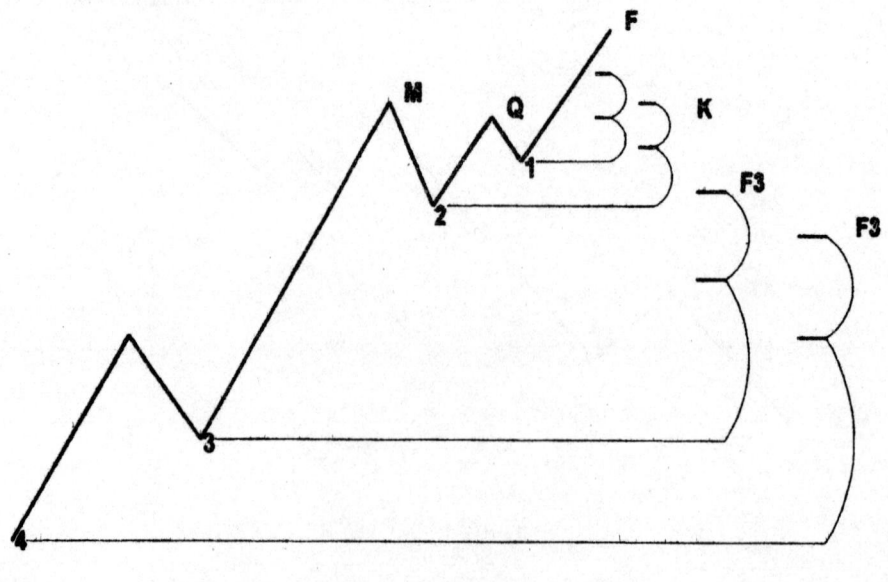

图 10-3

即使点 Q 没有高于点 M，标记为"1"的反弹低点仍然非常重要，并应被用来创建帝纳波利点位。

注意，在反弹 1 的 0.618 结点和反弹 2 的 0.382 结点之间形成了一个叠加区域"K"。从反弹 3 和 4 的 0.382 结点之间不能形成叠加区域，因为它们都是 0.382 黄金率结点。如果反弹 4 的 0.382 结点和反弹 3 的 0.618 结点更近一点的话，我们就会有另外一个叠加区域"K"了。

## 少即是多

如果你还没有搞明白为什么这个阐述是正确的，那么你很可能还只有 20 多岁，或 30 多岁。就交易而言，这是个至关重要的问题。人们往往会挑战自己能力的极限。有些交易者相信，观察 23 个指标和 94 个支撑水平，与观察 2 个指标和 6 个支撑水平相比，能使他们得到更为综合的分析。如果你做交易是为了赚钱的话，就只在必要的时候观察更多市场，而不要用一张像意大利面条一样乱糟糟的图表把自己搞晕。

## 剪除斐波纳契系列

为了使事情尽可能简单，让我们再来看一看，怎样把变得不相关的黄金率结点去除掉，从而使我们实现目标的道路变得更为简单和清晰。

图 10-4 清晰地显示了一个向上的运行过程，价格到达点 E（Enough，足够）之前，折返都比较浅。然后，价格做了个 OP 运行，向下与整个上升运行的 0.618 结点汇聚。

这为我们这些交易者省去了一些麻烦，因为现在我们可以不必考虑被下跌的价格活动穿透的所有黄金率结点了（少即是多）。主要反弹低点"4"产生的 F5 是图表上仅存的活跃的支撑结点。

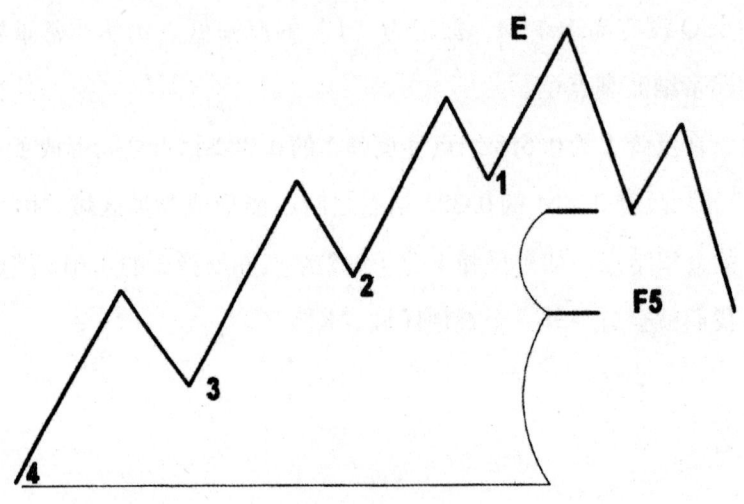

图 10-4

图 10-5 是我在私人授课时最喜欢的图表。它是 S&P 指数某个交易日的 5 分钟线图，在这一天，联邦储备局将贴现率降低了两个点，传闻第一夫人与办公厅主任有染，总统在一个相关的事件中受了伤，国会批准降低资本利得税，还有……总之，你应该明白我的意思了。

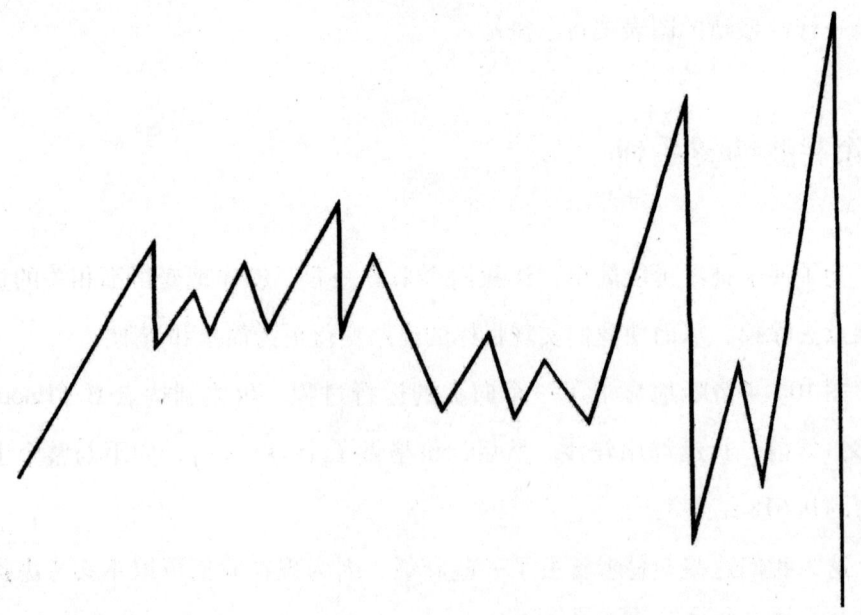

图 10-5

## 第10章 多重焦点帝纳波利点位™

翻开下一页之前，试试为这张图画上标记。

这张图上只剩下两个活跃的黄金率结点，而仍然有偿付能力的交易者可能已经所剩无几了。所有其他交易者都由于价格波动而出局了（图10-6）。

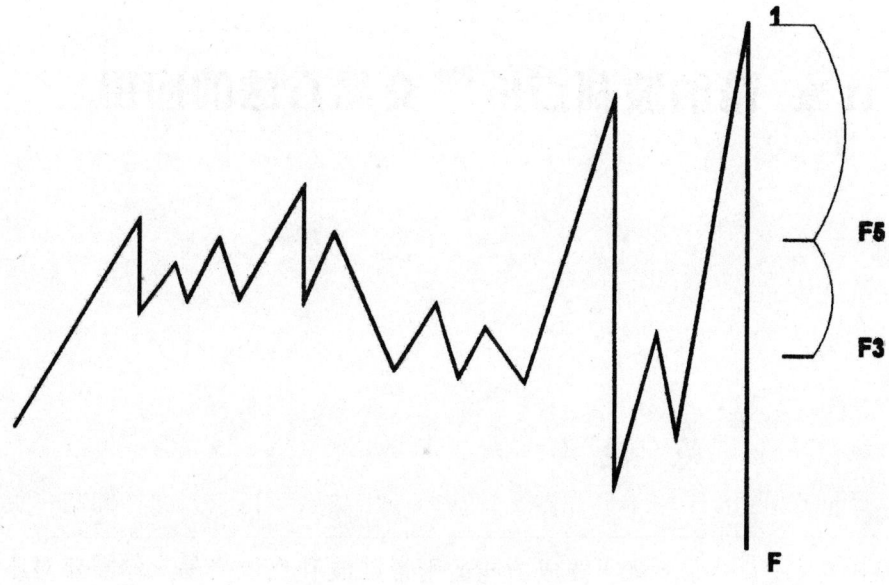

图10-6

# 第 11 章 帝纳波利点位™ 交易方法的应用

## 总 论

如果要成功地运用帝纳波利点位交易，你需要对本书中教授的所有内容有个综合的理解。最重要的是，你要能够认识到，同样数据的不同时间周期的图表会对你的交易策略产生怎样的影响。尽可能花些时间理解这个题目，你所得到的回报会非常丰厚。

## 移动时间周期

对于你们之中的有些人来说，这一点可能再明显不过了。而你们之中也有些人可能真的要绞尽脑汁，想象时间范围与帝纳波利点位的创建之间互相作用的方式。如果你在这个方面遇到困难，那么可以应用图形软件，在不同时间周期图表中显示同样数据，这样它就会变得清晰起来。

我们将从简单的入手。半小时线图 11–1 A 中有 8 个上

第 11 章 帝纳波利点位™交易方法的应用

涨价格柱线，曲线图 11-1 B 中显示了我们建立帝纳波利点位所需要的所有来自柱线图的信息，图 11-1 C 中显示了这个市场波动的焦点数字和反弹数字的恰当标记。

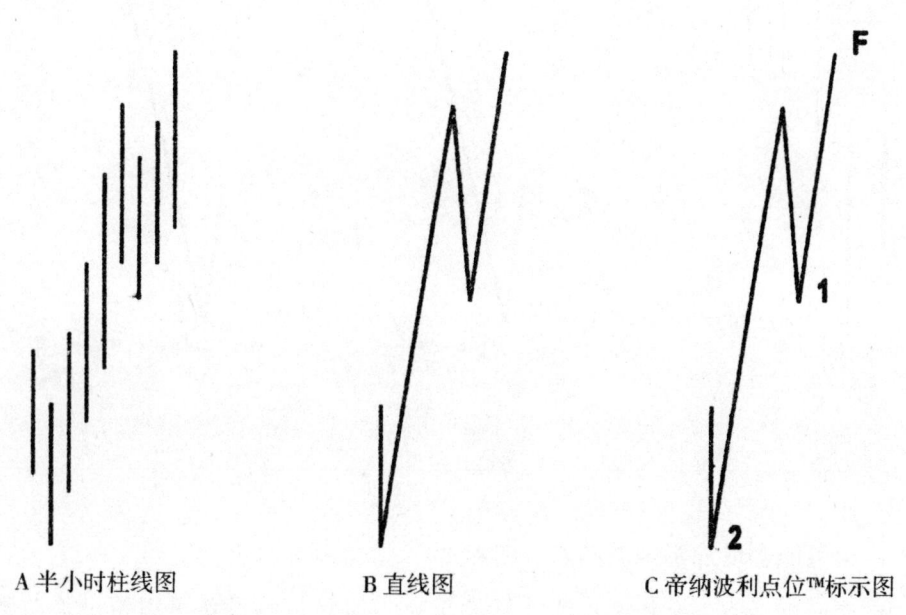

A 半小时柱线图　　B 直线图　　C 帝纳波利点位™标示图

图 11-1

同一个价格运行显示在一张小时线图却只有 4 个价格柱线，而不是 8 个，因为创建每个柱线需要两倍的时间。在这个过程中，一个反弹（数字）消失了（图 11-2）。

对于各自所显示的时间周期，这两个图都是同样准确的。问题是，随着你增加时间的周期，比如：从 5 分钟线到小时线，从日线到周线，从周线到月线等。

帝纳波利点位的数量很可能会减少，因为反弹点的数量很可能会减少。

相反，如果你降低时间周期，比如从月线到周线，从周线到日线，从小时线到 5 分钟线等。

151

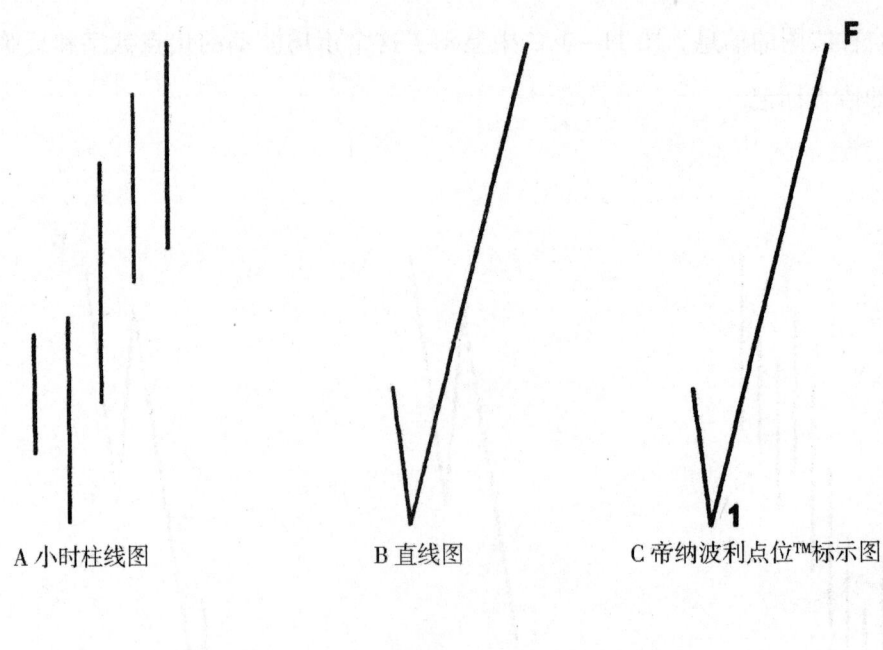

A 小时柱线图　　　　B 直线图　　　　C 帝纳波利点位™标示图

图 11－2

你很可能会增加帝纳波利点位的数量。

举例而言，你是个根据日线交易的玩家，但是你的设备可以帮助你收集每小时数据（廉价的延迟数据传送专线就是这样的）。你在小时线图上所能产生的黄金率结点，比你在日线图上看到的要多。因此，你可以对进场区域和止损设置点进行微调。你仍然可以在交易日结束之时作分析，但是有了这种每小时数据的能力，你就可以从反弹数字中创建额外的、本来会被埋没在日线图中的黄金率结点。对更长时间周期的交易者来说，这些额外的黄金率结点可以帮助你建立明确的黄金率叠加区域。

## 一个理想的交易例子

让我们试着将目前已经学到的一些技巧运用于每日的交易情形当中。假设如图 11－3 所示，我们将时间范围降低到足以显示一个黄金率叠加区域，同时我们还假设使用下列有关趋势的标准。随机指标（未显示）给出了"卖出"信号，而 MACD（也未显示）保持为"买入"状态。因此，趋势上升的态势保持完整。另外，为求简单明了，我们假设即使价格行为要突破到黄金率叠加区域，趋势的上升态势仍保持完整。

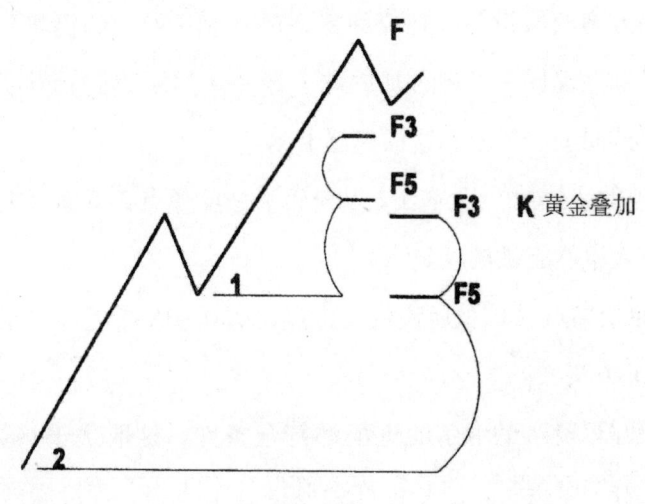

图 11-3

问题：你会在哪里进入，你的止损在哪里？

在你研究下文概括的解决方案之前，先思考一下这些问题。正在发生的事情，不仅仅是表面上你所看到的那样。顺便提一句，正确的答案不止一个。

"性急冒动"的汉克：乔，我会在现在市场的位置卖空，然后在黄金率叠加区域获利了结。然后我就做多。

除非汉克有能力降低他的时间周期，以观察到市场波动中的向下趋势，否则这个答案就是不正确的。"性急冒动"的汉克需要一个向下趋势，才能证实他的卖空是合理的，虽然较低的时间周期可能会给出一个 MACD/随机指标的"卖出"信号，但这只是汉克的假设，超出了具体的标准。同时，他的任何空头仓位的平仓点的任何抵消，或者建立多头仓位的任何指令单，都不应在"K"黄金率叠加区域之下，而应该在它之上，以增加他的成交机会。而且汉克并没有完整地回答这个问题，他丝毫没有提及设置止损的事。他太迫不及待地要做交易了，忘了考虑保护自己。我建议汉克静下心来重新组织好思路①，否则他马上就会得到一个代价昂贵的教训。

"保守迟疑"的卡尔：乔，我会在反弹点2的0.618折返线买入，并在反弹点2以前的低点之外设止损。

这个解决方案的假设是，在反弹点2的0.618处趋势仍将是向上的，而且所给出的标准仅仅保证了到叠加的向上走势。如果我们假设在他的进入点上走势仍然保持向上，我就会这样建议卡尔：

A. 应将他的止损放在反弹点2上，而不是反弹点2下面（假设他有一位在交易场中让人肃然起敬的经纪人）。

B. 应在原始结点（即他所说的反弹点2的0.618折返线）上方买入，而不应该Node上方买入。

如果"保守迟疑"的卡尔的进场都符合条件，这取决于趋势保持完好，那么这个方案就可以接受，但是也许会显得过于小心。等待深度折返慢慢显现的问题是，其背景（在这个情况下是趋势）在进场点上可能已成为历史，而要获得恰当的进场点，则必须要使用"扫雷艇A或B"策略，见第13章斐波纳契战术。

"谋定后动"的丹尼：乔，我会在黄金率叠加区域之上进入，而且，根据我的资金管理标准，我的止损会位于黄金率叠加区域之下或主要结点的F5之下。如果我选择了后面的止损设置标准，我就会留意观察趋势。如果趋势向下突破，我就以市价退出，或计算那一点上的阻力帝纳波利点位，并抓住第一个机会在阻力结点上方或其下方退出多头仓位。

回答得好，丹尼，但你忘了些事。

"性急冒动"的汉克回来了：我在第一个0.382支撑结点上方买入，并在黄金率叠加区域之下设置止损。

---

① 他应该重读一下第4章和第5章关于趋势分析的部分。我还在参考书目和附录部分列出了各种交易心理材料，对他很有价值。

这也会是我的选择，但给我个理由。

我不想错过波动！

"谋定后动"的丹尼回来了：汉克的第二个方案是乔的首选方案，因为向下波动的 OP 和第一个 0.382 折返线区域是一致的。

正确！见图 11-4。

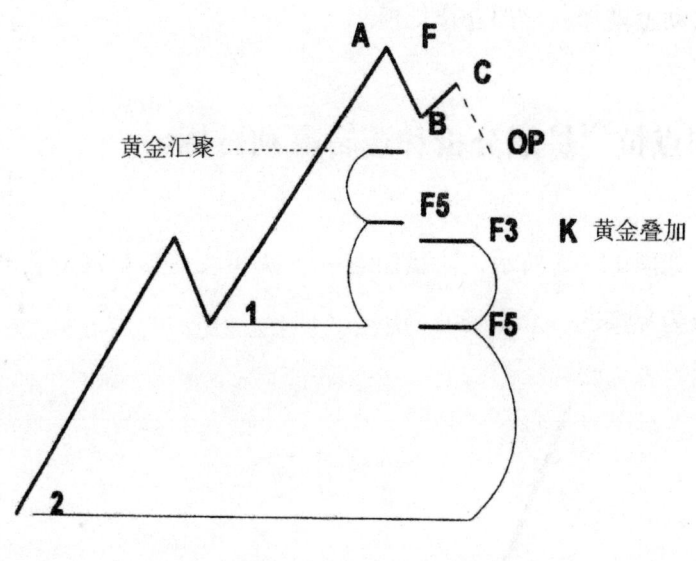

图 11-4

从这种思维的推进过程之中，你会发现，使用同样方法进行分析，可以得到不止一个可以接受的方案。

## 高级评论

这时候作出这些评论可能为时过早，但是我会具体地谈谈我的止损的设置。

如果更长的时间周期趋势支持多头仓位的进入（这样的背景比原先给出的更好、更安全），我的初始止损很可能位于主要 0.618 结点的下方。

如果更长时间周期趋势不支持交易，那么我的止损就会在黄金率叠加区域之下。

如果交易标准包含一个向上的方向性信号，而不仅仅是一个向上趋势，我就会在第一个 0.382 结点上方进入，即使那里没有一致，因为方向性信号比向上趋势更为强大。如果方向性信号特别强大的话（如双重穿透失败形态），我还会在前期高点或 C 处的高点止损买进。如果我在（第一个 0.382 的）"限价"买入和"止损买入"上都完成交易了，那也没关系。我不介意在方向性波动上增加一倍的仓位规模。

## 帝纳波利点位™扩展分析和逻辑赢利目标

现在，如图 11-5 所示，让我们看一看就斐波纳契扩展分析和逻辑赢利目标而言更为复杂的一套市场波动。

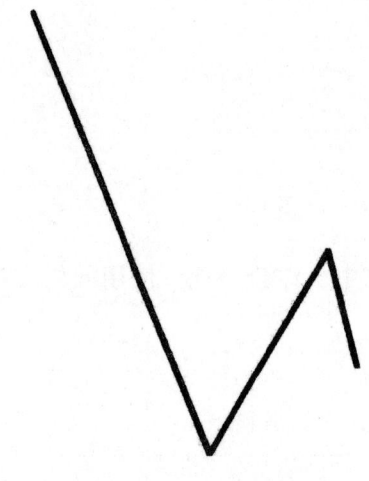

图 11-5

在翻开下一页之前，看看你是否能发现图 11-5 上的所有赢利目标。与平常一样，除了你所能看到的之外，这里面还有其他的东西。"性急冒动"的汉克的方案如图 11-6 所示；"谋定后动"的丹尼的方案如图 11-7 所示：

丹尼正确地察觉到，我并没有具体指出我们是做多头、空头，还是不介入。在这种图形中，既有向上的目标点，也有向下的目标点，这取决于 A、B

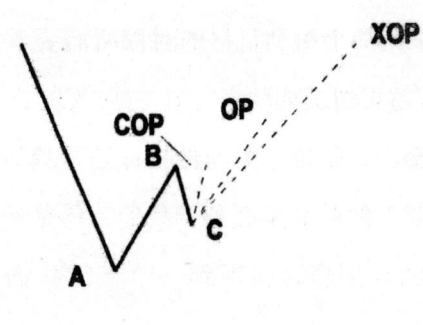

图 11-6

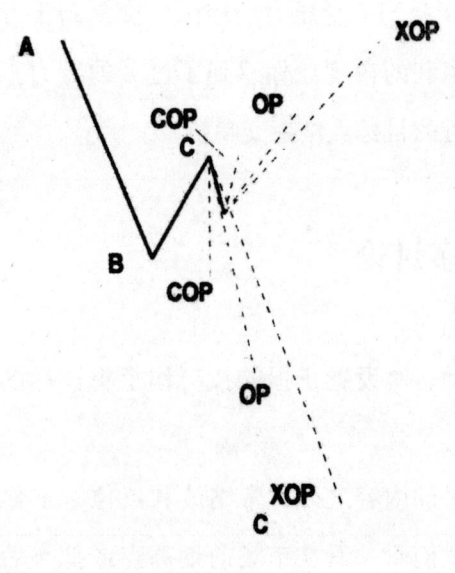

图 11-7

和 C 波动的标记方法。

汉克标记的图 11-5 是正确的，但不完整。为了清晰起见，我没有将这些标记包括在丹尼的方案之中，但是我确实包含了所有扩展。如果我在这一张图上包含这两套标记，那么其中一套会被标记为 A，B，C（汉克），另外一套则标记为 A′，B′，C′（丹尼）。阻力目标点和支撑目标点都是从这个标记组合中创建的。

下面是我们决定采用哪个赢利目标的时候所需要考虑的背景问题。

（1）我们的超买/超卖情况如何？

（2）我们做这笔交易，是由于方向性指标还是趋势指标？

（3）更长时间周期上的趋势是有利于我们，还是不利于我们的？

（4）在更长的时间周期里，将得到一个支持我们交易的已确认趋势信号，还是未确认趋势信号？

（5）对于日间交易者，要知道我们离一天的结束还有多远？

（6）在 AB 区间上，迅猛推进式形态是否明显？

（7）我们是否接近了我们承受压力的极限？交易新手亏损时反倒比赢利时感觉更好一些。如果赢利的幅度让你感到了过分的压力，那么在做出不理智的行为之前，选择较近的目标点结束交易。

## 有关设置止损的更多讨论

我们看一个向上波动，对设置止损的技巧作个更详尽的考虑。同样的道理也适用于向下波动。

除了我们已经讨论过的内容之外，帝纳波利点位对于你怎样设置止损有着非常重大的影响。让我们看一看在市场前期高点或低点后面、对面或附近止损的设置。

你是否曾经考虑过，为什么有时候市场会极其猛烈地突破前期高点，有时候又会坚固地停留在前期高点的附近，不一定是在高点上？看看下面几个例子（图 11-8）。

由于 BC 区间回撤的程度很小，COP 本来可以比点 B 高很多。因此，在点 B 的前期高点附近本来就不会存在任何阻力。如果你在 B 点附近设置了止损，而且它被市场穿过了，你很可能要遭受沉重的损失，因为没有什么可以阻止市场激烈地向上运行。

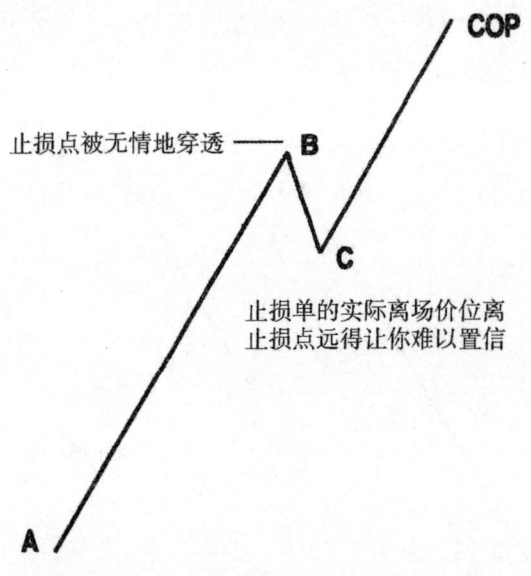

图 11-8

在图 11-9 描述的局面中，保护性止损被触及的可能性比较小，而且如果它真的被触及，你所完成的交易单也很有可能是合理的。不仅有来自市场以前高点的固有阻力，而且还有来自 COP 的额外阻力。这有助于使得 B 的高点保持完好无损。

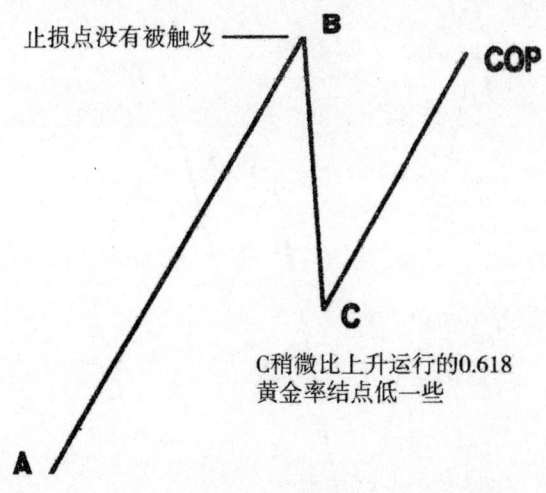

图 11-9

在图 11-10 所描述的情景中，点 C 比同一 AB 向上波动的 0.618 折返线稍高一点。设置止损的时候应考虑到 COP 的位置，并应设在扩展之上，不应只是在前次的高点上面。

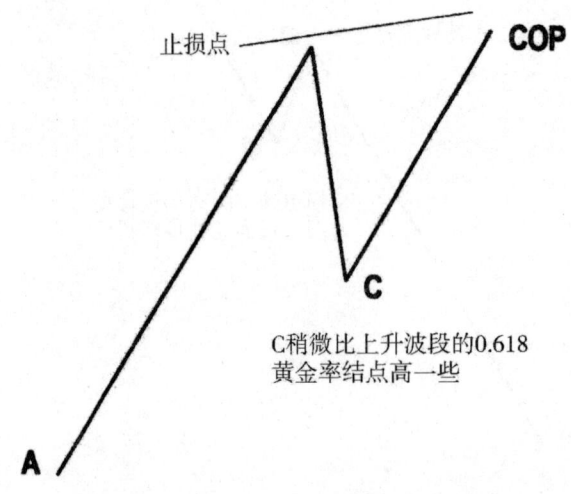

图 11-10

在图 11-11 中，我们看到的是在前几个图中显示的同样的止损设置标准的变形。在这个例子里，向上的区间在上一个高点之前形成了一个 COP，因此增加了上一个高点将继续保持的概率。这种现象在美国债券周线图 11-12 中显示出来，像双子塔一样，历史新高已经形成。COP 阻力使波动停留在新高水平。

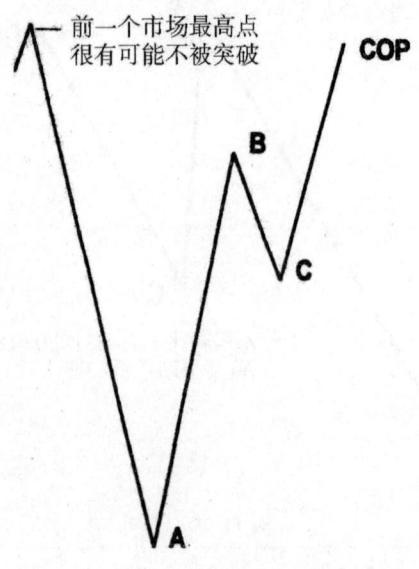

图 11-11

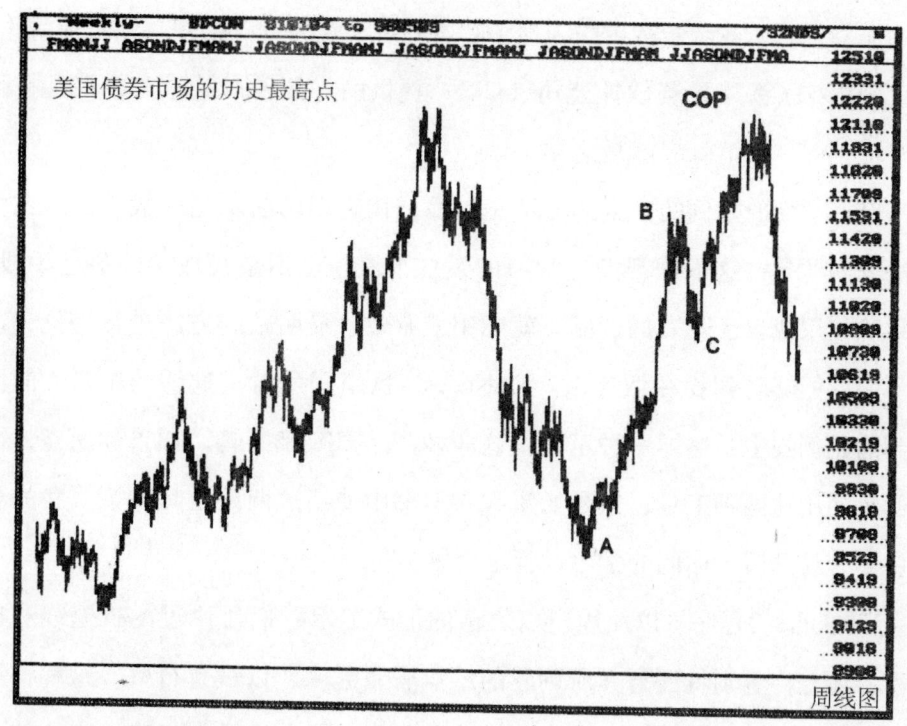

图 11-12

一旦你熟悉了帝纳波利点位之后，你就会看到一种真正让人痴迷的诗歌般美妙的情形在市场波动中演化。这就好像是把一面多棱镜放在白色的光线下，看到整个光谱的各种颜色展现在你眼前一样神奇。

## 演　示

在本书进行到这里的时候，我认为可以偏离一下主题，讨论一下下面的市场举例的演示情况。本书是我自己出版的，因为我想对材料有所控制。如果人们认为它是本有用的有意义的书，我会感到非常高兴。如果不是这样的，那也不会是因为它曾经被一位对交易毫无了解的编辑删除了任何主要章节。虽然我坚持使事情处于我自己的控制之中，但是这种控制也是有风险的。

首先，可以肯定的是，你之所以学习这本书，是因为你希望更多地了解我的交易技巧，或者希望更深入地了解本书所涉及的具体主题。到目前为止，我已经提到了海岸投资软件公司（CIS）提供的好几种产品，多数都是在脚注中提到的。事情就应该是这样。

对待下面的举例的安全的方法是，要记住它们的演示是一般性的。这种方法的问题是，这不是帮助你学习的最佳手段，也不是我教学的最佳手段。如果我使用我自己开发的产品，就能用最有效、最明晰的方法进行讲授，这样你们就能够看到我在做什么。FibNodes™这个程序就是这样的工具，前面提到的比例规也是这样一种工具，这两种产品CIS都有售。如果你愿意，可以避免使用这两种工具，但是如果我在本书中使用这两种工具的话，我的教学就更容易开展，你们的学习过程也会更顺利。

FibNodes™程序可以使用户以表格的形式显示我们讨论过的折返线和扩展点，还允许鉴别特征与其所创建的结点联系起来，以设置行数。这种特征值得强调，因为两个原因。首先，行数是我的一些学生经常忽略的方法的一部分——对他们来说这很遗憾。其次，如果你决定使用电子表格实施这个概念，你就需要将一个行数特征嵌入其中。FibNodes™程序还具有其他特征，以在交易过程中进行高强度数据管理，是个高质量交易工具。下面的几页将对FibNodes™程序的截图作个简单解释，其目的仅仅是帮助你以最简单的方式理解我所开发的方法并使用斐波纳契分析。

## FibNodes™程序截图

为了让你理解本书中讲授的概念，我们使用FibNodes™软件，DOS4.23版，所有截图都是由它生成的。这个程序最多可以处理30个反弹数字。一般的截图包含3~4个反弹数字。在实践中，我每个文件中使用的很少超过12个反弹数字，因为12个在屏幕上方便显示，而且观察起来也合理。在任何反弹点进场的时候，你可以在反弹数字最后一位数后面输入一个鉴别特征（如

"*")。这个特征将会被一直带到与你所选择的具体反弹点相关的黄金率结点。

图 11-11、图 11-12 和图 11-13 显示了 FibNodes™ 程序中的数据演示情况。

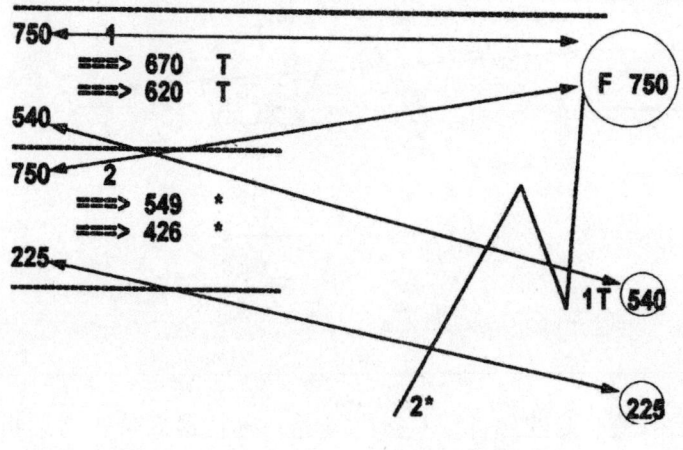

图 11-11

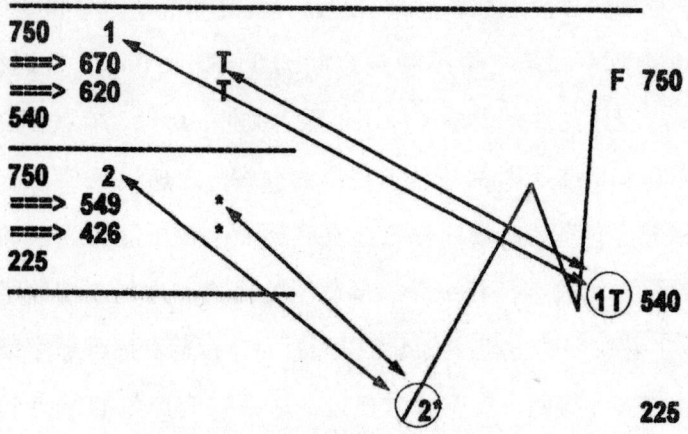

图 11-12

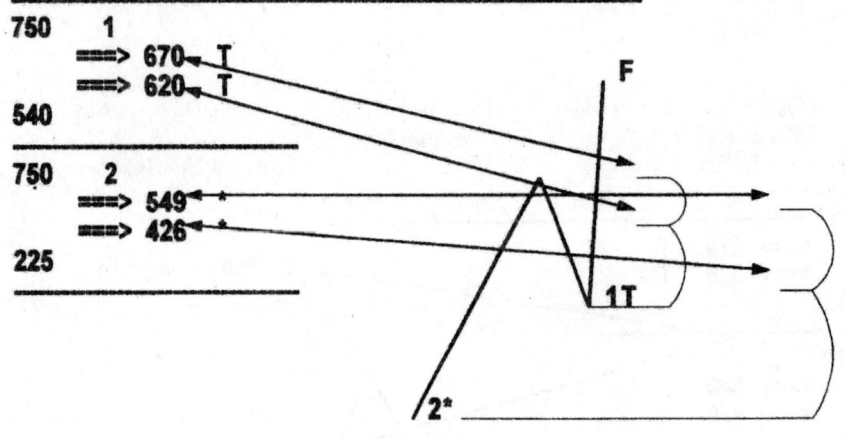

图 11 – 13

我们有个理想化市场波动的例证，从 225 开始，到达最高价，然后折回 540，然后向上推进到 750。用户对 FibNodes™ 程序的输入是 750、540T 和 225*。它们显示在 FibNodes™ 程序截图的左端。焦点数字 750 自动输入每一部分（1 和 2），因为一个系列之内的黄金率结点总是由相同的焦点数字为每个反弹数字创建的。框 1 包含焦点数字和第一个反弹点之间的 0.382 和 0.618 折返线。框 2 包含焦点数字和第二个反弹点之间的 0.382 和 0.618 折返线，等等。不管 FibNodes™ 程序文件是支撑文件还是阻力文件，0.382 结点将总是显示在框的顶端，而 0.618 结点则总是显示在框的底端。之所以这样做有两个原因。首先，在你进行交易的时候，你希望看到第一个很可能在当前的市场局势下提供支撑或阻力的数字。其次，如果截图的格式，总是顶端数字是 0.382 结点，底部数字是 0.618 结点，你就可以通过对比顶部和底部数字便捷地得到黄金率叠加区域。如果两个反弹非常接近，那么它们产生的结点的数字也会非常接近，但是两个结点会同时出现在顶部，或同时出现在底部。因此，它们并非黄金率叠加区域。在我自己的交易当中，我总是尽量做到稳妥、无误，因为压力吞噬 IQ 的速度，比多重操作占用计算机内存的速度还要快。

你还可以按照需要输入其他鉴别特征，以表示某个特定反弹点的行数。"D"可以用来指代每日（Daily）反弹点，"M"指代主要（Major）点。有些反弹数字比其他的更为重要，因此能够在反弹点之后输入说明性字母，是有很高的分析价值的。在我们的理想化例证中，反弹 2 后面有个"*"，表示它是主要（原始）反弹数字，反弹 1 后面有个字母"T"，表示这是一个迅猛推进式形态（Thrust）。软件将这些特征自动带到相关黄金率结点中。

最后，为 FibNodes™ 程序文件命名是需要用户自己决定的，但我的命名习惯可以帮助你发现每个例证所解释的内容是什么。编号为奇数的 FibNodes™ 程序文件名是阻力文件，编号为偶数的是支撑文件。你还可以获得其他信息。在我们下一个例证中，道氏文件被命名为 DJYR02。DJ 是工具，YR 是时间周期，02 表示支撑。如果名称中有 DA 而不是 YR，那就表明这是个日线文件。一个 9 月份 S&P 指数的 5 分钟线黄金率结点阻力文件的名称是 SPU0501（SP——标准普尔 500 股指期货，U——9 月，05——5 分钟，01——阻力）。

## 道·琼斯指数例证

在道琼斯指数例证中，输入软件的时候，我使用 1987 年的高点 2736[①]，在 41 反弹点之后标了个星号，因为 41 是原始反弹低点，也就是在 1929 年市场崩盘之后发生的萧条期低点。1957 年的低点相对微小，所以插入小写字母"m"以提示我这些黄金率结点可能有多么强大。1982 年的低点 777 应

---

① 本例证中使用的道·琼斯指数价值是真实的图表的价值，而不是如一些金融报纸中刊登的平均（虚构的）高点和低点理论价值。

该标以大写字母"M",因为它是主要点,这个让人无法置信的牛市的开端。你可以看到,1080 低点之后急速上升到 2736。因此,1080 得到代表迅猛推进式形态的字母"T"。迅猛推进式形态的反弹数字极为重要,其原因很多(图 11-14)。下面的 FibNodes™ 程序截图(图 11-15)详细描述了黄金率结点支撑的情况,并显示了 1712 迅猛推进式形态黄金率结点和 1707 初级 F3 黄金率结点之间的清晰的黄金率叠加区域。如果你们当中有人当时在场,在 4 天之间几乎 1000 点的崩盘和一天之间 500 点的下降的局面发生的时候在做交易的话,就会知道当时的情景有多么让人五内俱焚。我们的 S&P 指数现金到期货差价中有几千点负溢价,我们看不到尽头,这时突然所有一切都死死停留在 1706.90 上,它得到了预先计算的黄金率叠加区域的支撑(图 11-16)!

这并非偶然!

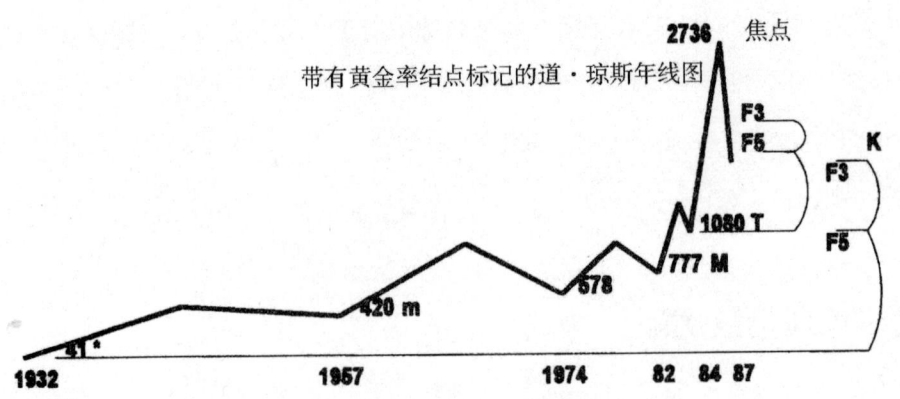

图 11-14

# 第 11 章　帝纳波利点位™交易方法的应用

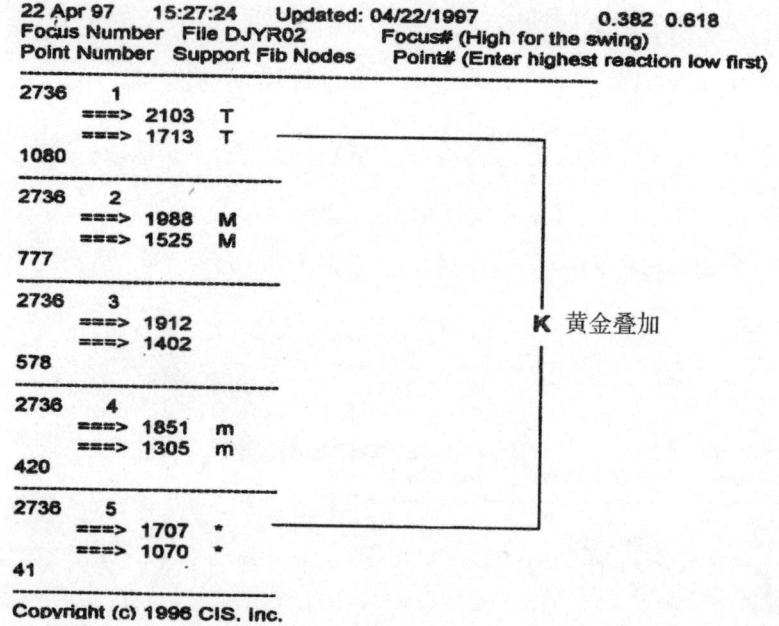

图 11 – 15

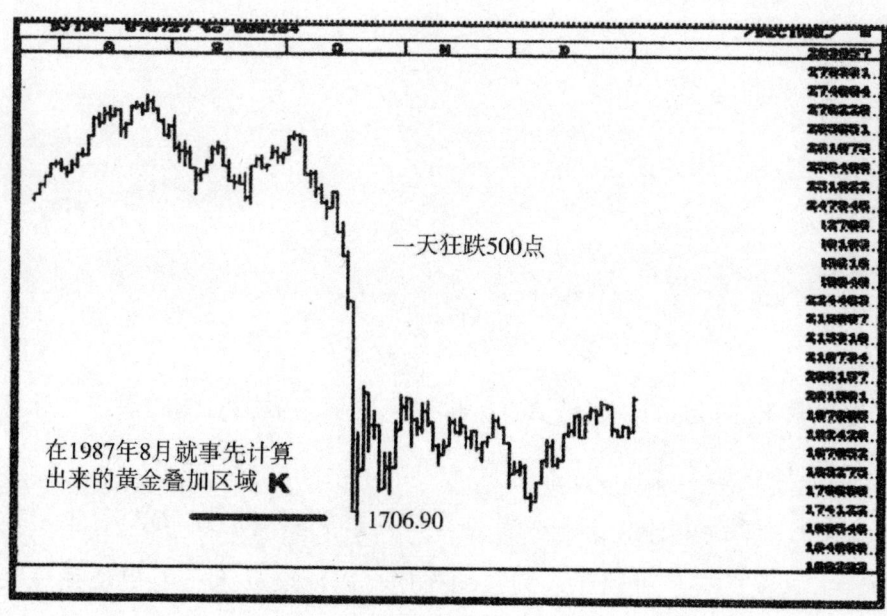

图 11 – 16

## FibNode™程序目标截图

除了提供进入交易的折返线数字（结点）之外，FibNodes™程序还为你提供逻辑赢利目标，我们称之为目标点（Objective Point，OP）。我们一直在讨论的三个目标的截图外观如图11-17所示。

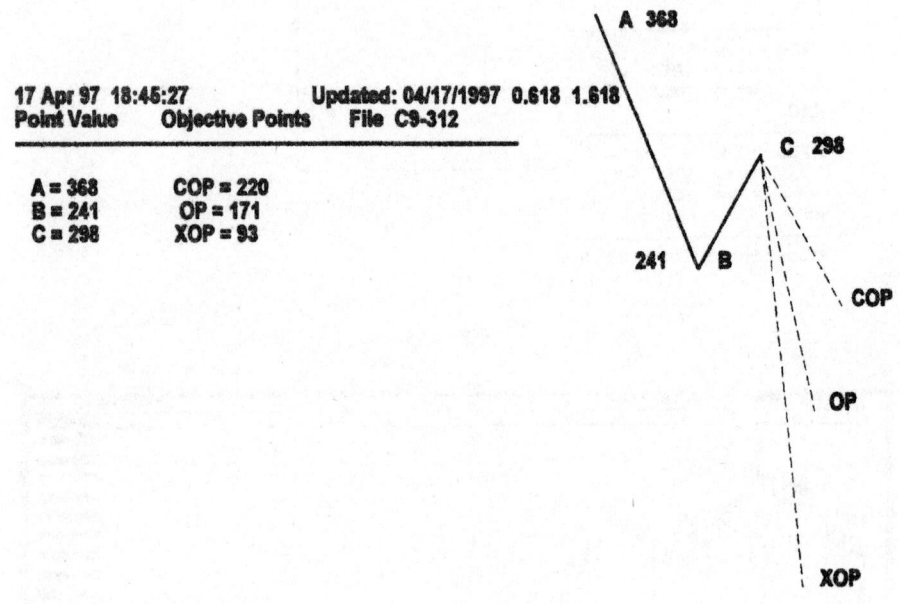

图 11-17

这个截图的左侧的数字是A、B和C点的值。截图右侧的数字是计算得出的目标点。

如果你看到FibNode文件名结尾有任何扩展名（.FIB.OP），不要被它搞糊涂。这些扩展名对程序起到帮助作用，以便交易人员能更便捷地找到先前生成的文件。

# 第11章  帝纳波利点位™交易方法的应用

## 债券期货中的黄金率汇聚例证

现在，既然你已经熟悉了 FibNodes™ 程序的截图，那么让我们考虑一个汇聚的例证，它将美国债券一个主要周线低点牢牢钉住。让我们再看一下我们早先已经看过的美国债券市场的图表，但是这次我们对它进行标记，以确定在122水平上的双重顶之后，支撑会在什么地方出现。

如图11-18所示，A、B、C 的 COP（105.28）和向上波动1到F的"*"支撑节点之间的汇聚区域非常坚固。之后，这个区域导致债券的回升，从105.28到几个月之后的117，它几乎是前面的向下波动的0.618折返点！见图11-19。

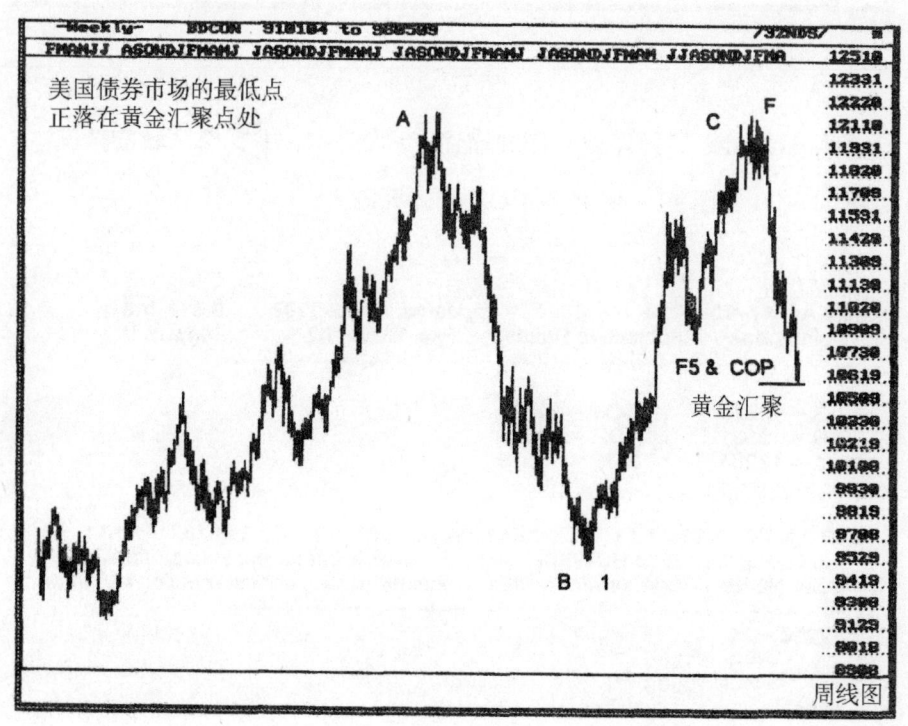

图11-18

169

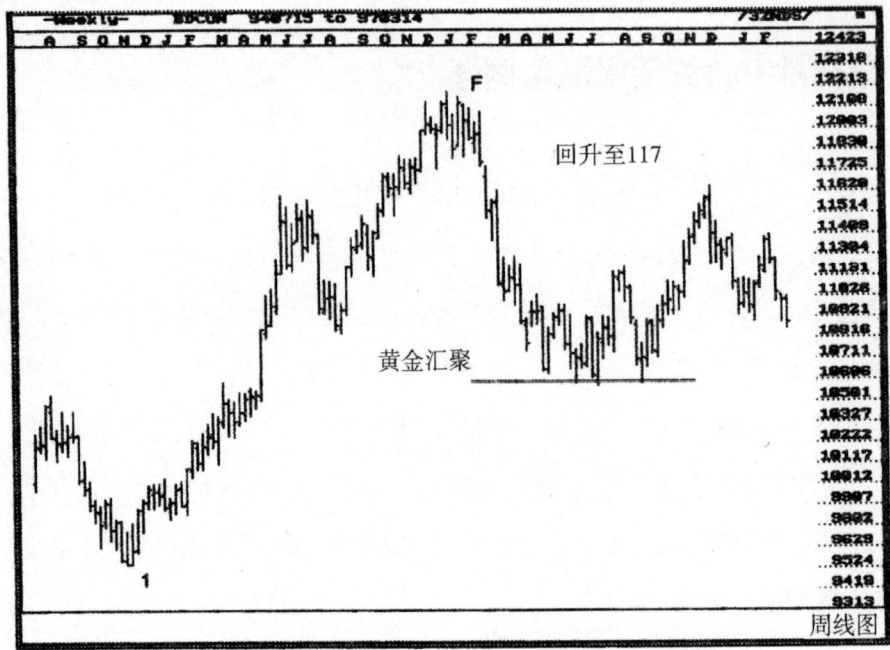

图 11-19

这些 FibNodes™ 程序截图详细描述了图 11-18 中支撑区域的情况。图 11-20 为图 11-18 各点 COP 值计算图。

```
22 Apr 97   23:37:20         Updated: 04/22/1997      0.618  1.618
Point Value    Objective Points    File BDWK02        /in 32nds/
_____

    A = 12210      COP = 10528
    B =  9601      OP  =  9527
    C = 12204      XOP =  7919


22 Apr 97   23:37:43   Updated: 04/22/1997            0.382  0.618
Focus Number   File BDWK02         Focus# (High for the swing)  /in 32nds/
Point Number   Support Fib Nodes   Point# (Enter highest reaction low first)
_____

12204      1
    ===>  11205    *
    ===>  10600    *
 9601
_____
Copyright (c) 1996 CIS, Inc.
```

图 11-20

## 用斐波纳契分析定义市场的运行

在第 2 章中讨论领先指标和滞后指标的时候，我曾经间接提到了这个技巧。我在其中一个评论中，曾谈到怎样使用领先指标和滞后指标以发挥它们的最大作用。用斐波纳契作为确定市场运行的指标，似乎有些跑题。实际上，这依赖于你的一般性市场经验，尤其是有关斐波纳契概念的经验，但是不管怎么说，这种技巧背后的基本思路，是观察折返的程度，确定市场的预期运行。

比如，深度折返往往使运行由向上变为向下，而较浅的折返将与现有市场运行的持续方向相一致。

虽然我从 20 世纪 80 年代中期开始就使用并教授这种方法，但我建议仅仅将它作为一个确认指标，而不是一个主要方向性信号或趋势指标。交易者必须接受过良好的培训并精通在更高时间周期上帝纳波利点位的应用，才能维持这种特殊技巧的准确性。

# 第12章 整 合
## 基本举例

好了,你已经了解了交易的背景,知道自己希望做多还是做空。你已经学习了帝纳波利点位,因此已经知道应该在哪里用怎样的方式进场(差不多可以这么说),而且你已经对怎样获得一个 LPO(逻辑赢利目标)有了相当的了解。现在,是做笔实际交易的时候了。

时间是 1996 年 6 月 27 日,债券日线图上(图 12-1)有个强劲的向上迅猛推进式形态,而且已经发生了一个双重穿透信号。双重穿透信号确认之后的两天,显示出一条包含了趋势(罩住市场行为)的 3×3 置换移动平均线。

以日线为基础的玩家可以在双重穿透信号确认的当天在收市时在市场上卖出。另外的策略,是尝试在第二天利用沿着 3×3 置换移动平均线方向的向回折返卖出。如果有日间图设备可以使用,最好在更短的时间周期图上利用向回折返卖出。比如。你可以在一张小时线或半小时线图上在预先计算的帝纳波利点位上卖出(逆向操作随机指标买入信号）。一个以日线为基础的保护性止损应在收市的"＊"0.618黄金率结点之上，因为卖出信号会在这里失败。要计算这个折返线水平，你的焦点数字应在双重穿透信号确认日的最低价上。你的第一个（也是唯一一个）反弹点应是点C的最高价。如果下这个止损对你来说太高了，那么日线或小时线帝纳波利点位后的较低止损应该可以接受。只是别忘了，如果你的止损在当日被击中，而收市时"＊"0.618没有被超出，那么双重穿透形态仍然发挥作用。你应该利用下一个机会重新卖出。

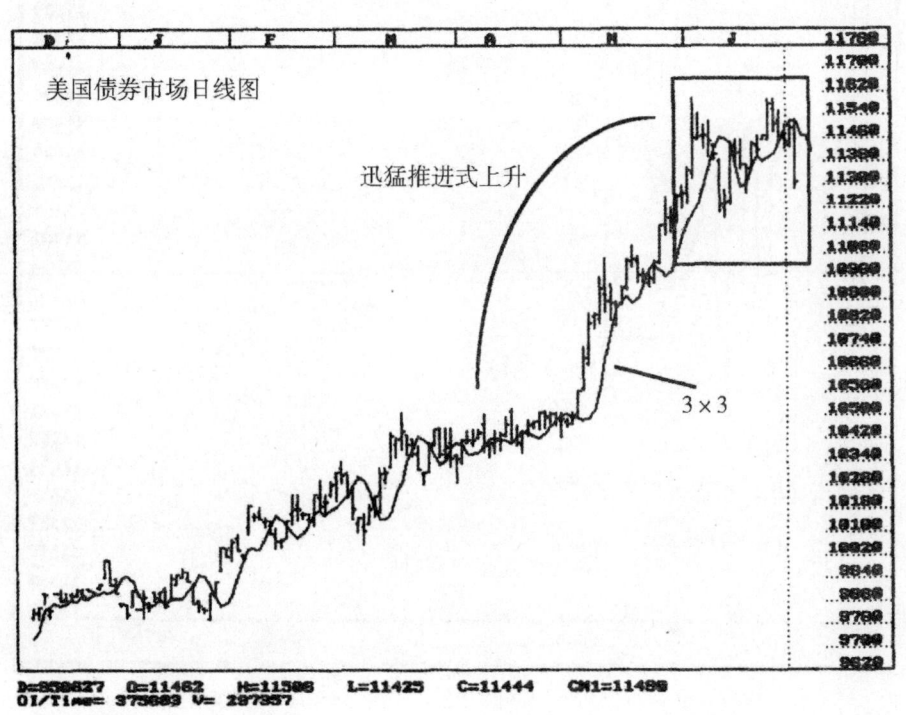

图 12-1

一旦你处在空头位置上，你就应该寻找与你所交易的时间周期相应的LPO。使用A、B、C可以在日线图上做这种计算，如图12-2所示。注意，这个（日线）ABC展开会刚好在低点B的下面给OP提供支撑。多数交易人员都不知道这种计算，会在B点下方做止损卖出，而在这个位置这么做完全是错误的！另外，注意 COP 目标（未显示）已经完成了！对于以日线为基础的 OP 而言，在对继续交易感到过于兴奋之前，先检查一下非趋势摆动指标，看看在这点上我们的超卖达到何种程度，是非常谨慎的做法。

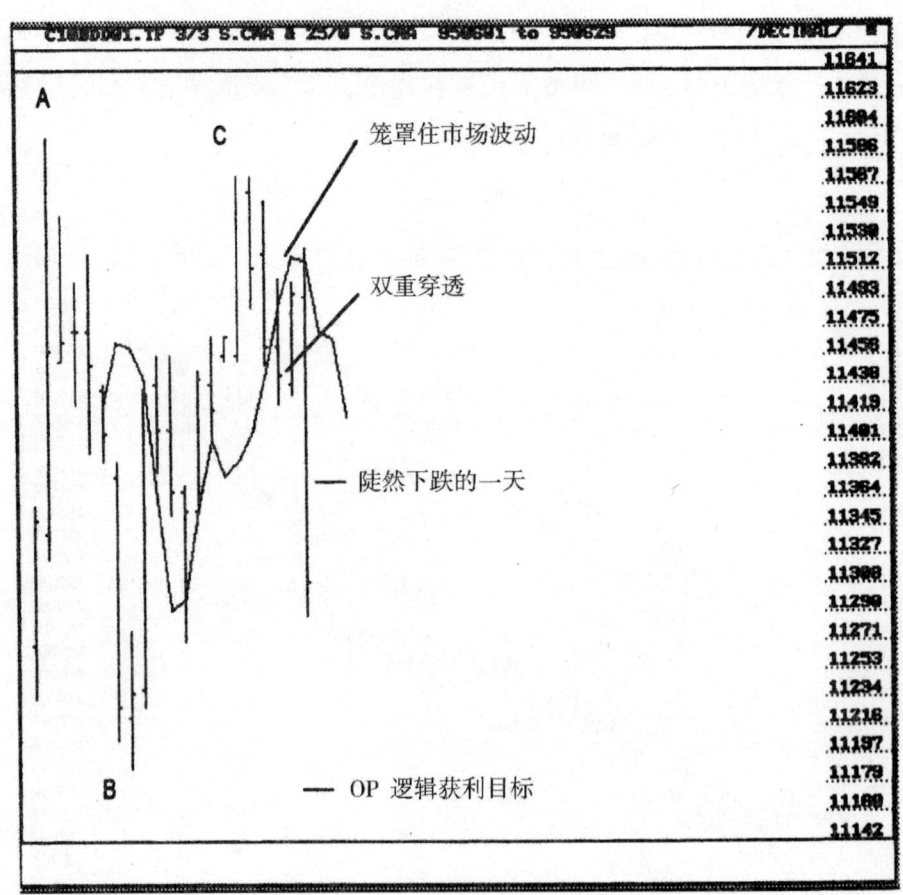

图 12-2

虽然日线图是非常有意思的，但是更短期的情形能够揭示更多信息，因此这才是我们将要集中讨论的。但是，在我们关注这些细节之前，我们首先应该承认，多数交易人员都会有失掉其仓位的担心。有这种担忧的不仅仅是新手。很多专业人士都说，他们一旦失去了仓位之后，或者用我们的话说，

## 第12章 整 合

一旦他们实现了一个逻辑赢利目标而离场后，再重新获得仓位是非常困难的。实际上他们所说的是，他们不知道如何进入一个运行中的市场。但是要我说，即使你丧失了"20天不遇"或"30天不遇"的较大市场波动，你也最好能实现逻辑赢利目标，而不是让市场用追踪止损使你出局。你会看到，在多数情况下，你可以回到一个运行的市场当中，或一开始的时候就"安全地"进入运行中的市场，前提是你知道怎样进入以及做好了你的准备工作。为了解释这一点，我们来看看，当一般常识告诉我们为时已晚，或者市场已经走得太远、没法进入的时候，"谋定后动"的丹尼是怎样处理几种不同情况的。我们还要看看心理控制的缺乏是如何使"性急冒动"的汉克让他自己相当丰富的交易知识水平发生短路的。

## 情景1

5个星期紧张的短期交易让丹尼狠赚了一笔。他结束了所有仓位，去旅游胜地墨西哥的坎昆转了一小圈。回家的时候，正是迅猛下跌日的前夜，他收到了"性急冒动"的汉克发给他的40份传真，向他描述了两天前发生的双重穿透信号，以及他在1分钟线图上进行的65笔交易。虽然汉克的传真准确地反映了他的赢率达到90%，但他并没有提到，所有这些赢钱的交易都只赚了两个点而已。等到他改正了那个错误、支付了他的经纪人的佣金之后，汉克的交易结果是仅仅持平。

"谋定后动"的丹尼看到了双重穿透信号和其后的3×3置换移动平均线对趋势的制约，并做好了在第二天开市时候进场的准备。他曾三次试图给汉克发传真，但汉克的线路一直占线。

图12-3是在前面的日线图12-2中所显示的迅猛下跌当天（6月29日）5分钟线图的头半部分。

开市时，市场从晚上的收市处产生向下缺口。丹尼不确定他从哪里成交，

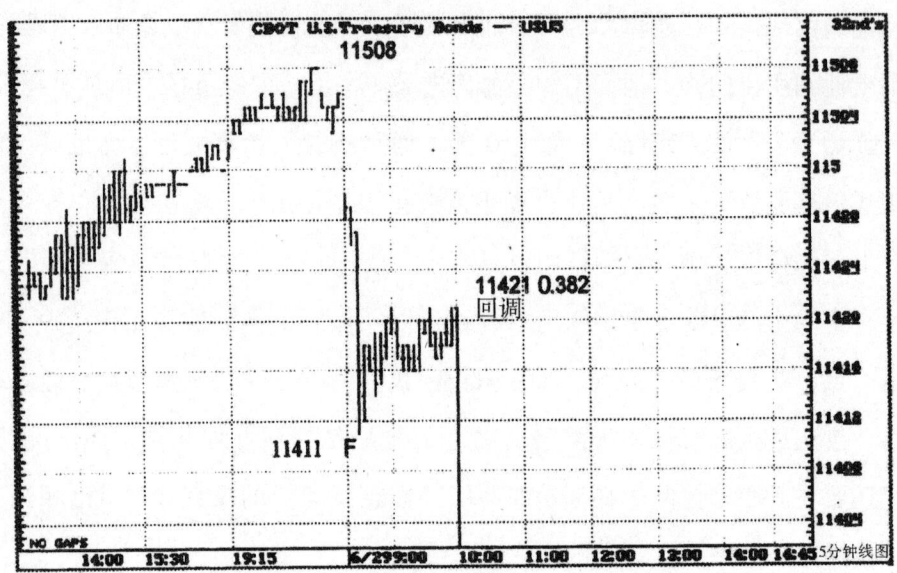

图 12-3

所以在进场之前等待折返的发生。我们看到的是向下波动，所以焦点数字是在波动的低点 11411。第一个反弹点是高点 11508。虽然我们可以在当日（6月29日）的高点上放上个缺口"G"反弹数字，但是让我们保持这个例证的简单性，稍后再考虑更为复杂的评论。斐波纳契折线显示在下面的 FibNodes™ 程序截图（图 12-4）中。

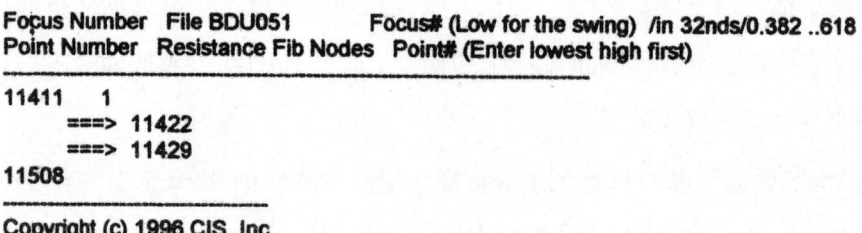

图 12-4

丹尼在 11422 下方设置了卖出指令，并在 0.618 结点上方的 11430 处设置了保护性买进止损。丹尼成交了，因为 11421 处有个近乎完美的 0.382 折返。

## 第12章 整　合

丹尼预期市场会大幅下挫，因为在日线图上有个双重穿透形态在发挥作用，而且当日是以向下缺口开始的。因此，丹尼很快地计算了盘整过程中的扩展，并选择了 XOP 而不是 OP 或 COP 来结束他的交易（图 12-5）。

```
7 Aug 96   18:41:45          Updated: 07/24/1996      0.618  1.618
Point Value        Objective Points    File  BDU052    /in 32nds/

    A = 11508         COP = 11403
    B = 11411         OP  = 11324
    C = 11421         XOP = 11306

Copyright (c) 1996 CIS, Inc.
```

图 12-5

丹尼在比 XOP 高几个波动点的位置上设置了一个收盘买入指令。市场剧烈下跌，丹尼的保护性止损一直没有被接近过。在第一轮下跌中，价格达到 XOP，见图 12-6。无论丹尼的收盘买入指令是在这个下跌过程中就成交了，还是他必须再等一等，其实并没有很大差别，因为市场在回升到 11326 后的再次下跌中到达了 XOP。为了简单起见，让我们假设丹尼成交了。

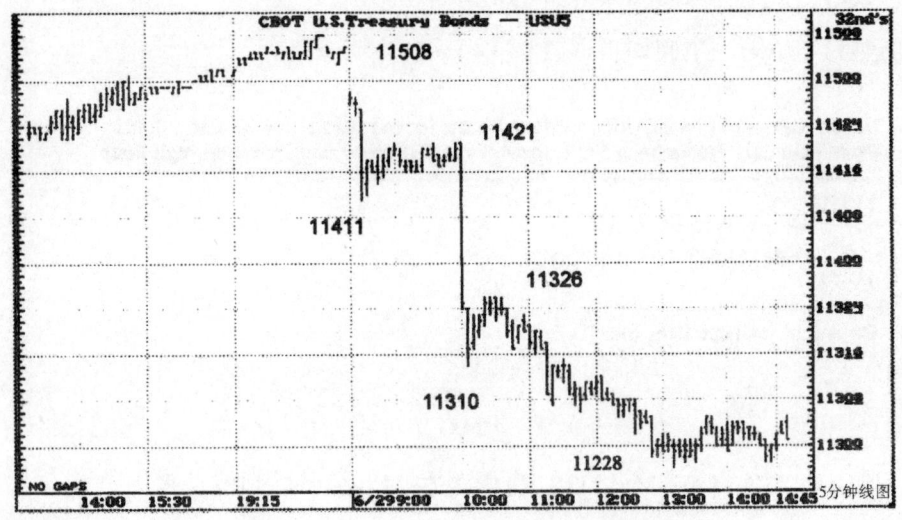

图 12-6

丹尼通过汉克的专有线路呼叫他，但是没有接通。汉克正在与他的经纪人激烈地争论他在"市价指令"（进场）所得到的成交。汉克非常担心错过巨大波动，没有等待折返，所以成交状况非常差劲。"性急冒动"的汉克愤怒异常。他后来在回升时以市价结束交易，而丹尼正是在这里做空的。最后，汉克有4个波动点的损失，而且这太让人沮丧了！汉克在这次大跌中竟什么收获都没有。

"保守迟疑"的卡尔又怎样呢？

他看到了双重穿透信号，但想在进场之前先确定它能发挥作用。当他看到它造成的向下缺口的时候，他吓坏了。就在一天前，卡尔刚刚买了些"没有熟透的香蕉"。这对他已经是很大的风险了，因此他决定这次只作壁上观。

## 情景 2

丹尼和汉克都有第二个"安全地"进入做空的机会，这是在市场剧烈下跌到11310之后，这时，大多数交易人员都已经认为，市场"走得太远了"。

考虑一下11310低点之后形成的黄金率结点。这次，为了简单起见，我们仍然只考虑第一个向回折返（图12-7）。

```
Focus Number   File BDU053   Focus# (Low for the swing)   /in 32nds/   0.382   0.618
Point Number   Resistance Fib Nodes   Point# (Enter lowest reaction high first)
-------------------------------------------------------------------
11310      1
           ===> 11326
           ===> 11405
11421
-------------------------------------------------------------------
Copyright (c) 1996 CiS, Inc
```

图 12-7

如果我们选择第一个结点，我们将在11326水平或该水平下方卖出，而将我们的止损隐藏在11405后面。

这次我们不像上次那样假设成交，而是稍稍考察一下交易场内的机制。

## 第12章 整　合

注意 11326，0.382 折返线水平上的平顶。这表明在这个位置存在着很多的卖出单。

在观察到这种情况后，如果在 11326 有个挂单卖出指令，像丹尼那样经验丰富而且头脑冷静的交易人就会主动联系交易所，并给出"让出一个波动点"的指示。如果你没法给交易所打电话，你应该使用"撤销——替换"指令将卖出位置从 11326 改为低于 11326 一个到两个波动点的位置，或干脆就用"市场单"卖出。不管怎么说，11326 区域是个理想而且"安全"的做空位置，同时你的保护性买入止损应仅仅在几个波动点之外（11405 上方）。

## 高级评论

让我们从一个更详细、更深入的角度，再看一看情景 2 的第二个进场。

11310 的初始 XOP 赢利目标达到之后的向下波动，在曲线形图上的外观大致如图 12 - 8 所示。

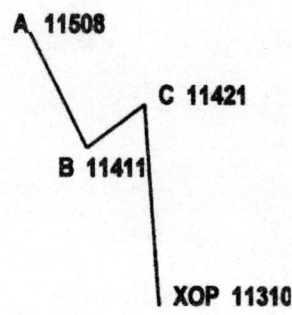

图 12 - 8

使用比例规绘出的显示帝纳波利点位阻力的折返线系列的外观如图 12 - 9 所示。

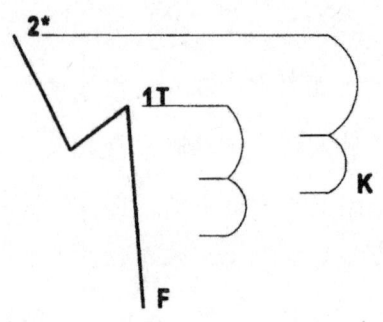

图 12 – 9

计算机截图会以表格形式显示更为完整的斐波纳契系列和相关帝纳波利点位，其外观如图 12 – 10 所示。

```
Focus Number   File BDU053        Focus# (Low for the swing)  /in 32nds/
Point Number   Resistance Fib Nodes   Point# (Enter lowest reaction high first)
---------------------------------------------------------------
11310    1
    ===>  11326   T
    ===>  11405   T
11421
---------------------------------------------------------------
11310    2
    ===>  11402   *
    ===>  11416   *
11508
---------------------------------------------------------------
Copyright (c) 1996 CIS, Inc.
```

图 12 – 10

第一个卖出位置应在 11326，这是由于我们正试图进入一个急速运行的市场，而且这个市场正处在双重穿透信号之后的很强的迅猛下跌中。我们很有理由大胆一些，选择在计算好的第一个帝纳波利点位（0.382 折返）卖出。正如上文已经提到的，准备在 11326 卖出时，如果观察到平顶的存在，比较精明的做法是给交易所打电话告诉他们"让出一个波动点"。不管怎么说，在黄金率结点前一两个波动点卖出是合理的。否则你很可能只是在你犯错的时候成交，也就是说当交易不利于你的时候！

## 第12章 整 合

有时候，要成为赢家不仅仅需要明智的分析，在这个具体例子中，对市场机制有所了解，是至关重要的。在11326MIT卖出怎么样？MIT（触价成市价订单）在进行美国债券交易的芝加哥期货交易所一般不被接受。但如果你做的交易足够多，你总是可以作出其他安排。如果你是没有任何关系的小人物，而且你又不肯让出一两个波动点，那么在上述的情况下，你很可能就没法及时与交易所联系，改变指令了。

这笔交易的一个理想的止损位，可以是放在"K"黄金叠加区域后面，即11402～11405。这个黄金叠加区域由一个"T"（推进）0.618反弹和一个"*"（原始）反弹0.382结点组成。没有比这更好的黄金叠加区域了。但是，虽然这个黄金叠加区域非常强大，我还是会把我的初始止损放在主要（11416）"*"0.618后面。让我解释一下原因。如果市场短暂地挤过"K"（几秒钟），放在"K"的止损就会被击中，但是放在"*"后的止损则不会。穿过黄金叠加区域的短暂推力，并不意味着这个区域被突破了，所以你应该继续交易。

但是，如果市场滞留在"K"之上，我会怀疑我在交易中的定位是错误的，并且当市场由黄金叠加区域回撤时抓住第一个机会退出。然后我会撤销初始止损单。

在这之后，我会重新看一看交易，考察向上扩展（看它们是否成交）以及日间图上的当前趋势，看看我所处的位置，也就是说交易的背景是否支持进一步行动。

现在，让我们考虑一下于我不利的市场运行的具体可能，如图12-11左半部分所示。市场在被黄金叠加区域阻止之后，再次向下突破，然后在黄金率结点处得到支撑，接着出现不利于我的向上运行到达OP。在这种情况下，我可以有几种选择。对黄金叠加区域的重新试探，可能会带来双重顶，以及双重顶之后向下新低点的突破。但是，比较谨慎的做法是，把我的买入止损从其初始位置上降低到从"F"到"K"的高点上。现在有不少止损单设在这个最近高点之上。所以，黄金叠加区域在第二个向上推进中被穿透的可能

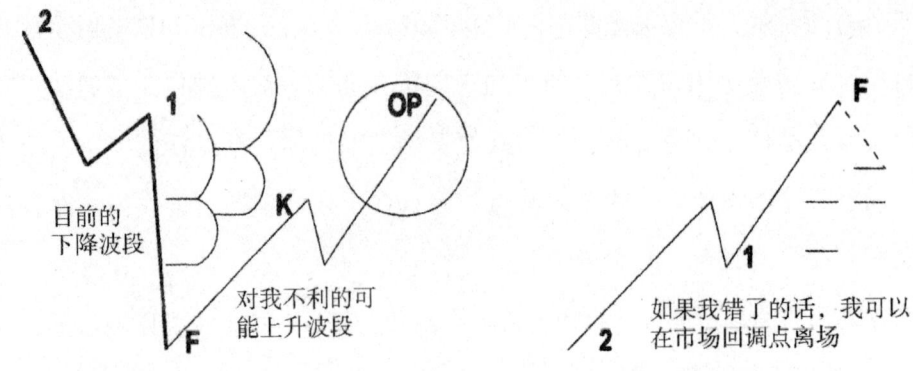

图 12－11

性，比第一次被接近时要大许多。如果我所做的是多仓交易，或者我处于不活跃的市场中，并且我非常关注止损单的成交质量的话，我可以等待完整向上波动的折返，并利用针对黄金率结点的支撑使用"限价或更佳（Or Better）"指令退出。图 12－11 的右半部分描述了这种可能性。

如果"高级评论"中的这种细节让你需要头痛药 Advil® 的话，你可以忽略上述的内容。如果你不明白为什么几个波动点对大家那么重要，那么我可以告诉你，答案有三层。首先，对于 100 手的债券仓位来说，几个波动点的差别是相当可观的。其次，这些高级评论适用于任何时间周期，而不仅仅是这个具体实例，因此你可以考虑将它们作为一个智力训练。最后，如果你做多仓位交易，你所处的局面往往决定了用"限价或更佳（Or Better）"指令平仓比用止损指令平仓更好。

## 现在让我们回到现实中来

我们可以合理地假设，当丹尼告诉交易所"让出一个波动点"时，他成交了，在 11325 卖出。如果我们考虑一下下面的评论，就可以理解为什么在

第12章 整  合

市场到达 COP 目标点时候他将他的全部或部分仓位结束。FibNodes™ 程序的扩展系列如图 12–12 所示。

```
24 Jul 96      12:22:12          Updated: 07/24/1996   0.618  1.1618
Point Value    Objective Points  File  BDU054         /in 32nds/

A = 11421      COP = 11231
B = 11310      OP  = 11215
C = 11326      XOP = 11120

Copyright (c) 1996 CIS, Inc.
```

图 12–12

我之所以说"全部或部分",是因为一方面这是个双重穿透形态,很可能会继续逐渐走低,但是要花多长时间,可能取决于市场在 COP 水平的超卖程度。就像我在本章开头所建议的,要决定这一点,看一看非趋势指标,或者使用摆动指标预测器(Oscillator Predictor™)提前确定。另一方面,我总是喜欢获取逻辑赢利,而且这已经是收获丰厚的一天。同时,如果我们是严格的日间交易玩家,现在时间已经很晚了,我们想要在收市前看到 OP 的可能性不是太大。实际的结果是,COP 目标点 11231 被达到并稍稍超出,所以我们肯定可以实现收市成交。

我将稳健的交易人的行为与情绪化的交易人的行为做了对比,以告诉你人格特征会对一个人的表现产生多大影响。很显然,本书前面部分已经勾勒的一些其他交易策略,也可以用来应付这个例子中描述的挑战。这些其他策略的实施,取决于每位交易人员的经验、渠道、时间周期和个人目标。

## 常见问题

"性急冒动"的汉克到底有没有完成一个还说得过去的交易?

没有,汉克设在 11326 点位的卖出指令根本没有成交。后来他做了一些安排来更换了经纪人,那天其余的时间里他一直在附近的酒吧里借酒消愁,与任何愿意听他说话的人唠叨个没完。其实他根本就没有任何成功的机会,因为在交易日开始之前,他就已经筋疲力尽,在他最需要集中精力的时候,他已经萎靡不振了。现在,他将有好几个星期都无法进场交易,因为他要等着他的新经纪人把正确的表格寄给他,并要等着资金过户。还可能是,汉克现在的一套咬合牙托用不了多久,他就将需要一副新的牙托了。

乔,你说你可以重新进入一个快速运行中的市场,但是我们都很清楚进场指令决不可能在市场陡然下挫的时候得到成交,那么在这种情况下你是怎么进入的?

这是个语义学上的问题。你用适当的止损,在帝纳波利点位折返线处进入快速运行中的市场。但是,如果局面是灾难性的,比如1987年10月的S&P,那么你不要参与游戏①。在交易中,能承受风险是好的。而愚勇则是自杀式行为。如果我看到市场处于恐慌之中,我不会感兴趣,我会立刻寻找离场的机会。后面的S&P例证会对此详加说明。

我理解这个例证的整体,但是,按照第6章中的双重穿透形态的标准,似乎第一个和第二个穿透之间的距离有点太宽了。这是一个类似形态,还是一个双重穿透形态?

严格地讲,这是一个类似形态。但是,考虑到在这个信号发生之前的迅猛推进形态的力度,我觉得完全可以将这个类似形态看作是真正的双重穿透形态。

---

① 参考自学交易课程中巨人 Andre 和 Chunk Morris 的奇闻。

# 第 13 章 斐波纳契战术

## 总 论

本书中已经讨论了各种与斐波纳契相关的交易策略。有些策略有个非常醒目的名字，可以帮助你记住它们的特征，有些没有这样的名字。哪些能称得上是交易策略，哪些只是交易窍门，在此我不想作这方面的讨论。不管我们怎样称呼这些策略，我相信，除了市场举例之外，单独辟出一个章节来讨论这个问题，对其中的一些方法作出定义，会对你有所帮助。曾阅读过我较早期一些教学材料的人会发现，本章节中所描述的战术要少于你们曾经读到过的。原因很简单。虽然早先介绍的所有这些策略都非常有效，而且持续发挥作用，但是我相信它们所应该得到的关注是不尽相同的。

现在，在着眼于所描述的具体技巧之前，先看一看我们是否弄清了这些技巧所针对的具体问题都是哪些。

考虑一下下面的 FibNodes ™ 程序的截图（图 13 – 1）中描述的斐波纳契支撑系列。

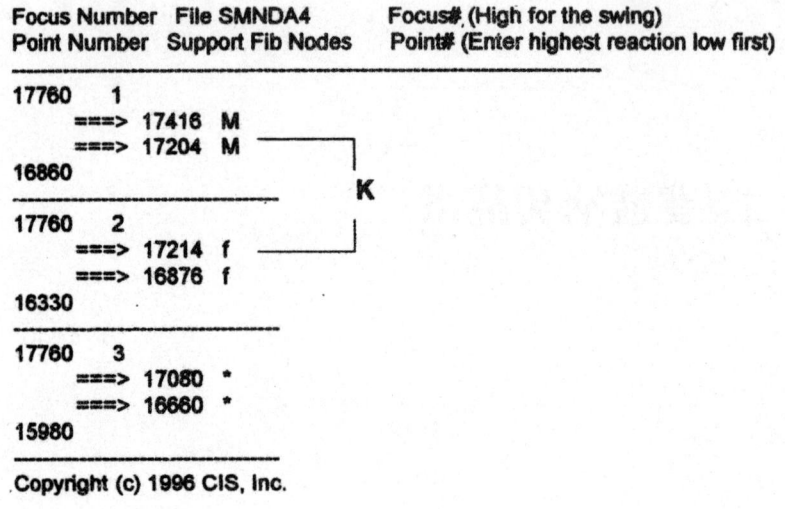

图 13－1

该系列清晰地显示了 17214 和 17204 之间的黄金叠加区域。让我们假设一个适当的交易背景，在这个背景当中，该黄金叠加区域作为我们的多头仓位进场点。我们选择 17220 作为我们的具体进场价格，并将该点称为点"X"。假设的背景，可以是我们在本书前面部分讨论过的情况，也可以是你所选择的适当指标。比如，也许你希望考虑认空多比，布林带极值（在回撤时），一个好的交易建议，或《交易商持仓》报告，等等。一个较深的帝纳波利点位，比如说恰好在 17080 水平以下，可以是设置保护性止损的区域"Z"。

问题：我们假设支撑会在"X"显现，那么我们怎样才能在"X"最好地进入市场？

答案：因人而异，因此斐波纳契进场战术不止一种。

注：在继续之前，确定你理解了我是怎样对下面的讨论定调的。下面一系列重要举例都是建立在前面段落的基础上的。

## 盆景（Bonsai）战术：一种进场和止损设置技巧

虽然我本人很少使用这个具体策略，但是我还是把它包括在这里了，因为有些人的心理状态可能很适合这个策略，比如有些交易人员宁愿接受更低的赢率，也不愿运用本书中描述的其他技巧。我过去曾经教过的一些场内交易员喜欢这个技巧。"性急冒动"的汉克很可能会是个盆景迷。运用盆景战术的人相信，这个进场策略最终能够提高他们的赢利水平，因为他们的交易频率往往更高，而且每次的亏损额也很低。这种简单的策略的工作原理如下。

如上文所述，你在预先计算好的帝纳波利点位"X"进场，如果使用盆景策略，不论额外帝纳波利点位的情况如何，你都会在"Y"有个预设金额止损或者点数止损。（图13-2）

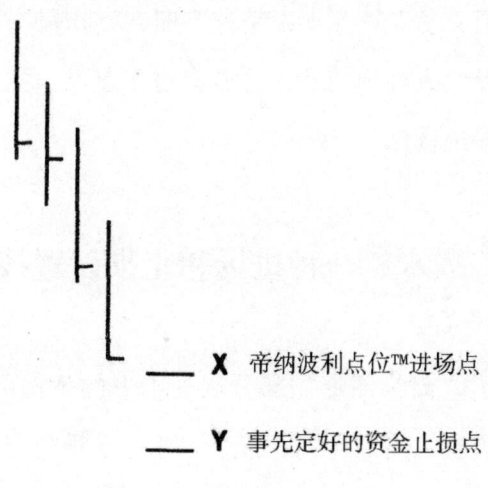

图13-2

你同时下这两个指令，希望止损不要被触及。如果止损被触及，但价格随后立即回到"X"以上的话，你则重新以市价单进场，并再次在"Y"设置止损。

如果"Y"的初始止损被触及，价格仍然停留在"X"以下，则看看你选择支撑交易的背景是否仍然有效。如果是，选择一个更深的帝纳波利点位，并由此进入交易，在它下面设置另外一个金额止损。

盆景玩家对他们所选择的不同时间周期赋予不同的"Y"定义。具体金额通常是在特定市场中根据个人经验决定的。对于 S&P 指数 5 分钟线图来说 55~85 点是非常常见的，而对于美国债券市场 5 分钟线图 3/32~5/32 是常见的。盆景的优势在于其简单性。由于它非常简单易用，人的头脑就不需要考虑更为复杂的止损退出策略，因此交易人的态度可以更为放松，并由此可以更为自如地在这个或其他市场中进行下一笔交易。

但是它也有很多缺点。盆景玩家在选择预先设置的金额（或点数）止损时，往往忽略了每日之间的价格波动幅度。如果他们无法得到优异的经纪服务，交易频率导致的成交点差损失和交易费用可能会很高。而且如果他们做短期交易的话，还必须要有很便捷的交易所渠道，以重新输入指令。虽然退出标准非常简单，但交易人需要集中精神不断观察市场，因为如果要把应急指令标准留给一般经纪人处理的话，可能会过于复杂，主观性较强，以至于经纪人不会为后果承担责任。

## 灌木（Bushes）战术：一种进场和止损设置技巧

灌木战术是除了"高级评论"部分之外本书的举例中普遍使用的技巧。你在一个帝纳波利点位之前下达买入指令，并将止损隐藏在另一个帝纳波利点位的后面。这个名称的由来是：几年以前，有位市场专业人士参加了一个私人研讨会，他蹲在我放在办公室的一株大型植物的后面。然后，他用手指指着另一位与会者"射击"。他说他最喜欢使用的赢利方法，就是隐藏在灌木后面，跳出来，射击，然后躲回到灌木后面。我在第 11 章中讨论的进场和止损策略（理想的交易例证），就是灌木战术的清晰例子。站起身来，射击，就好比你在一个帝纳波利点位之前的进场，而蹲在灌木后面就好比是把止损隐藏在另一个帝纳波利点位之后。第11章中讨论的各种交易进场策略，只是一些变形，唯一的不同只是射击的地点以及做隐蔽之用的灌木的选择（图13-3）。

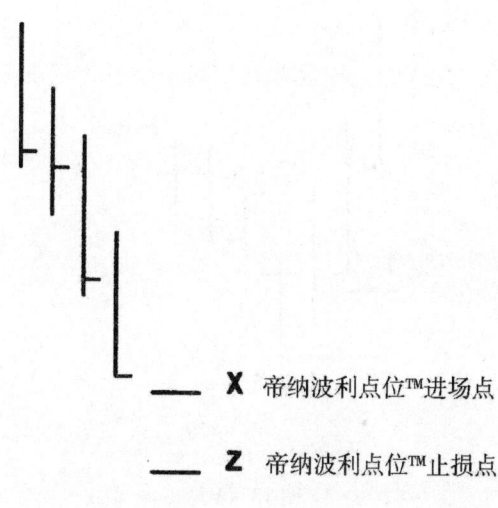

图 13-3

盆景和灌木战术的显著区别是缺乏止损"掩护"。要处理这一微妙而重要的差别，就需要对交易场机制有所了解。可以这么说，如果你的停损单刚好在支撑帝纳波利点位之后，你的经纪人很不错，就算你被击中了，你的成交点差损失也应该不大。然而，如果你没有支撑（盆景战术更有可能发生这种情况），那么即使你的经纪人非常不错，天晓得你的止损单会在哪里成交。你运用灌木战术得到更好成交的概率，肯定要大于你运用盆景战术，这是因为在灌木战术中帝纳波利点位本身所产生的支撑，即使它最终没能支撑住。

## 扫雷艇 A：一种进场与止损设置技巧

使用这种技巧，需要比使用盆景或灌木战术都加倍谨慎，其工作原理如图 13-4 所示。比如说，我们希望在帝纳波利点位"X"进入市场。

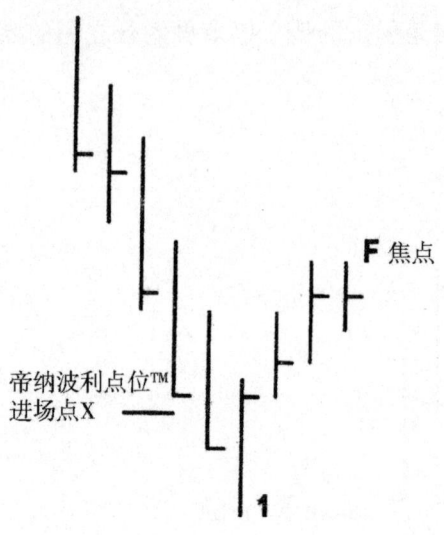

图 13–4

虽然预计在"X"会出现支撑,但我们首先等待,等待支撑在点1出现,然后等待上升到"F"的波动。点1和点F(我们的焦点数字)是被市场力量确立的,我们不需对它们进行预先计算。在这些情况发生之后,我们计算该向上波动的黄金率结点。在曲线图上,它的外观将如图13–5所示。

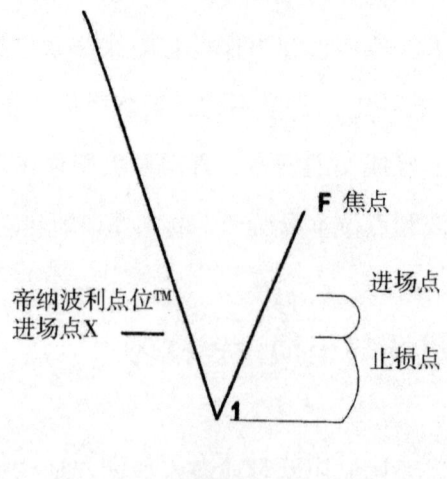

图 13–5

我们的实际进场将位于0.382结点之上。我们的止损将在0.618结点下面或在前期低点1的位置。我们已经买了保险，在我们选中的帝纳波利点位进场点"X"周围实际发展的市场行为，将决定该保险是否会昂贵。我们可以做一回事后诸葛亮，对各种可能进行一下探讨。

**第一种可能**

如果我们的支撑非常接近"X"，我们在"Z"的止损就不会被触及，我们的实际进场点就会比"X"点的进场更高。在这种情况下，我们的保险单会比较昂贵，就像图13-6中箭头之间的距离表示的那样。不要曲解了这里的含义，成本是在我们的初始帝纳波利点位选择"X"和我们的实际进场点之间，而不是在我们的实际进场点和止损之间。当然，成交的形式，有可能不是我们所期待的向实际进场点的折返，但是我们很有可能会看到这种形式的出现。

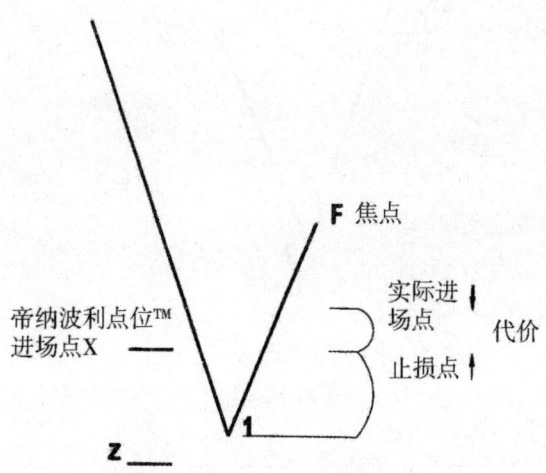

图13-6

## 第二种可能

让我们假设,"X"的预期支撑区域被深深地穿透,一直穿过"Z"到达了一个更深的结点或黄金叠加区域"K"。图13-7中的"Y"代表图13-7盆景战术的金额止损。它与灌木战术的止损单同样包含于此,因此如果你们当中有谁是盆景玩家,你们就会看到第二种可能性的结果。在这种情形下,如果使用了盆景或灌木进场战术的话,我们可能已经被止损出局了。等待扫雷艇,就避免了被止损出局。而且,由于我们的进场价比位于"X"点的初始的帝纳波利点位的位置更低,我们又获得了额外收益。所以,在这种条件下运用这个战术,可以使我们得到一些非常不错的收益。

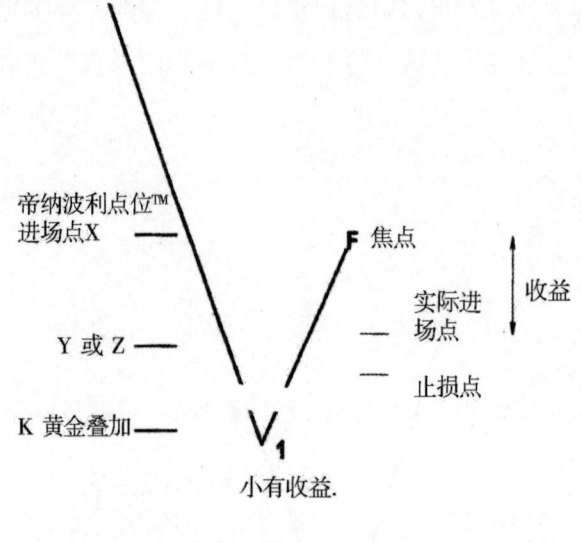

图13-7

## 第三种可能

如果基本上没有支撑,比如缺乏流动性的市场中会发生的情况,那么运用扫雷艇进场战术就可以使我们避免巨大的损失(图13-8)!

第13章 斐波纳契战术

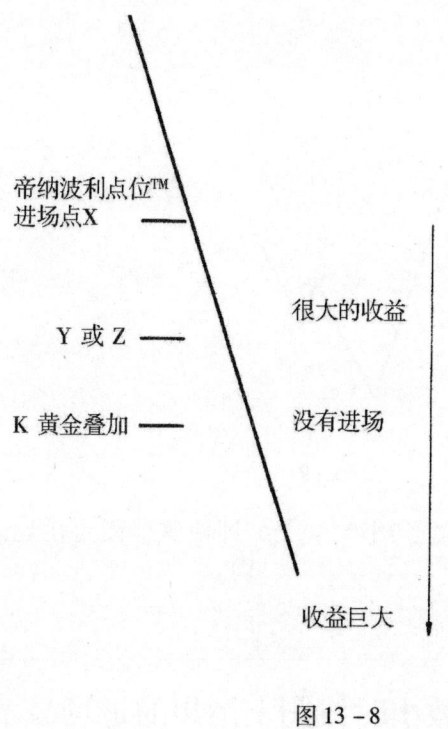

图 13-8

## 扫雷艇 B：一种进场和止损设置技巧

这个技巧的目的，是将实际进场点设在黄金叠加区域之上，而不是简单地放在一个结点上面，从而买入更多保险。止损会提供更多的保护，因为它是在黄金叠加区域下面的。你可以这么说，这里的灌木更大、更厚。扫雷艇 B 的曲线图的外观是这样的（图 13-9）！你有好几个进场选择，在第一个 0.382 结点之上，在黄金叠加区域之上，甚至在原始 0.618 结点（未显示）之上。你的止损也可以有很多选择，比如在黄金叠加区域之下，在 0.618 结点下，或在位于点 1 的低点上。

应用扫雷艇 A 和 B 的典型方法，都是在支撑显现之后，降低时间周期，以得到更多的用以计算帝纳波利点位的反弹低点。这非常好地解释了为什么

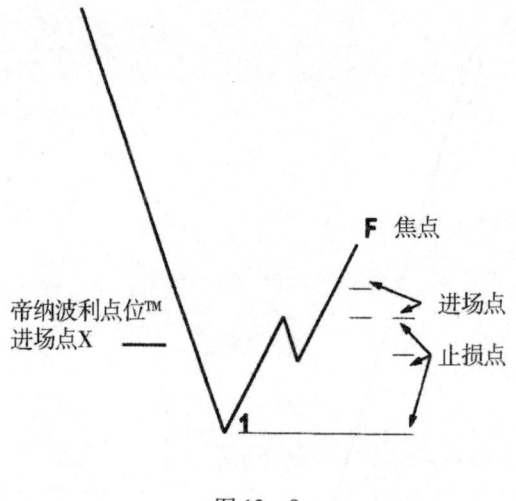

图 13-9

以日线为基础的玩家最好能接触到小时线图,即使这些图是由延迟的数据产生的（见第1章）。

## 在标准普尔（S&P）指数小时线图上运用的进场战术

下面的例子向我们显示了一些战术被应用在标准普尔指数小时线图上是什么样的。

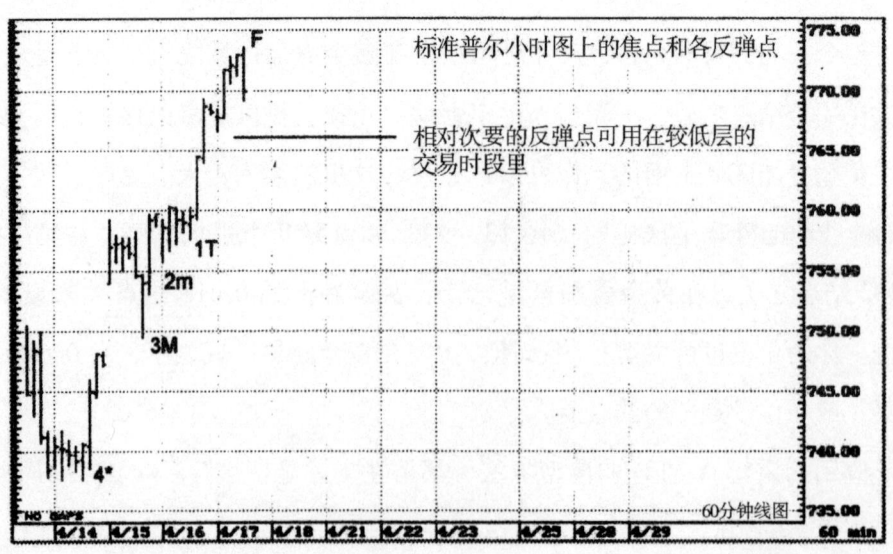

图 13-10

在图 13-10 中，我们在标准普尔指数小时线图上有个强烈的向上波动。假设日线和小时线的趋势是向上的，而且我们要在这个市场上做多。我们还假设它目前处在 70% 的高度超买水平，所以我们不想马上进入，而且我们一旦进入，我们并不打算长期持有这个仓位。最后还有一个假设，较高的时间周期的黄金率结点阻力位置不会影响我们的交易，即它们不在图 13-10 显示的价格范围内部，而且从某种意义上来讲也不在图 13-10 显示的价格范围之外发挥作用。

下面的黄金率结点系列截图（图 13-11）反映了图 13-10 中显示的焦点和反弹数字。我没有显示黄金叠加区域，因为现在你应该能够通过比较顶端结点和底端结点自己找到它了。

```
Focus Number    File SPM602      Focus# (High for the swing)
Point Number    Support Fib Nodes  Point# (Enter highest reaction low first)
----------------------------------------------------------------
77360     1
          ===>  76812   T
          ===>  76473   T
75925
----------------------------------------------------------------
77360     2
          ===>  76678   m
          ===>  76257   m
75575
----------------------------------------------------------------
77360     3
          ===>  76439   M
          ===>  75871   M
74950
----------------------------------------------------------------
77360     4
          ===>  75985   *
          ===>  75135   *
73760
----------------------------------------------------------------
Copyright (c) 1996 CIS, Inc.
```

图 13-11

好了汉克，你在哪里做多？

"性急冒动"的汉克：在我回答这个问题之前，我想知道，上图包含的在焦点数字左侧四个柱线的位置为什么没有被列为第一反弹点？它是有效的，不是么？

是的，它的确是有效的反弹数字，但是我们这个交易的标准是我们处于超买状态。我们所寻找的并不可能是最高的进场位置（见第7章）。如果我们要寻找更高进场位置的话，我们是有这个能力的，我们可以将时间周期降到30分钟或5分钟。这个反弹点和我们在小时线图上看不到的其他反弹点，都将被包含在较短时间周期系列中。

"性急冒动"的汉克：那好，那好，明白了。那么，我会在76812上方进场，把我的止损放在黄金叠加区域上的76473。但这样的止损我可不喜欢。

为什么？

"性急冒动"的汉克：这个止损超过300点；我只能做一个合约！

那你想怎么做呢？

"性急冒动"的汉克：我想知道，相对于第一个反弹点以内的4根柱线的反弹点的黄金率结点都在哪里，并把我的止损设在其中一个黄金率结点下方。

丹尼，你认为呢？

"谋定后动"的丹尼：我会在黄金叠加区域上方在76480进场。然后我会在黄金叠加区域低端下方在76425运用一个灌木战术的止损。

为什么？

"谋定后动"的丹尼：如果交易不错，黄金叠加区域很可能不会被穿破。下一个灌木战术的止损在76257下方。那是个次要黄金率结点，所以我不太倾向去使用它。

卡尔又会怎么做呢？

"保守迟疑"的卡尔：既然我们的超买状态这么严重，我会等一等，在75871~75985之间较低的黄金叠加区域进场。我会在75875买入，并在75135原始结点下方运用灌木战术的止损，我知道这是个大的止损，但是我已经和我的朋友做了安排，让他分担我的S&P指数交易的一半，因为他不敢一个人做 S&P 指数交易。如果考虑这只是一份指数合约的一半的话，这个止损还不算太大。

你让他把钱存到你的账户里了么？

"保守迟疑"的卡尔：没有，但是我确信如果出了差错的话，他会支付我的。

我们看看图 13-12 中的交易情况。

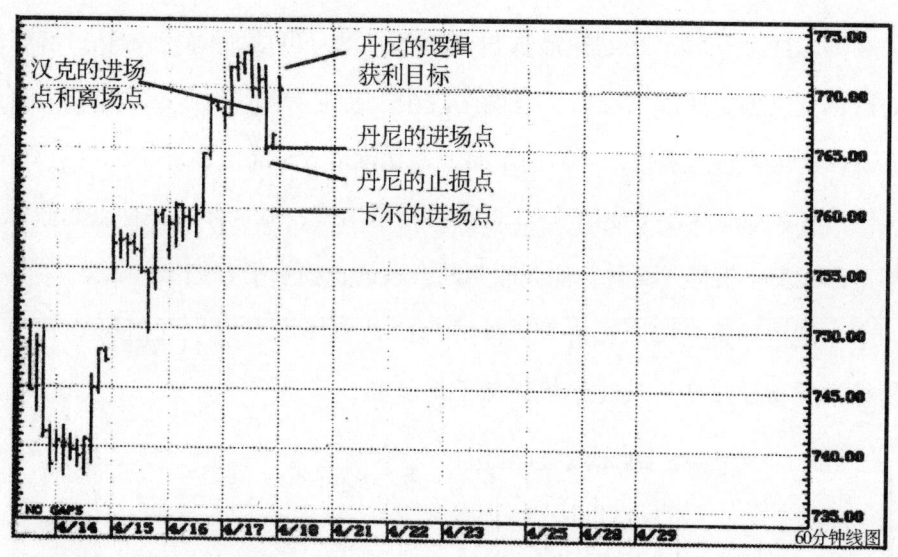

图 13-12

汉克看到市场刚好错过了他的进场点，所以当天晚些时候，在没有告诉任何人的情况下，他取消了进场指令，并以市价做了 10 份合约的交易（未显示，因为他没有告诉我们）。他在进场点位下方放置了一个 55 点的盆景战术止损。他的两个指令同时得到了成交。交易所场内交易员爱汉克，他的牙医也爱他，他又用坏了一副咬合牙托。

丹尼的下单得到了成交，而且他的止损一直没有被触及。他选择 0.618 原始阻力结点作为他的逻辑赢利目标，因为市场处于超买之中。由于在第二天开市前他的结束指令是在市场中的,所以他完成的成交比预期还要好一点。

在迅猛推进的向下柱线使卡尔的进场指令成交之后,卡尔紧张得不敢再看市场。他去收拾了一下花园,回来的时候看到他的指令根本没有成交,不禁感到非常轻松。

## 交易仍在继续

在第二次下跌时,丹尼在最低价形成于 758.30 之后等待一个扫雷艇战术的进场点。他之所以这样做,有两个理由。丹尼看到小时线图上的向下推进式形态,这让他感到紧张,因为这是向上迅猛推进式形态之后的第二次下跌了。虽然他没有在小时线图上使用 3×3 置换移动平均线,但这种形态有点儿像个双重穿透形态卖出信号。而且,他无法判断合理的止损水平(图 13-13)。

卡尔把他的指令按原样留下,他的理由是市场没有发生任何影响到原先交易标准的重要改变。日线趋势仍然于他有利!

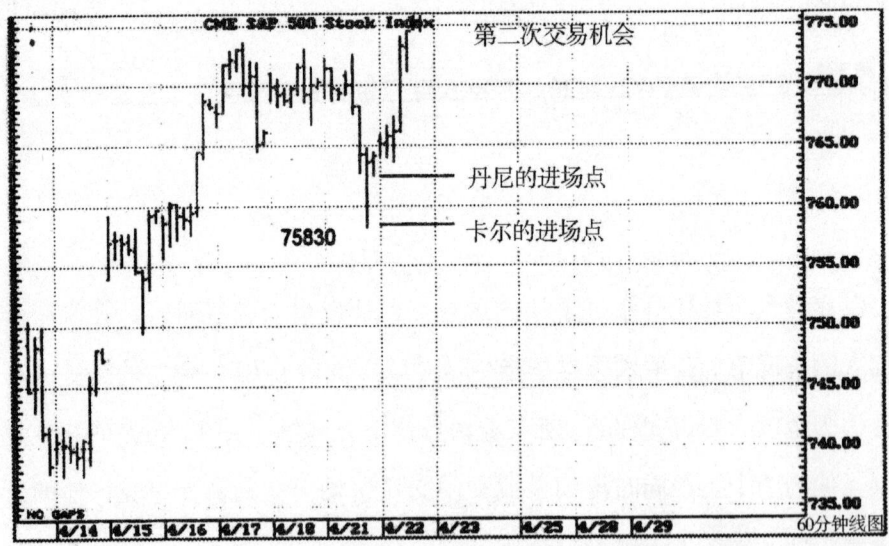

图 13-13

## 第13章 斐波纳契战术

汉克没有参与这个交易。当他看着屏幕的时候，他又开始忙于给亲戚朋友打电话，筹集资本了。

让我们看看这笔交易的情况：

卡尔成交了，他的止损一直没有被触及。他和他的伙伴从交易中实现了一个近乎完美的OP（图13-15）。

丹尼的扫雷艇战术进场成交了，而他设置在前次低点的止损一直没有被触及。他注意到在他的初始进场之后一个小时左右出现的火车轨道信号，因此重新计算了黄金率结点，并在0.382结点买进更多多头仓位，从而使他的仓位规模翻倍。在图13-15中卡尔离场的同一个OP上，他卖出了所有仓位。图13-14显示了他的进场和止损点。在丹尼重新审视他的交易标准的时候，他意识到他错过了他和卡尔在做多时的黄金叠加区域与向下波动的XOP之间的黄金汇聚（图13-14）。但是，他对此并不担心，因为在仅仅两天之中他就从每笔合约中赚取了1.2万美元。他需要休息和放松一下，这次是去曼谷度假。像往常一样，他做了一些交易笔记，然后就去赶飞机了。

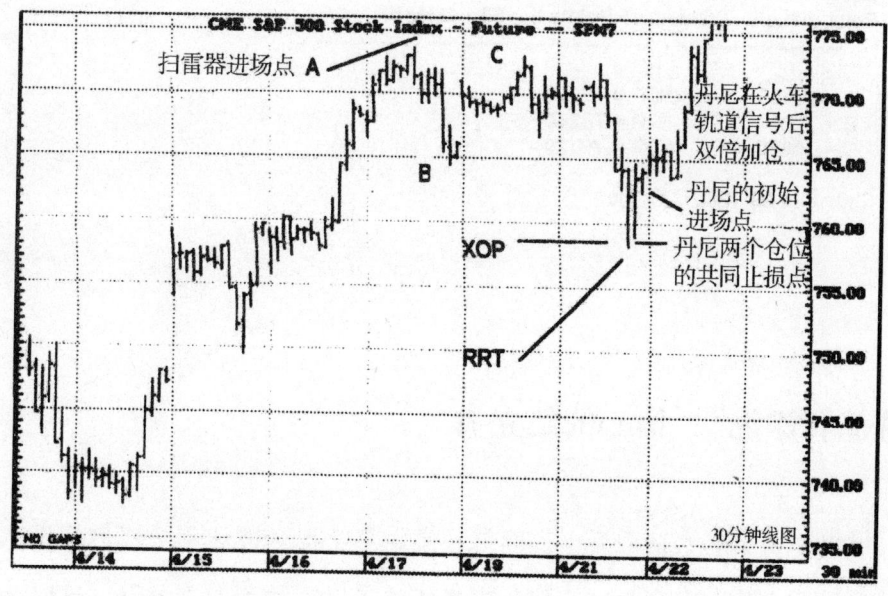

图13-14

图 13-15 的目标点的计算如图 13-16 所示。

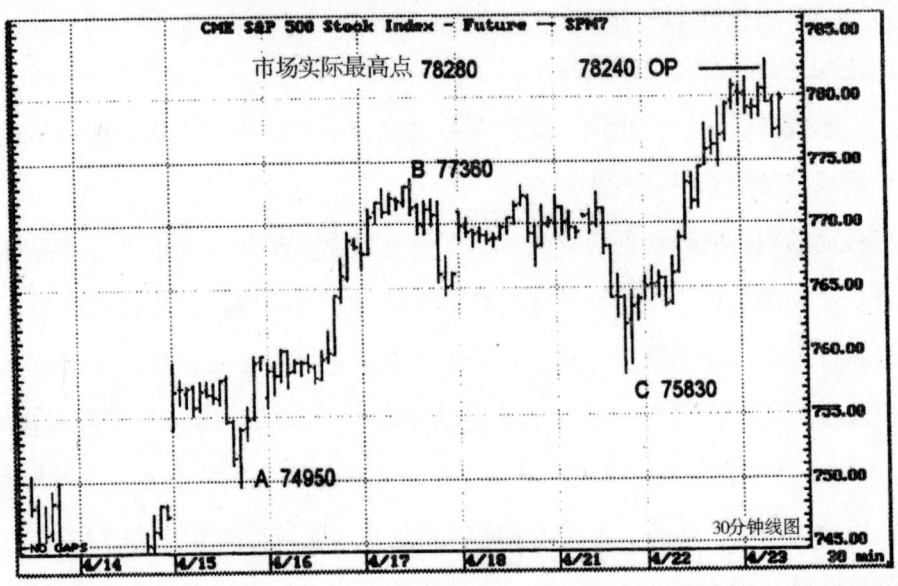

图 13-15

图 13-16

## "洗涤和漂洗"：信心的建立者

与其说这个形态是个战术，倒不如说它是个提示或线索。我们假设，你在帝纳波利点位上看到盘整，但是市场拒绝启动，并不向上波动。这时，突然所有止损单都被清理（成交），在一张较低时间周期图上，你开始看到一些迅猛推进式形态。虽然帝纳波利点位被短暂穿透，但这无须担心。

有各种例证显示了本书中的"洗涤和漂洗"现象。有些将在第15章中讨论。"洗涤和漂洗"不一定必须发生在帝纳波利点位上，只是如果它发生在帝纳波利点位上更容易发挥作用罢了。

为什么这样是起作用的？其中的思路是，一旦市场被清洗，交易场内就没有进一步走低的动机了。另一种可能是，市场参与者在寻找更低水平的时候，遇到了大量的买入。第三种更为玩世不恭的解释是，不管什么样的、希望积聚大量仓位的机构还是个人交易者现在得到了满足（通过利用盘整和卖出止损买入）。现在，这个心满意足的机构或个人已经没有动机，通过强迫盘整区域的形成而抑制市场了。总之，被止损出局的人，希望参与的人，都必须在更高价位水平上重新进场。所有日间趋势指标都开始指向上方，要想参与正是时候。如果你当时离场①或是被止损出局，重新进场正是时候。你可以使用上面讨论的进场技巧。

## 常见问题

*哪个技巧是最好的？我应该用哪个？*

这取决于每位交易人的心理构成，答案不是唯一的。如果你通过观察市场行为和每个行为导致的结果而对每种战术了如指掌，你自然会做出你的选择。在特定市场局势中的丰富经验，也会帮助你选择正确的策略。

我的大多数交易都是灌木战术的变异。而情况允许的时候，我也会使用其他策略。

*扫雷艇B战术似乎非常复杂。进入之前，你放弃了很多，那么为什么还要用它呢？*

---

① 帝纳波利"三周期规则"（Three Period Rule），《斐波纳契、资金管理和趋势分析》自学交易课程。

它确实较为复杂，但其操作仍然是相对简单的，尤其在背景或设置是在较长时间周期图的情况下，比如小时线图或更长时间周期的图表。它的成本是否昂贵，取决于被选中的进场结点上或周围产生了多强的支撑。如果你不理解这一点的话，参考一下本章开头的扫雷艇战术部分。

当你在刚开始想进场的地方看到支撑之后，扫雷艇战术其实仅仅是灌木战术的变形，不是这样么？

是的！我只是给这个策略另外起了个名字，对它另加对待以表明它的不同适用性。

上述所有例证都是针对多头交易进场的，但是它们在空头交易方面也一样好用。

# 第14章 避免犯典型错误

## 总 论

交易需要你时时保持高度的集中与警觉。专业人士与新手的区别，就在于前者所犯的错误更少。当然他可能无法避免一个错误都不犯。在学习下面的例子的时候，你可以看一下你是否能避免对类似的局面作出误读，并由此避免遭受不必要的损失。

这个例子是建立在月线图数据基础上的，但是同样的思路也适用于小时线图或者5分钟线图。

## 年度债券举例

考虑一下下列美国债券月线图（图14-1）及相关 Fib-Nodes™ 程序截图（图14-2）的标记情况，它显示了三个反弹低点和一个焦点数字12210。

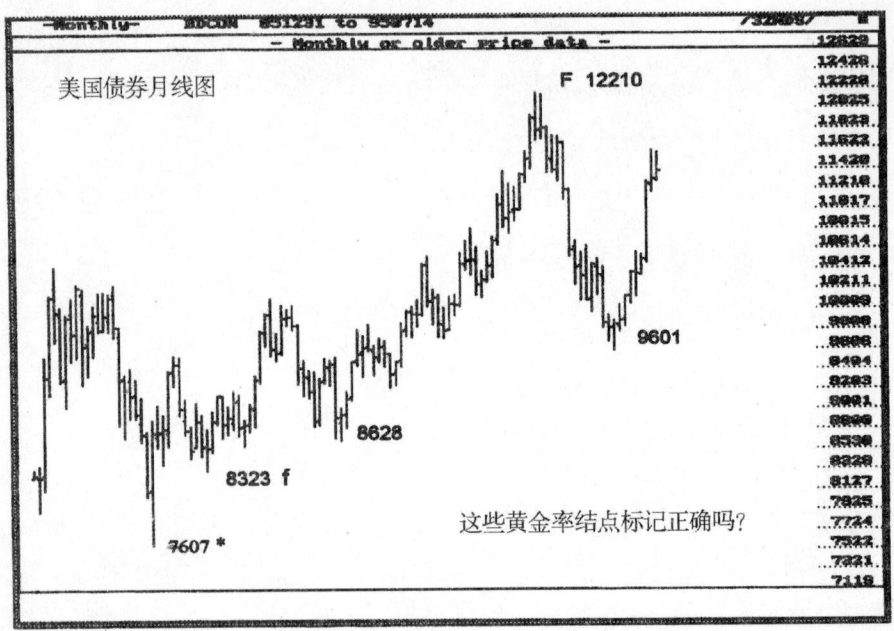

图 14-1

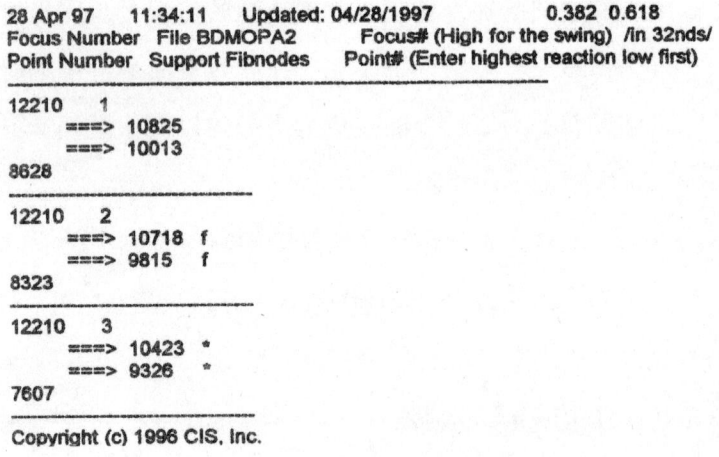

图 14-2

我们将着重观察 0.382 原始结点附近的价格行为，看看我们能对未来价格波动知道些什么。但是，如果你是从更高水平、在更短的时间周期的图上交易债券的，那么可以合理地假设在图中显示的所有支撑结点处都有重要的帝纳波利点位支撑。这是因为，所有这些结点都是从重要的月线图的反弹中创建的，而不是从半小时线图中创建的！如果你看看日线图和周线图，就会发现在所有这些价格水平附近至少都有可观的反弹。你可以想象，即使是在一张5分钟线图上，它将会对你起到多么大的帮助！

在分析长期牛市是否依然完好时，我们要观察周线图或月线图上的趋势指标。我们还可以观察原始" * " 0.382 结点是否已经被突破，或主要黄金叠加区域是否已被穿透。如果主要支撑已经被突破，那么与支撑继续保持的情况相比，显然它表明了市场更为疲软。这样的突破可能意味着市场运行的重大变化。看一下在文件 BDMOPA2 中所显示的月线图的帝纳波利点位系列，10423 似乎是原始 0.382 结点。实际上，它只是由主要反弹而不是原始反弹低点生成的黄金率结点，关于这一点我们在下面将会进一步讨论到。虽然 10423 被突破正确地预测了较低价格，但它不像原始反弹低点所创建的结点被突破那么严重。

当 10423 被突破的时候，我估计会向下运行到 10013 附近，因为它是下一个黄金率结点支撑。一个合理的多头仓位的进场（如果得到情境和正确进场战术的支持的话）可能会在 10013 附近。一个合理的设置止损的位置似乎恰好在 0.618 黄金率结点下面的 9815 处。而且，如果收盘价保持在 9815 下面很长一段时间，可能意味着会出现更低得多的价格，也许下降到框3中显示的最后一个黄金率结点支撑的波动，一直下降到 9326！

虽然所有这些看上去都是很好的分析，但是其中是有错误的。屏幕上显示的，也就是我们在图 14-1 中看到的，并不代表我们作充分的分析所需要的信息，它对于我们的充分分析是不够的。

考虑一下同样的美国债券持续合约图 14-3。这个图中包括了 1981 年的反弹低点。

如果看一下包括这些反弹低点的帝纳波利点位系列的截图，我们就会看到一个非常不同的局面。现在我们看到 9621 是 " * " 0.382 原始结点，而不

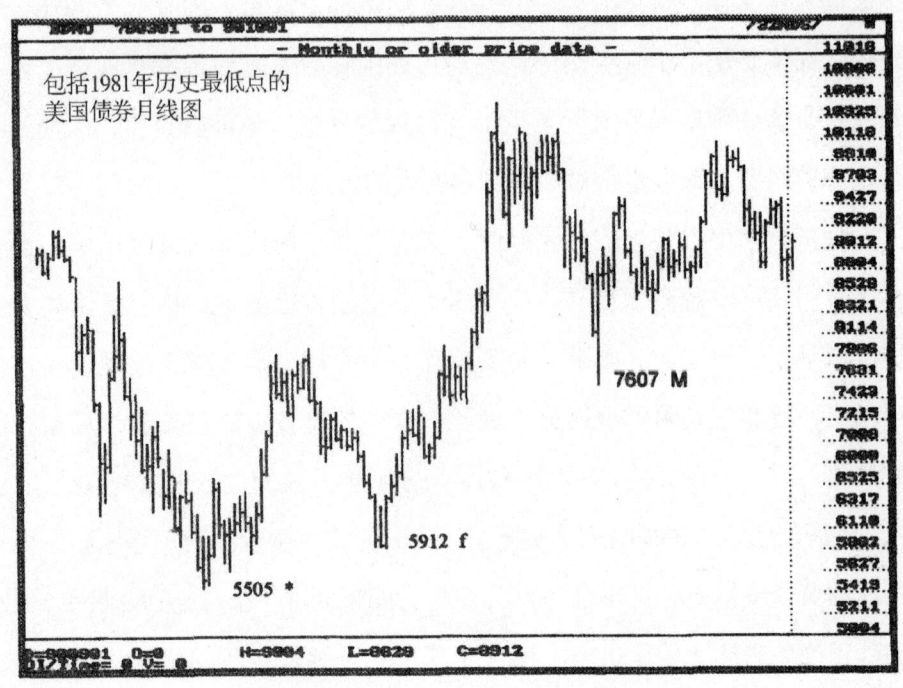

图 14-3

是 9815！我们还可以看到 9809 和 9815 之间的月线图的黄金叠加区域。这个更为完整的画面以及相伴的黄金率结点系列极大地改变了我们的分析。首先，我们最不应该将止损设置在 9809～9815 的黄金叠加区域之内或之上。我们应该将止损设置在黄金叠加区域的下面，而且我们不会在 9326 设置止损，因为原始结点 9621 是更好的选择，它的位置远在 9326 前面！

现在，在图 14-1 上，注意黄金叠加区域周围以及 0.382 原始结点 9621 周围的市场行为。价格下降到 9815 水平附近，获得支撑，然后短暂突破到 9601，由此不仅超越了黄金叠加区域而且也超越了"*"0.382 结点。由于这是一张月线图，因此这里"短暂"一词的含义与 5 分钟线图中"短暂"一词的含义有所不同。黄金叠加区域只是"短暂"被突破，而连续月线图上收盘价从没有出现在 9815 黄金率结点之下！债券市场只是反弹于 0.382 结点，

## 第14章 避免犯典型错误

也就是美国债券期货有史以来的最低价所创建的黄金率结点。根据正确的分析，我们可以非常自信地作出这样的结论，即牛市保持完整，而且就像我们即将看到的，价格仅仅在几个月之内就回到122的前期高点。

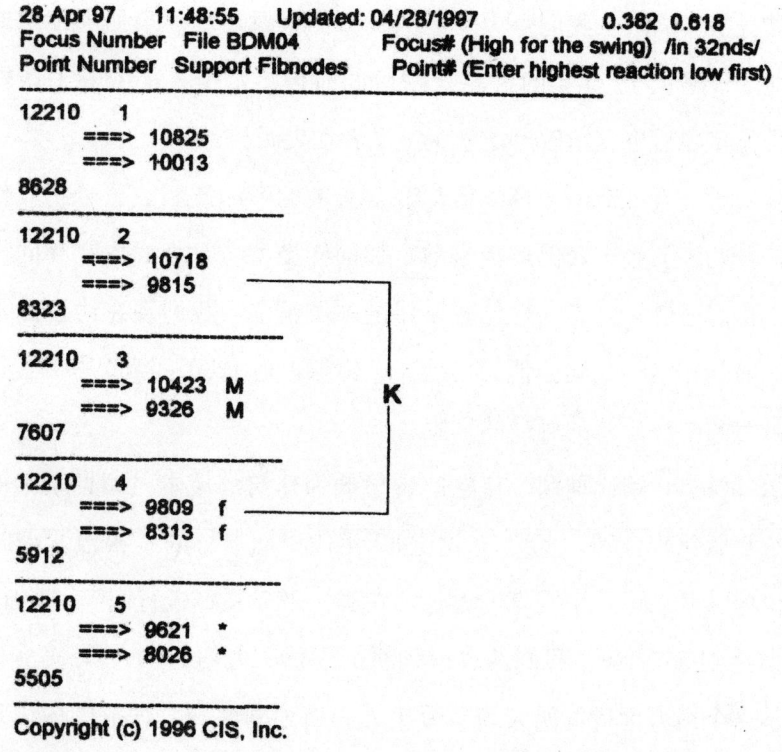

图14-4

应该承认，"只是反弹于0.382结点"说上去容易。如果你当时持有50手债券合约的多头仓位，事情就不会有那么轻松了。但是，你需要明白，所有这些分析必须与你所分析的时间周期相对应。在连续月线图中观察这种行为，可以为你的较短时间周期交易提供很好的交易情境！

在5分钟线图上，我希望看到折回原始结点的主要折返，这会扫清市场，并为一个整洁的向上波动的发生提供条件，这个向上波动也许能达到更高价格。在较长时间周期中也是同样。但是，我必须要首先确定我所认为的原始结点确实是我正在分析的市场波动的真正原始结点。

## 更广的视角

这种分析不局限于我们每天交易的典型的金融市场。当加利福尼亚州橙县的房地产价格从 1990 年的最高点跌落的时候，每个人都做好了认输的准备。橙县几年之后也宣布破产。悲观主义者在尖叫！

让我们看一看可能不太科学但却非常有效的帝纳波利点位分析。作为基本规则，我们将某些东西保持为常数，如同样类型、等级的住宅和同样的邻里社区。我们还要考虑流动性比较不错的一类住宅。我们现在讨论的不是木材合同，而是相当于长期公债的房地产，你那占地 1200～1500 平方英尺、有两三个卧室的中产阶级的可爱的别墅。

在 20 世纪 70 年代早期，住宅的价值约为建筑的成本，而且基本保持恒定，通货膨胀比较合理。直到 20 世纪 80 年代早期卡特的"银根紧缩时代"，商品的价值才开始了几乎垂直的增长。在实行 20% 最低银行利率和美国 30 年债券期货达到 55 之前，我们的可爱别墅的售价，大约为 11.5 万美元。我们的别墅从这个最高价折返回大约 9 万美元。当利率回到合理范围内以后，向上波动重新开始，到达了大约 21.5 万美元，比 OP 扩展高出一点点。

图 14-5 显示了南加州这块房地产市场上非常简单的帝纳波利点位年度系列。如果有更多数据，我们就能够包含更多反弹低点。但是，这是一张年度图，我们只是在寻找主要的黄金率结点。

20 世纪 90 年代早期价格回到 17 万美元的反弹，只达到了 0.382 主要结点。价格停留在 142420 美元的 0.382 原始结点之上较高位置（图 14-6）。问题出在哪里？20 世纪 90 年代早期，我一直鼓励我的亲友和业务伙伴看多持有橙县的房地产，但很少有人这么做了——在斐波纳契折线分析方面接受过培训的人一眼就能看到的支撑，他们无法看到。这个向下波动只是个正常的纠正！当时那些敢于投机的人，现在稳稳地赚了一笔！

第 14 章　避免犯典型错误

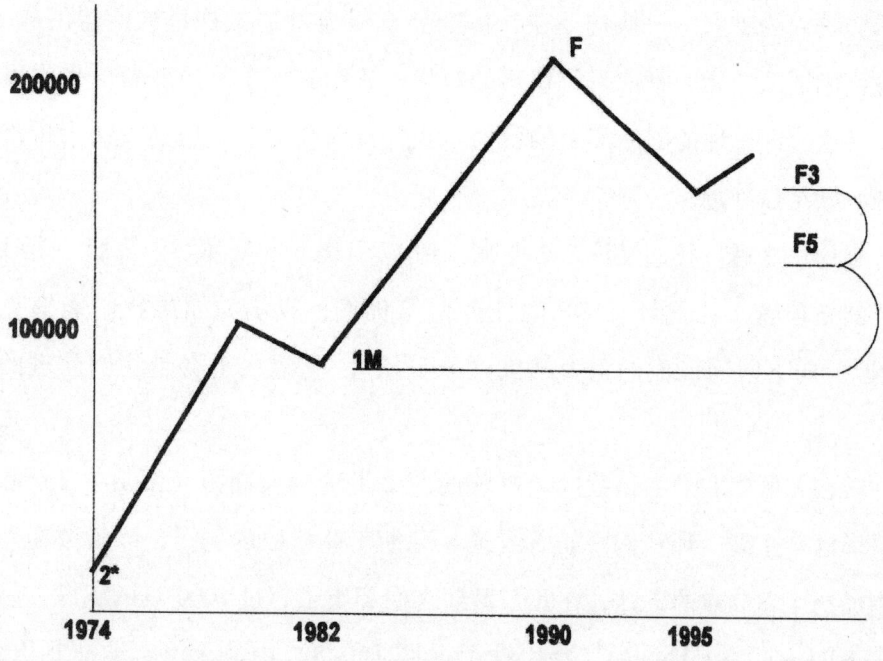

图 14 – 5

```
28 Apr 97    14:16:59    Updated: 04/28/1997         0.382  0.618
Focus Number   File CAREYR02        Focus# (High for the swing)
Point Number   Support Fibnodes     Point# (Enter highest reaction low first) [omit edit again,
sorry]
─────────────────────────────────────────
215000    1
     ===> 167250  M
     ===> 137750  M
90000
─────────────────────────────────────────
215000    2
     ===> 142420  *
     ===>  97580  *
25000
─────────────────────────────────────────
Copyright (c) 1996 CIS, Inc.
```

图 14 – 6

非常有意思的是，最低价不仅得到主要反弹的结点的支撑，同时还得到了租赁收入的支撑——换句话说，房产要支付典型的抵押付款所得的收入。当农业用地从通货膨胀最高价跌落的时候，它回到一个从经济角度来讲可行的水平上，即土地能够生产出的价值。我并没有作分析，但是我认为价格会落到原始结点附近。

到这里之后，我们又该怎么办呢？到 17 万美元的反弹给了我们一个计算扩展的新位置。我把计算 OP 的任务留给你们，我认为如果我们能够克服"最近"向下区间形成的阻力结点（未显示），扩展向上会是我们前进的方向。

现在，既然我们在持续向上趋势的背景下谈到长期图（图 14-7）和主要反弹这个主题，那我们不妨看看道·琼斯工业指数的例子，该指数在一天之中经历了 500 点的下跌，在几个星期之中经历了超过 1000 点的下跌。考虑一下下面一页的 FibNodes™ 程序截图（图 14-8）中显示的帝纳波利点位，它也是在第 11 章中讲述的第一个图。

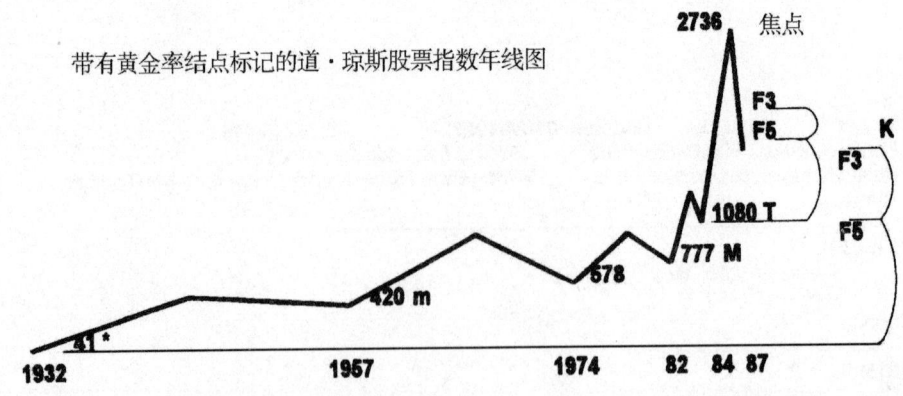

图 14-7

我们刚刚反弹回 "*" 0.382 结点，它同时也是个黄金叠加区域！价格保持在正常调整的背景之内。

```
22 Apr 97    15:27:24    Updated: 04/22/1997         0.382  0.618
Focus Number    File DJYR02      Focus# (High for the swing)
Point Number   Support Fibnodes    Point# (Enter highest reaction low first)forget the edit]
----------------------------------------------------------------
2736      1
       ===> 2103    T
       ===> 1713    T
1080
----------------------------------------------------------------
2736      2
       ===> 1988    M
       ===> 1525    M
777
----------------------------------------------------------------
2736      3
       ===> 1912
       ===> 1402
578
----------------------------------------------------------------
2736      4
       ===> 1851    m
       ===> 1305    m
420
----------------------------------------------------------------
2736      5
       ===> 1707    *
       ===> 1070    *
41
Copyright (c) 1996 CIS, Inc.
```

图 14-8

# 一个问题

乔，你总是可以回到以前，找到更低的反弹低点！那么什么才是原始反弹，什么不是？

对这个问题的回答，一部分与记录或组织有关，一部分与时间周期对你的交易决策的影响方式的理解有关。

回到以前，你并不能总是可以找到更低的反弹低点（债券低点出现在1981）。但是，通过观察更高时间周期或压缩数据，你有可能可以发现比你屏幕上所显示的折返更深的折返。处理这种局面的方法是这样的。对于比你的交易的时间周期更高的所有时间周期，预先计算出一个黄金率结点系列，不光是只对你的交易时间周期进行计算。比如，如果你从事的是小时线交易，就准备好日线、周线和月线系列。也就是说，在剪贴板上附上一份打印拷贝，做好标记，以备使用。应该用比例规对图作出正确标注。你所使用的软件中还应该有这些系列的计算机文件（这个软件应该有一个"页码标注"功能，使你的文件整洁有序）。每份文件以及每张打印表格可以有其独立于更高时间周期之外的各自黄金率结点标记。在我们的债券例子里，我会保留原来的 FibNodes™ 截图 BDMOPA2 的原状，并准备出一个带有其本身原始和首个反弹结点标记的季度文件或年度文件。从事较低时间周期交易之所以非常费神，是因为你必须了解比你所交易的时间周期更高的时间周期向你提供了什么信息。你必须留意很多的东西！如果你交易的是 5 分钟线图，虽然你几乎不可能达到周线图的"＊"0.382 结点，但是小时线图或日线图的"＊"0.382 结点完全可能会影响你的决策。要看到你本身所面临的风险。不要只顾埋头寻找地上的坑洞，而忽略了前面一转眼就可能会消失的桥梁。

　　要对上述讨论进行解释，需要列举大量例证并占用大量空间。这个题目更适合在课堂范围内讲解，或者由各位交易人通过大量重复性实践学习。

# 第 15 章 更多市场举例

## 长线豆粕交易

现在，让我们考虑一个较长期豆粕交易。这个举例中所勾勒的方法，能够帮助你发现几个月期间而不只是下个 15 分钟期间的赢利交易。

### 概 论

我有个习惯，在周末的时候看看大约 20 个期货合约的连续周线图和月线图。由于市场已经收市，因此我可以得到一个客观、清晰的观点。我主要查看方向性指标和主要帝纳波利点位，当然我还会观察趋势指标。除了确定趋势之外，我还会通过使用置换移动平均线，特别是 25×5 的置换移动平均线，来看看是否有任何价格加速的情况或迅猛推进式形态。如果有的话，我就会注意了。持续图上穿过 25×5 置换移动平均线的强烈迅猛推进式形态，尤其是一段平静之后的迅猛推进式形态，往往意味着一波大行情的到来。

## 背　景

当我在持续图中逐页翻看的时候，我看到了图 15 – 1，并开始兴奋起来。下面展示的就是究竟什么吸引了我的注意力。

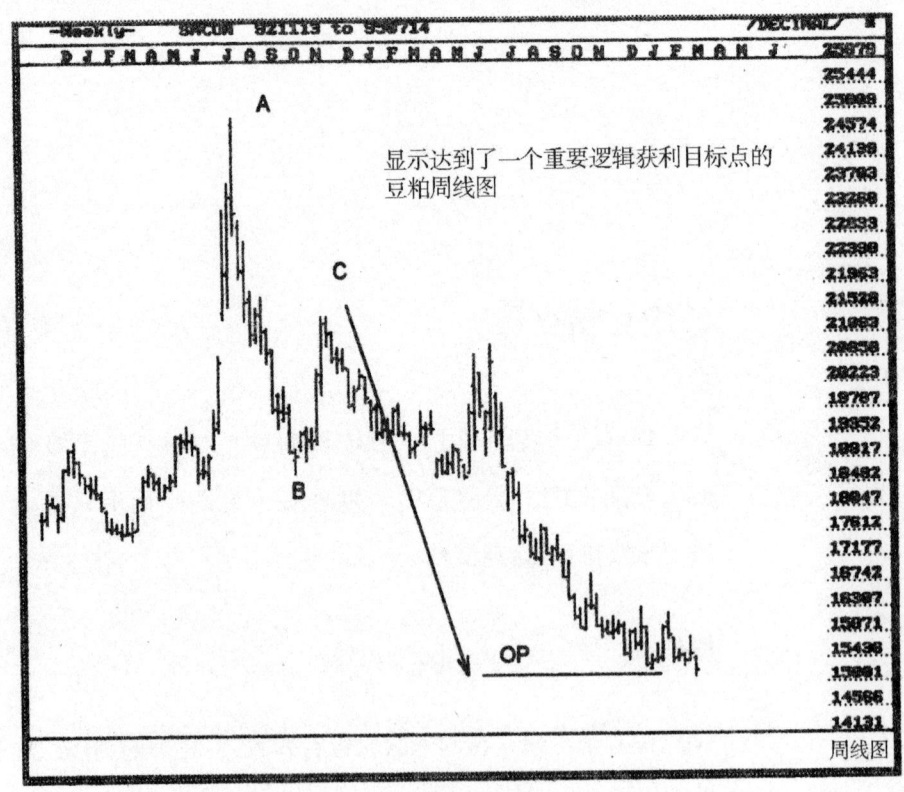

图 15 – 1

考虑一下图 15 – 1 和相关 FibNodes™ 截图（图 15 – 2）中描述的 A、B、C 扩展。OP 向下波动已经完成了，因此意味着遇到潜在支撑，几乎就在我第一次观察图时所预测的位置。但是，虽然潜在支撑很大，对我来说还没有强大到建仓的地步，即使周线的 MACD 支持看多仓位的进入（图 15 – 4）。该交易仍然缺乏足够背景，没有出现向上运行或向上迅猛推进式的形态。

```
26 Apr 97  08:13:35         Updated: 04/26/1997    0.618  1.618
Point Value    Objective Points    File  SMNWK2

A = 24900       COP = 17598
B = 18700       OP  = 15230
C = 21430       XOP = 11398

Copyright (c) 1996 CIS, Inc.
```

图 15-2

自从 20 世纪 80 年代早期之后，我就未做过大豆粉交易。我差点忘记了大豆粉交易的存在。但是，在我仔细看了这张图之后，我记起大豆粉的季节性底价大约出现在每年的这个时候（3 月）。在做了进一步季节性考虑之后，我认为有足够背景在这个市场中做一次看多的交易。

## 交易实施

考虑到这种交易的长期特性，进场非常简单。我只需"以市场价"进入，因为我不需要担心价格损失几美分。在哪里设置止损才是个问题！没有支撑的痕迹，而且 XOP 还在几里地之外，因此我开始考虑另外一个方式。虽然我很少使用期权策略，但是在这种局面下使用这个策略正合适。我就是这样做的。我"以市场价"买入期货合约，并针对我的仓位买入看跌期权，以锁定最大损失。我在 7 月份合约中做了这些交易，这样我就有充足时间等待事情按我的方向发展。你们当中有些人对期权策略可能不太熟悉，我在这里简单讲解一下。看跌期权的行权价格接近当前市场价格。看跌期权的成本基本上是我需要承受的最大损失。这是因为看跌期权给了我买入期货的价格附近卖出合约的权利。如果价格上升，我就能在期货上赢利，并平仓看跌期权。如果价格走低，我就能在看跌期权上赢利，并弥补多头期货仓位上的任何亏损。这种策略称为"沙滩交易"，因为安排妥当之后，你直接去沙滩就可以了！

建好仓位之后没多久,我们就遇到一次"洗涤和漂洗",然后是价格穿透25×5置换移动平均线加速上升,见图15-3。图15-4中显示的MACD/随机指标组合发出了买入信号,因此向上波动已万事俱备。

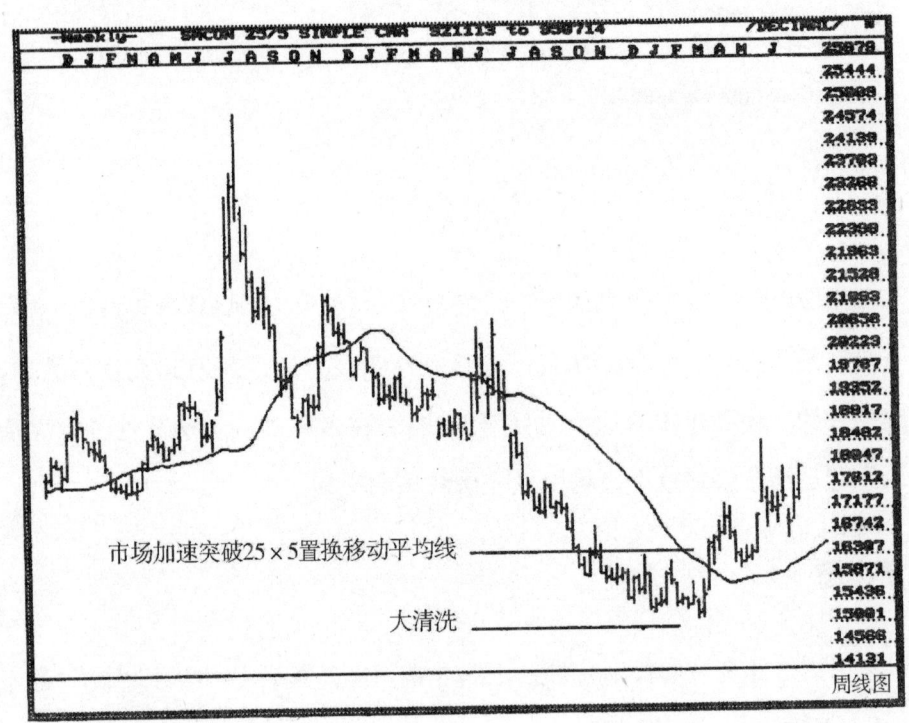

图15-3

即使你并没有使用上面介绍的较为复杂的期权策略,而且你对季节特征一无所知,你也应该准备好玩一把了。为什么呢?因为周线图上的OP已达到,你的注意力这时应该集中在趋势指标上。接着,在趋势信号、向上迅猛推进式形态以及"洗涤和漂洗"先后出现之后,你应该已经利用了第一个机会进场。

让我们看看7月大豆粉的日线图15-5。我们所处日期与上面的周线图表显示的日期相同。我们所做的,只是将时间周期降低到日,以观察更多的细节。

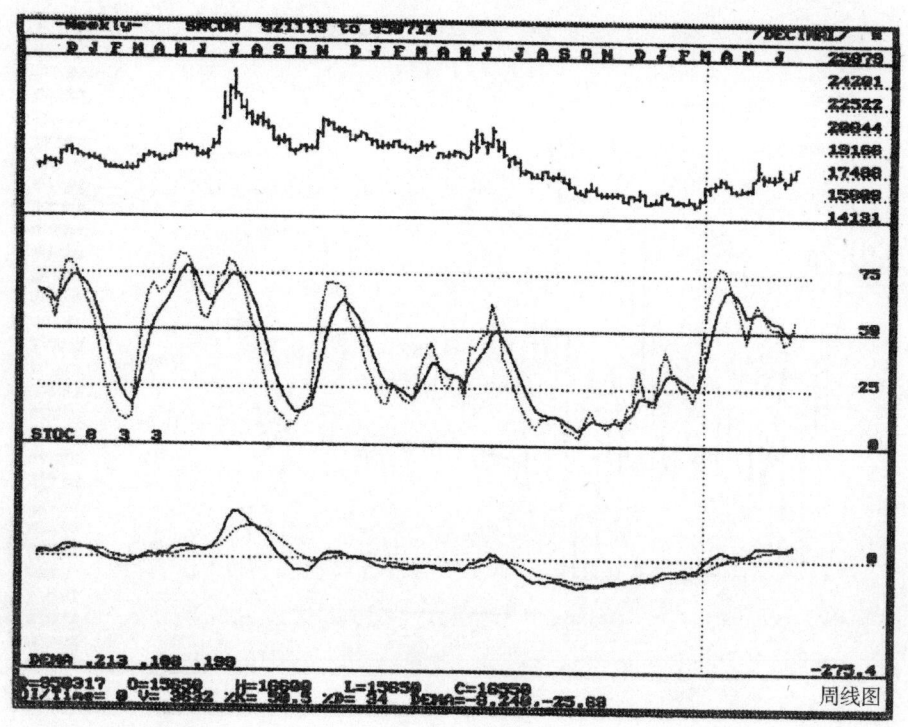

图 15-4

在价格加速之后，3×3 置换移动平均线制约了向上推进式形态。为了清晰起见，我只展示了 25×5 置换移动平均线的一小部分。为了让你们的思维保持清晰，我强烈建议你们不要在同一张图上将趋势指标和斐波纳契分析混在一起。但是，我在图 15-5 中违反了这个规则，因为这里的帝纳波利点位演示比较简单（只有一个焦点和反弹数字），而且我想节省空间。

第一个进入的机会在哪里？只需看一看价格加速（或迅猛推进式形态）穿过 25×5 置换移动平均线之后的帝纳波利点位。

你的进场点会刚好在 0.382 结点之上，而你的止损会在 0.618 结点之下。这就是扫雷艇 A 进场技巧，即在周线图上 OP 支撑和向上迅猛推进式形态显示出来之后，你利用第一个下跌做多。我所使用的技巧是复杂的盆景进场战

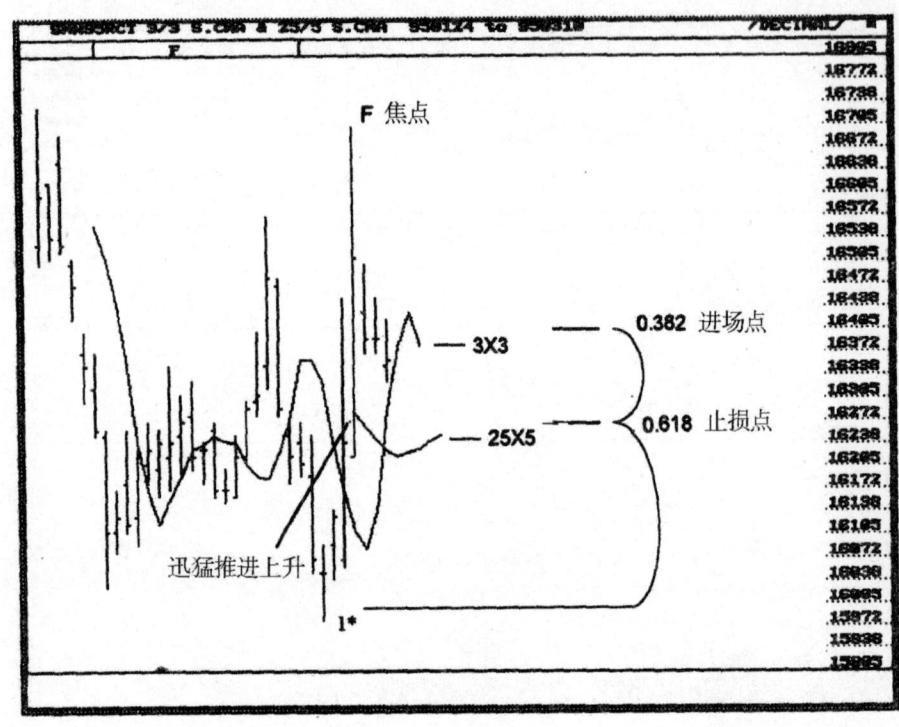

图 15-5

术,不仅利用了上面提到的背景,还利用了季节性支撑的背景。我的金额止损是看跌期权的成本。

好了,我们现在持有多头。现在,我们在哪儿退出?答案取决于你的时间周期。这可以是个以周线为基础的交易,比如对于我来说是这样。在这种情况下,你要参考周线图,随着波动的发展生成一个 OP。你可以将这个 OP 水平作为你的赢利目标。如果你是个以日线为基础的玩家,你就会参考日线图,生成一个以日线为基础的 OP。这第二种可能性在日线图 15-6 中显示为 A、B、C 波动,并在图 15-6 下面的 FibNodes™ 截图(图 15-7)中以数字形式表示。

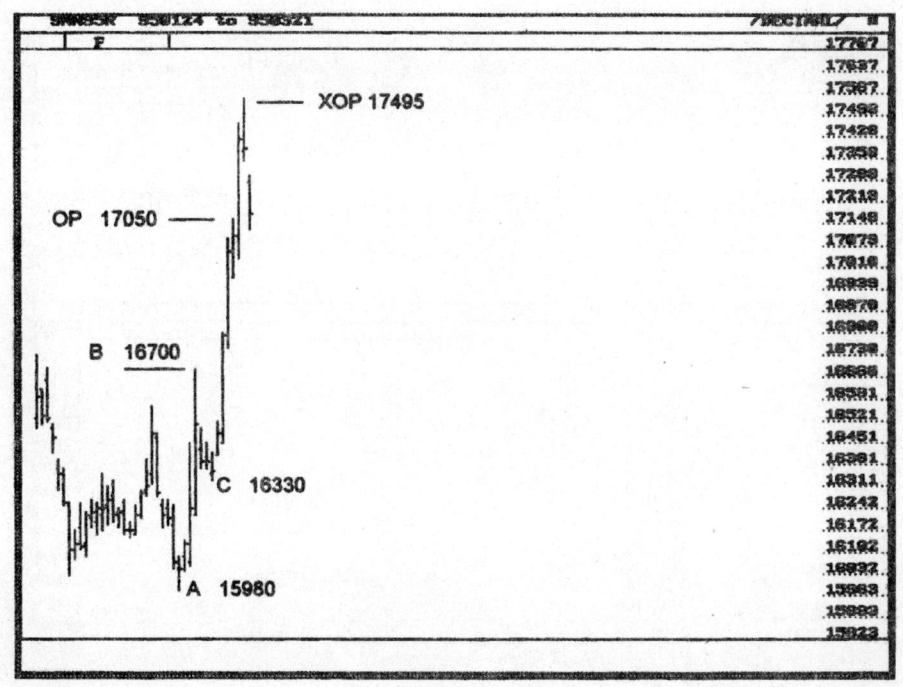

图 15 – 6

图 15 – 7

结果，XOP 很快被达到，但选择漂亮的 OP 赢利也并没有任何错误。我稍后就会详细解释为什么我选择 OP 而不是 XOP 退出。对，就是这样，我们不总是得到最高价！

## 交易在继续

好了，假设我们在 OP 上退出。这一点的帝纳波利点位™系列在图 15-8 中显示了 16796~16950 的一个黄金叠加区域。对应于图 15-8 的相关 FibNodes™ 截图（图 15-9）则显示了在这一点上存在着的各个帝纳波利点位的数值。

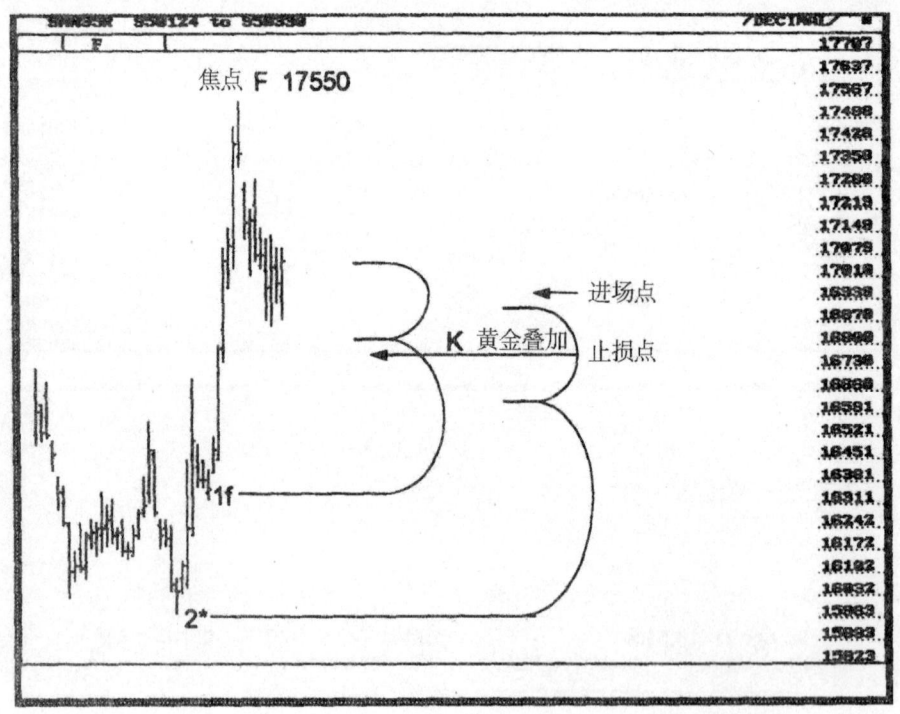

图 15-8

```
26 Apr 97    11:43:39    Updated: 04/26/1997          0.382  0.618
Focus Number   File SMNDA2       Focus# (High for the swing)
Point Number   Support Fib Nodes  Point# (Enter highest reaction low first)
-----------------------------------------------------------------
17550     1
         ===> 17084
         ===> 16796
16330
-----------------------------------------------------------------
17550     2
         ===> 16950  *
         ===> 16580  *
15980
-----------------------------------------------------------------
Copyright (c) 1996 CIS, Inc.
```

图 15-9

## 第15章 更多市场举例

要重新进入这个波动，谨慎的做法是等待折返到黄金叠加区域，但是我相信"性急冒动"的汉克很可能已经在第一个折返17084处设置了一个进场指令。

如果假设我们的进场点恰好在黄金叠加区域的顶端之上，而止损在底端之下，我们就可能已经成交，而我们的止损保持没有被触及。另一种做法是，可以在16580原始"*"0.618结点的下方设置初始止损，并按照第12章中讨论的债券双重穿透形态交易的"高级评论"部分所描述的方法处理对黄金叠加区域的任何突破。现在我们已经进场了，并为下一次向上波动做好了准备。

下面是两个黄金率结点扩展系列：始自低点15980的黄金率结点扩展，和始自低点16330的第二个系列。这两个都是有效的，见图15-10。

那么，我们怎样处理六个赢利目标？

为了不使讨论过于复杂，让我们考虑一下第二个扩展，它产生的赢利目标比第一个低，见图15-11，图15-12。

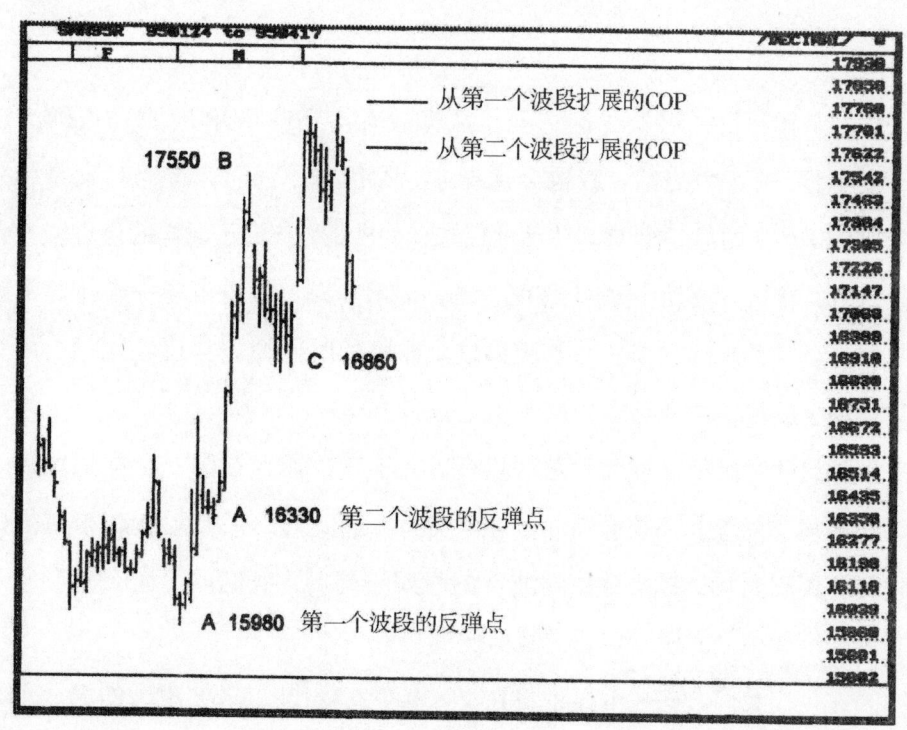

图15-10

```
26 Apr 97  15:42:32           Updated: 04/26/1997    0.618  1.618
Point Value      Objective Points    File  SMNDA03
------------------------------------------------------------
   A = 15980        COP = 17830
   B = 17550        OP  = 18430
   C = 16860        XOP = 19400

Copyright (c) 1996 CIS, Inc.
```

图 15 – 11

```
26 Apr 97  15:43:12           Updated: 04/26/1997    0.618  1.618
Point Value      Objective Points    File  SMNDA5
------------------------------------------------------------
   A = 16330        COP = 17614
   B = 17550        OP  = 18080
   C = 16860        XOP = 18834

Copyright (c) 1996 CIS, Inc.
```

图 15 – 12

有三个赢利目标可供我们选择。从事后看，显然 COP 应该是正确的选择。事实上，在事发之前，我也会选择它，原因如下。还记得吗？我愿意在始自 15980 水平的第一个向上波动处仅选择 OP 赢利。出于同样的道理，我会保守行事，在这个波动中采用 COP。当一个市场像大豆粉市场一样持续下跌了几周甚至几个月，刚刚开始要爬出这个窟窿的时候往往会比较困难，因为现货市场上的存量也会对市场反转制造障碍。

刚开始的时候距离较远的赢利目标较难实现，而且在第一个向上波动之后，前面某个位置上往往会有个 " * " 0.618 折返。之后，随着越来越多的个人交易者和大宗交易商意识到波动的真实结构后，我们就可以在获利了结的时候变得更积极大胆一些，并在实施时更有信心。

现在，让我们考虑一下显示将在 17830 更高处出现 COP 阻力的第一个扩展。由于刚才已经讨论过的原因，我将取第二个扩展的更为保守的 COP。其实还有另外一个原因，见图 15–13。

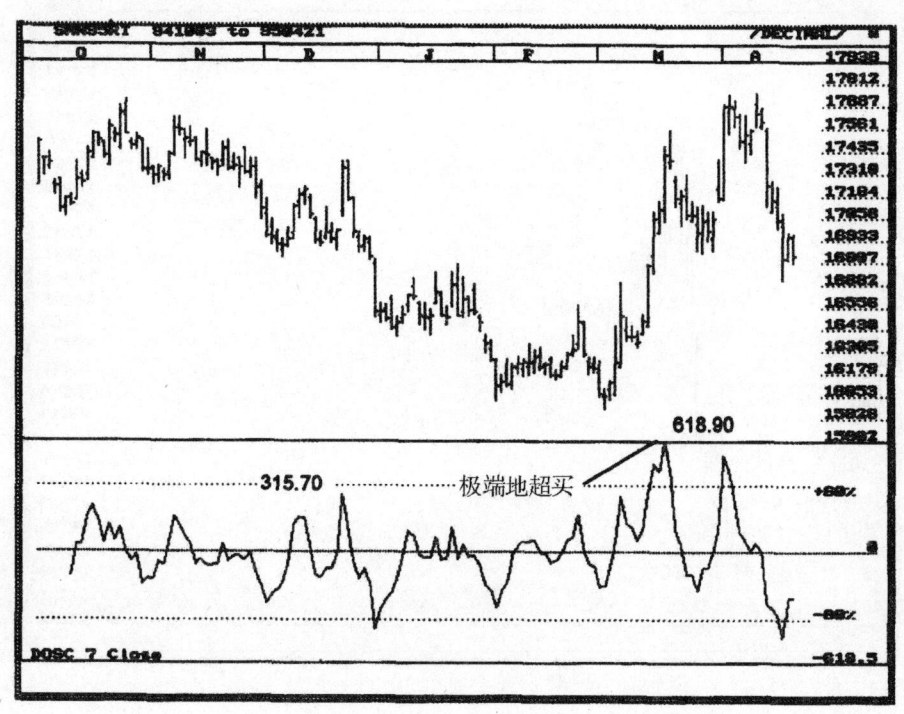

图 15–13

在第 7 章中，我们讨论了当市场处于超买时应选择在较近的赢利目标点上结束交易。618.90 非趋势摆动指标价值所代表的极端超买区域当然是符合超买状态的条件的，这完全是 COP 赢利目标被价格接近时市场所处的局面！

**交易仍在继续**

在 COP 被达到，并且我们获得了又一笔盈利之后，我们终于迎来了"＊"0.618 原始结点，其表现形式为市场折返到点 16630。看跌期权在这里平仓，同时在此可以再次建立多头仓位，目标为到达 18410 的 OP 波动。在日线图和周线图上都可以分辨出这个 OP 波动。图 15–14 在和相关 FibNodes™ 截图（见图 15–15）显示了你如何计算出黄金率结点系列的途径，而图 15–16 则显示了回到 16630 的折返以及到达 OP 点 18410 的扩展。

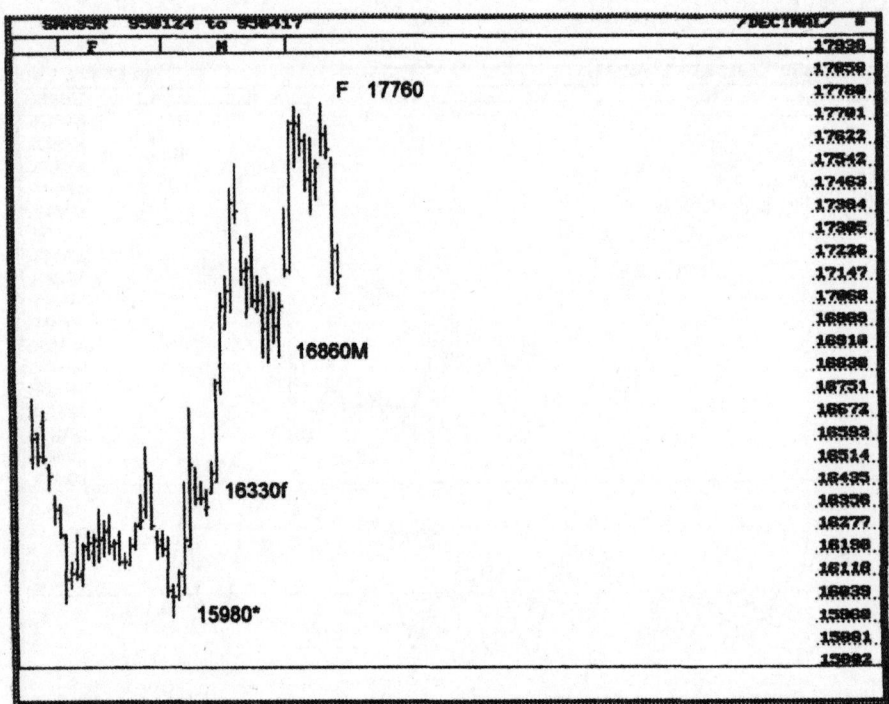

图 15 – 14

```
Focus Number   File SMNDA4      Focus# (High for the swing)
Point Number   Support Fib Nodes  Point# (Enter highest reaction low first)
----------------------------------------------------------------
17760    1
     ===>  17416   M
     ===>  17204   M
16860
----------------------------------------------------------------
17760    2
     ===>  17214   f
     ===>  16876   f
16330
----------------------------------------------------------------
17760    3
     ===>  17080   *
     ===>  16660   *
15980
----------------------------------------------------------------
Copyright (c) 1996 CIS, Inc.
```

图 15 – 15

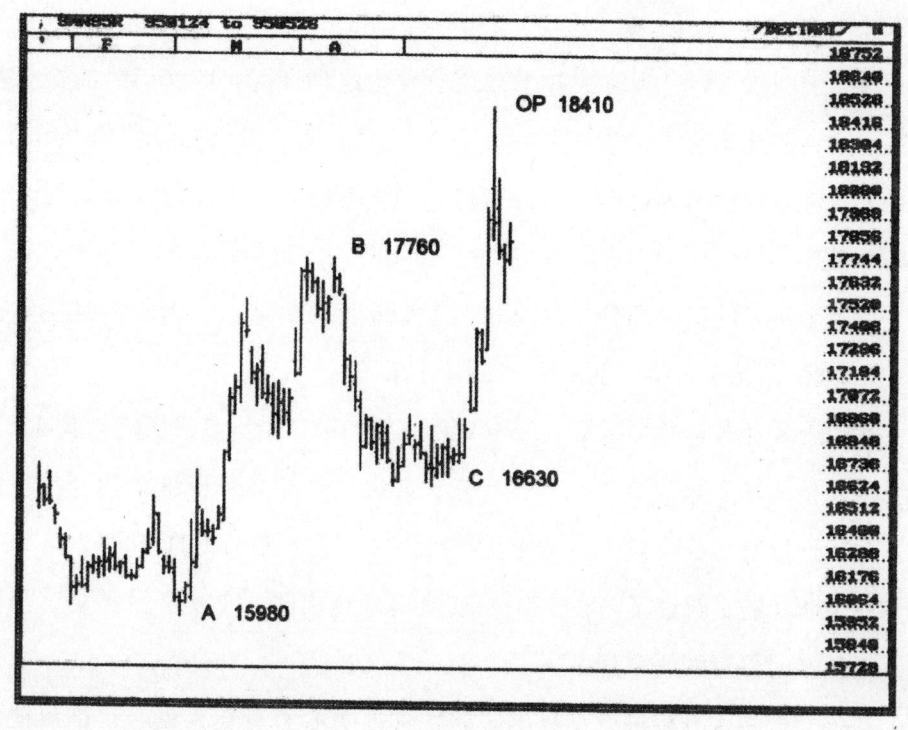

图 15-16

**需要注意的要点**

在这笔交易里,虽然我的技巧告诉我有几个很好的地方可以做空捞一把,但我对做空没有一点儿兴趣。为什么?因为缺乏胜算。记住,我们是在从熊市的洞口中爬出,我们经历了一个主要的周线 OP、季节性最低价,以及穿过置换移动平均线的迅猛推进式上升。为什么要与所有这些对抗?!

**高级评论**

事后去看交易是很容易的。但是真正有用的,是你根据当时所掌握的情况作出的交易决策。现在,根据图 15-13 中显示的内容,重新考虑一下 17050 的第一个 OP 赢利目标。到达这一点时的最高超买摆动指标是 315.70。

在我选择获利的时候，OP（价格）在超买值附近。事后看来，市场几乎到了这个数值的两倍，但是当时我并不知道会发生这种情况，即使当时的交易背景显示这种情况是有可能发生的。一旦上述那个超高摆动指标价值达到了，我就更有理由使用第7章中介绍的策略5"非趋势摆动指标的特殊应用"在市场上做多。

在这个例子的稍后部分，我愿意在17614实现COP。我着眼的是摆动指标618.90的新超买极值，而不是315.70的旧值！

注意，我在黄金叠加区域顶端16950之上的第二个交易进场点与我在170区域的初始离场点非常接近。事后看来，如果我当初是可以继续持仓的！但是，在我们做交易的时候，不可能看到我们在事后才能了解的情况。

在16950的重新进场与在170区域继续持仓相比，要安全得多，这是因为上面已经讨论过的所有理由。

在你根据技术分析进行交易的时候，你要关心百分比，关心价格可能的运行，而不是关心价格本身的价值。盘整之后在500点的下跌处进行买入，可能要好过在迅猛推进式上升之后在400点的波峰进行买入，因为这样做更安全！别给自己出难题。在百分比上做文章，然后一路吹着口哨去银行。

### 是不是出错了

虽然按照计划这应该是一笔长线交易，我预计这笔交易能持续数月，但是我仍然是以日为基础做这笔交易。我利用了每日的波动。这样做有错么？我不这么认为。这个市场很容易解读，而且交易的时机也已经成熟。虽然我同时也活跃在其他日间交易市场，但这些市场并非不能让我每天腾出几分钟的时间，照顾一下我的老朋友大豆粉。

### 更容易获利的交易

注意：你是否看到图15-10中初始的向上迅猛推进式形态所代表的"面

包和黄油"交易（3×3 置换移动平均线未显示）？

注意：从 COP 开始的向下波动既快又猛。看上去似乎双重穿透形态（卖出）非常明显。但是，第一个穿透柱线和第二个穿透柱线之间的时间间隔太长了，不在定义范围之内，而且考虑到所有做多因素的存在，"类似形态"不足以诱使我在这个市场上做空。

## 短线标准普尔（S&P）指数交易

我对这个 S&P 指数交易的例子特别喜爱，这也许是因为我通过这个交易赚了一大笔钱，也许是因为这个例子说明性很强。但有一点是肯定的，它代表了我自从 1985 年以来做 S&P 指数交易的方法。我喜欢用这种方式与波动剧烈的市场斗智斗勇。

### 总　论

首先我们来考虑一下交易的背景。然后，我们来观察一下交易心理学和市场机制是怎样发挥其各自作用的。我们将循序渐进，展示一下交易计划的各个方面，以及它是怎样实施的，才使我们打了这场低风险、高赢利的漂亮游击战。

### 趋　势

从下面的日线图 15－17 中，你可以看到我们已经持续数月位于 25×5 置换移动平均线之上，也有一周位于 7×5 置换移动平均线之上了，而且从价格行为上可以很明显地看到，我们一直处于 3×3 置换移动平均线上面，而且目前也是如此。因此，日线的趋势是全部向上的。而且，从各个置换移动平均线的价值看，"明天"它们也很有可能保持向上，除非发生非常严重的价格突破。

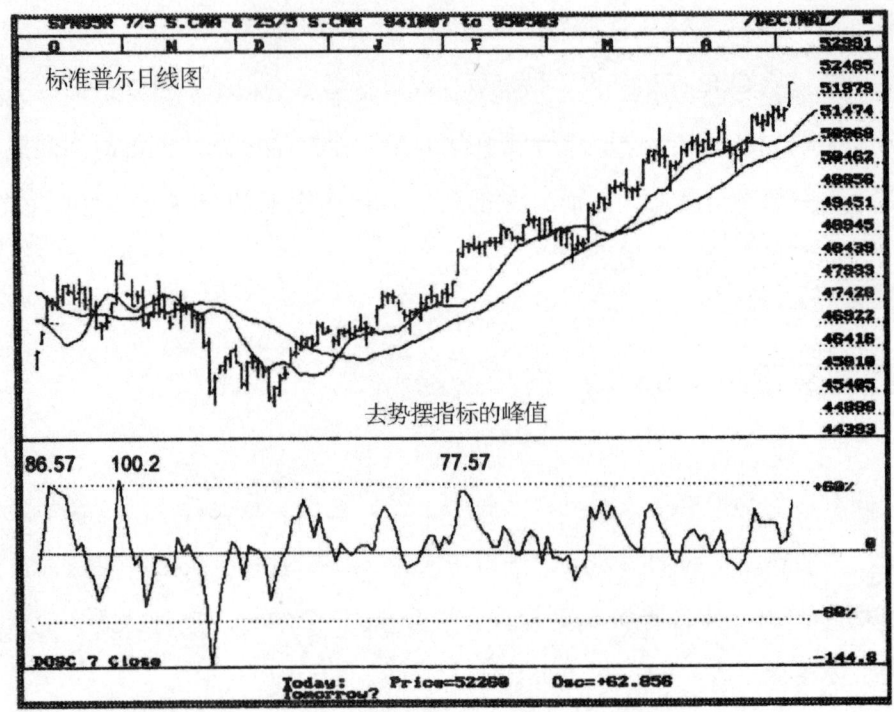

图 15 – 17

开始下一步之前，我想暂时偏离一下主题，解释一下与这张图[①]相关的编有号码的截图（图 15 – 18）。首先，这张图是在"昨晚收市"时打印的，昨晚也就是交易发生之前一天的晚上。图下面的数字显示了各个价格的摆动指标预测器™（Oscillator Predictor™）数值。我们最感兴趣的，是最大超买和最大超卖水平。

```
Tomorrow

7/5  MA = 51174, Q (basis OSC=  7) =  -43.40851
25/5 MA = 50858, Q (basis OSC= 7) =  -70.42389
3/3  MA = 51578, Q (basis OSC=  7) =   -8.71582

Price of 52849 would produce Q+MAX (OSC = 7) = +100.2139
Price of 49990 would produce Q+MAX (OSC = 7) = -144.8575

(c) Copyright CIS Inc. / Microforce
```

图 15 – 18

---

① 该图从海岸投资软件公司的交易软件 CIS TRADING PACKACE 的 "TIMESAVER" 生成。

一个 52849 的价格将创造一个 +100.2139 的"历史性"最高超买水平，我们用缩写 Q+max 表示。"历史性"是指最近 6 个月。最高超卖水平将在 49990 价格达到，49990 对应非趋势摆动指标价值 -144.8575。如果你没有摆动指标预测器™，你可以采用第 7 章中讨论的其他方法。

**超买和超卖分析**

如果你取非趋势摆动指标的 3 个最高值，并求其平均数（86.57 + 100.20 + 77.57，然后除以 3），即得到 88.11。我一般会直观地对价值进行观察，然后估计出平均值。我们可以用 90 作为平均值。附录 C 中显示的这个值的摆动指标预测器™点生成的价格是 52730。结论：如果这个合约达到的价格处于 52730 和 52849 之间任何位置的话，它第二天就会位于一个最大拉伸点上。收盘时（昨晚），我们处于最大超买的大约 62%，所以这个数字足够高，需要密切观察。

**方　向**

除了有可能发生的拉伸之外，我看不到有任何明显的方向性指标在发挥作用。我是说，当我在交易发生的前一天晚上观察这个图的时候，我作出的结论是没有双重穿透形态、火车轨道形态、头肩形态、失败形态等，但有可能我们能在明天的市场行为结束之前得到一个拉伸，因为我们正在接近超买。我当时并未计算上升面的任何扩展，或阻力黄金率结点，因此我不确定拉伸的可能性有多大。但无论如何，我对此做了适当记录，并把它贴在我的 S&P 写字板上。

**交易实施**

第二天市场以向上缺口强势开市，然后它以一个美妙的 0.382 折返回到 52230 水平，之后继续攀升。如果你往前跳到 5 分钟线图（15-25），就可以看到这个情况。考虑到当时的背景，当天早些时候唯一的可能性就是在看多交易上玩一把。

看一下日线图、小时线图和半小时线图（图 15-19~图 15-21）上的 MACD/随机指标。直到至少 13:00 之前，它们的指向都是向上。

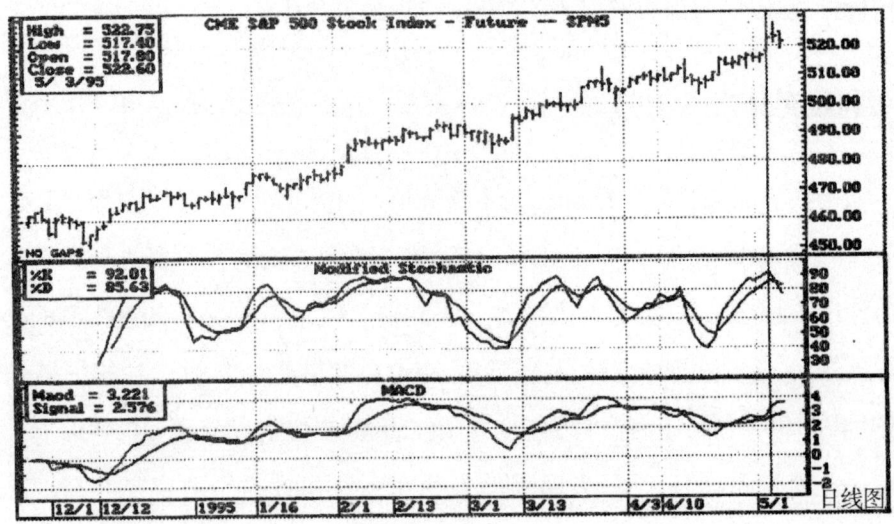

图 15-19

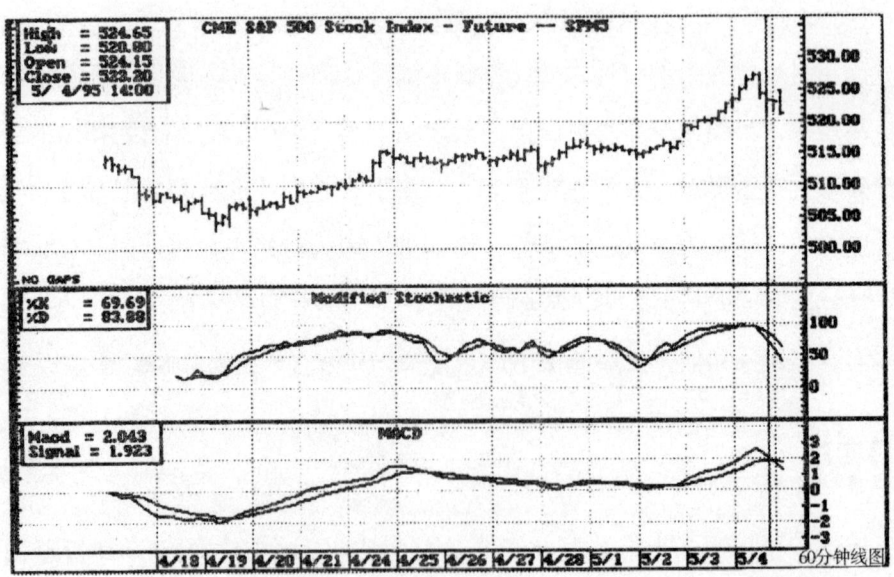

图 15-20

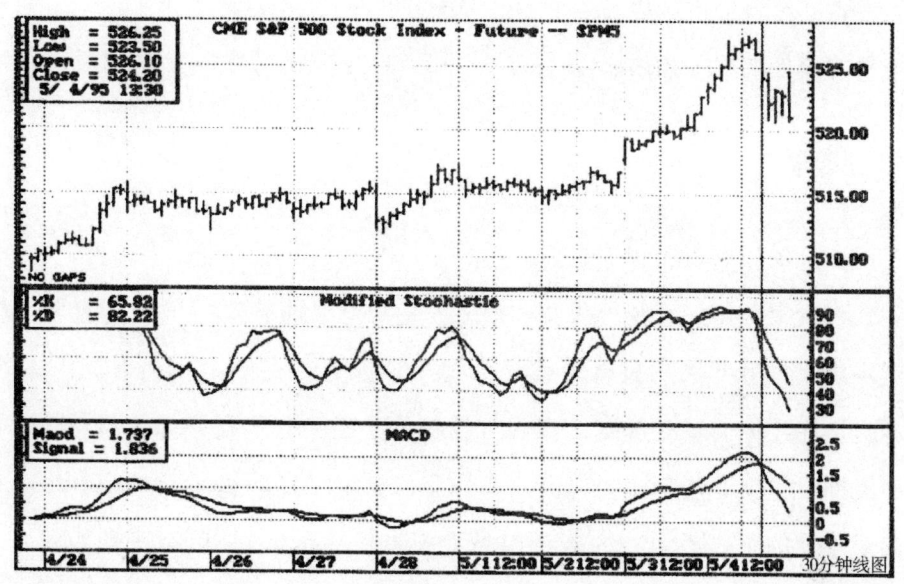

图 15-21

但是，建立多头仓位的问题是，价格正接近非常高的超买水平。因此价格不再继续攀升的风险是很高的。

同时，多头建仓的任何赢利目标都必须很近。底线是，风险/回报比率不够有利，我无法参与进来。考虑到这些事实，我那天的着眼点在债券市场上，因为那里的日间交易机会要有利得多。

当我在债券市场上的日间交易中颇有斩获之后，我又看了看 S&P 指数。当时大概是 14：15 到 14：30。最高价在 52745，很明显在高度超买范围内。我注意到，到 14：00 时，半小时线图上的 MACD 和随机指标都处于卖出模式，小时线图上的随机指标也同样在卖出状态。小时线图上的 MACD 则接近卖出状态。所有这些事实告诉我，在当天结束之前，很有可能市场会转向下跌，而且令所有的多头都意想不到。考虑到 14：15 左右趋势指标的情况，如果这件事要发生的话，它会马上发生。

好了，到现在为止我所讲的全部是交易的背景。这就是我在做每笔交易的时候都会做的推理。我就是这样评价我的风险/回报的。我就是这样决定我是否要在某个特定市场中玩一把的。底线是，到达主要超买水平之后，日间图上出现强烈的下降趋势。

## 交易心理学

讨论进场和离场的细节之前，让我们适时地对市场心理作个评价。

长线玩家日复一日获得收益。很多人的持仓都翻了2~3倍，希望用几千元就赚出上百万元来。只有为数很少的几个参与者在使用赢利目标：毕竟，书本告诉你让你的赢利迅跑，直到市场将你挤出。有些玩家如此自信，他们随便安插个止损，然后就去打高尔夫球了。其他一些获得不错的赢利后离场的人对于他们所"丢失"的赢利如此垂头丧气（贪婪），以至于他们建立起更大的仓位回到市场中来，以期"弥补"他们太早退出的"错误"。

图15-22

## 市场机制

如果你对市场机制有任何了解，你就会知道到中午的时候当天最低价

## 第15章 更多市场举例

52230下面有无数的止损单。你还应该知道,如果我们看到有任何向下的运行的话,场内交易员会奔向这里吃掉止损单。为了进一步解释一下最后这句话,请看,下面就是所发生的情况。他们(场内交易人)在市场下跌的过程中无情地抛售卖出,并在那些卖出止损被触及时,在人们的恐慌之中及之后大笔买入,获得相当不错的赢利。你以为芝加哥股票交易所的停车场里泊着的那些奔驰、捷豹和宝马都是哪儿来的?场内交易员的工作就是推进交易,提供一个流动的市场,然后购买奔驰、捷豹和宝马。场外的交易人没有意识到,我们的工作就是加入他们。所以我们应该这么做。

我们假设,你像我一样在当天的晚些时候察看了这笔交易。注意,你在点3"*"有个较小的"洗涤和漂洗",这是看跌的另一个让人鼓舞的信号。到14:30的时候,已经发展了一个强烈的向下波动。FibNodes™程序的焦点和反弹数字在图15-23上做了标注。注意黄金叠加区域52467~52480。针对回撤折返卖出非常容易。

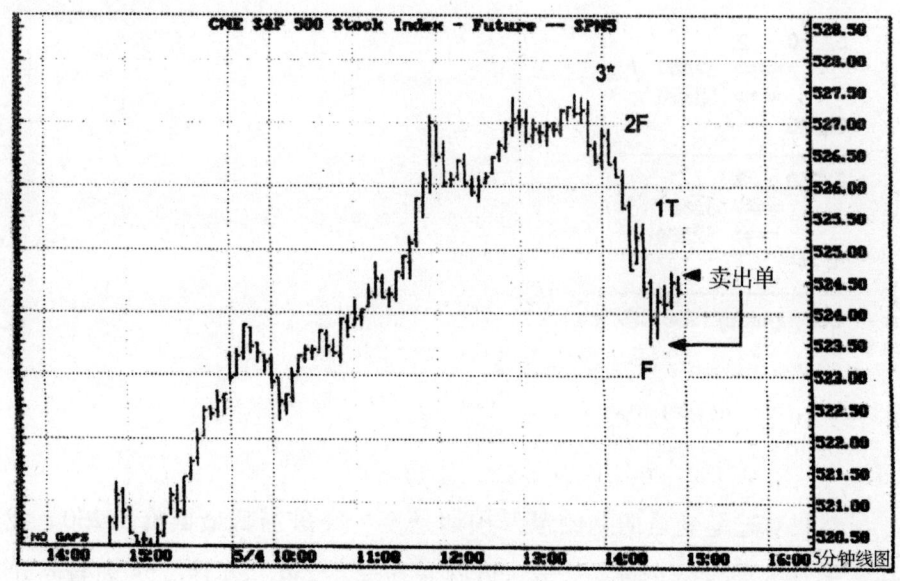

图15-23

卖出区域"K"是进行看空交易理想而安全的区域。你可以从很多灌木战术的止损中选择任何一个，但至少我会把我的止损藏在 52501 的"*"0.382 结点之上。不在黄金叠加区域，而是在第一个节点（图 15－24 框 1）52423 卖出的话也没有错，这取决于你有多激进大胆。我决定在黄金叠加区域的低端 52465 卖出，并在 52350 焦点数字 F（点 B）的低点止损卖出。虽然一般我不在止损单上启动交易指令，但我决定在这种情况下这么做，因为我知道有些场内交易人和日间交易玩家会在以前的低点 52350、52320 和 52230 上平掉空头仓位（买入）。我还知道，我的经纪人在交易场内有足够威信，如果这些买入指令条件一旦出现，他会帮我完成一个相当不错的成交。

```
25 Apr 97    09:19:03    Updated: 04/25/1997         0.382  0.618
Focus Number  File SPM051         Focus# (Low for the swing)
Point Number  Resistance Fib Nodes  Point# (Enter lowest reaction high first)
---------------------------------------------------------------
52350    1
        ===> 52423  T
        ===> 52467  T
52540
---------------------------------------------------------------
52350    2
        ===> 52480  f
        ===> 52560  f
52690
---------------------------------------------------------------
52350    3
        ===> 52501  *
        ===> 52594  *
52745
---------------------------------------------------------------
Copyright (c) 1996 CIS, Inc.
```

图 15－24

虽然我对这笔交易的初始最低预期是至少突破当日最低价 52230。我快速计算了一下向下的扩展，它在 52070 生成一个 OP。图 15－25 对这个扩展做了详细说明，同时该扩展也显示在相关的 FibNodes™ 程序截图（图 15－26）中。

我为什么选择 OP？COP 恰好在当天最低价下面，而且所有的卖出止损都在那里。如果这个点被击中，COP 决没有办法维持。51826 的 XOP 还在一里地之外，而且我推断在达到它之前很可能会发生一个回升。而 OP 最有可能被清除的简单过程触及。

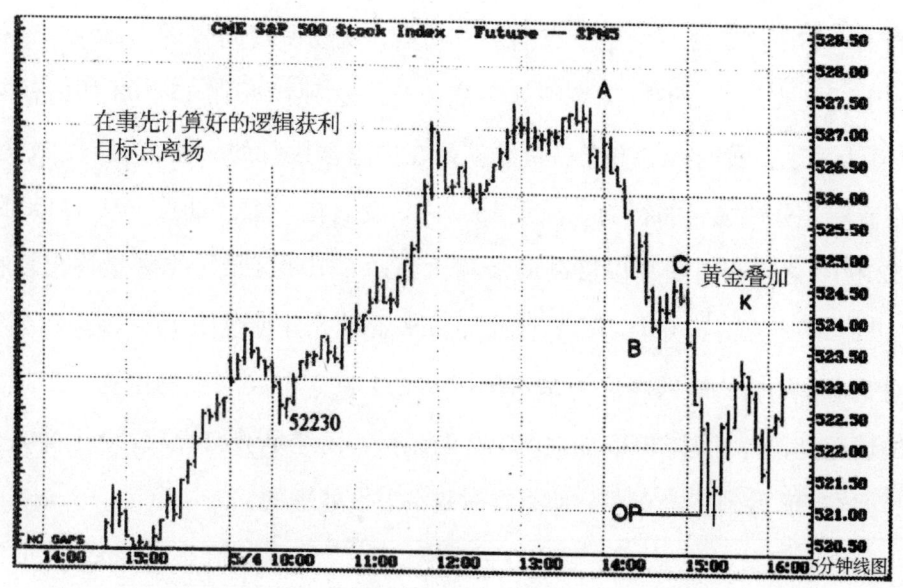

图 15-25

```
25 Apr 97  12:24:23           Updated: 04/25/1997      0.618  1.618
Point Value    Objective Points    File SPM052

         A = 52745        COP = 52221
         B = 52350         OP = 52070
         C = 52465        XOP = 51826

Copyright (c) 1996 CIS, Inc.
```

图 15-26

让我们看一下交易进展的方式。我的初始卖出指令就设在黄金叠加区域，黄金叠加区域在 52465 被非常准时地触及。但是更有意思的是在 52350 的第二次进场。

235

## 高级评论

注意时间和卖出①图 15-27，以及市场跌落的方式。从 15：06 的 52390 跌到 15：07 的 52335，之中没有向上波动点。交易所规则告诉你，除非你得到向上波动点（卖出时），否则就不能成交。这种情况在 15：08 的时候在 52340 上发生。我的第二个交易指令就是在这里被执行的，在 52335 上成交。现在看看几分钟之后的行为。注意 15：12。我们在一个波动点上从 52300 降到 52190！之后我们继续以极高的滑翔比到达 52100 区域。支撑最终出现在 OP 以上 30 个点，这并非巧合！让我们再来看看 5 分钟线图 15-25。你会看到对 52100 最低价的试探位于 52075，OP 之上仅 5 个波动点的位置！实际发生的情况是，向下到 52075 的对 52100 的试探，已经足够扫清 52100 下面的止损，并在 OP 得到坚实支撑。那么这时我是怎么处理的？

当我看到波动点从 300 到 190 的时候，我意识到这恰是 Pampers® 的时间！当时 100 点的波动可还一点都不常见。我马上跟交易所联系，看看价位是否正确。他们的嗓音嘶哑而颤抖。管理指令单的职员告诉我，在这两个数字之间只有一两笔交易，但是正在发生恐慌。"我们不再'套利'委托单，情况太疯狂了！"这位职员说。周围乱成一片。这些职员非常担心出错，而且他们的担心不无道理。在我挂断电话之前，市场到达 52100，因为仅几个波动点下面就是我的收市赢利目标，而且因为出现了恐慌，所以我下达"撤销、重置"指令，以市场单获利出场。我的很多学生和交易界朋友会很高兴看到出现有利于他们的 110 个点的价位。对我来说它只是退出的门票。你应该把那句有关傻瓜和天使的古训②挂在你交易室的墙上。

当我知道我的交易状态非常不错并与市场合拍的时候，交易就是如此展

---

① 图 15-27 中的时间和卖出是我的数据服务提供者、我的计算机和我的软件显示的内容。我正是使用它们做交易的，附录 D 显示的时间和卖出是在激烈的战斗之后从一个"更为可靠"的来源那里收集的。其中的差别很有意思。

② "天使惧于踏足的地方，傻瓜却蜂拥而至。"（For Fods rush in where angels Fear to tread.）

## 第15章 更多市场举例

```
SPM5 - 标准普尔500股票指数期货                              时间与成交价
      5/ 4/95
15:05 523.75  523.70  523.65  523.60  523.65  523.70  523.60  523.65
      523.70  523.75  523.80
15:06 523.75  523.80  523.75a 523.70  523.65  523.60  523.65  523.70
      523.75  523.70  523.75  523.80  523.85  523.90  523.85  523.80
15:07 523.75  523.70  523.65  523.60  523.55  523.50  523.45  523.40
      523.35
15:08 523.40  523.35  523.30  523.25  523.20  523.15  523.10  523.15
      523.20  523.30  523.25  523.20
15:09 523.15  523.10  523.20  523.15  523.10  523.05  523.00  522.95
      522.90  522.85  522.80
15:10 522.75  522.80  522.75  522.70  522.65a 522.60  522.50  522.45
      522.40  522.50  522.55  522.60  522.65  522.70
15:11 522.60  522.70  522.75  522.80  522.90  523.00  523.05  523.10
      523.00  522.90  522.80  522.75  522.70  522.80  522.90  523.00
      523.10
15:12 523.00  521.90  521.70  521.60  521.50  521.40  521.30
15:13 521.20  521.10  521.00  521.10  521.20  521.30  521.50  521.60
      521.70  521.80  521.90
15:14 522.00  521.70  521.50  521.60  521.70  521.80  521.90
15:15 522.00  521.95  521.90  522.00  521.50  522.00  522.10  522.20
      522.30  522.50
15:16 522.40  522.00  522.20  522.30  522.50  522.40  522.20  522.10
```

图 15 – 27

开的。在市场甩头回撤的极值点上击中市场，不承受任何痛苦，并在几个柱线之内赢利。如果你认为这听上去美妙得不可能发生，那么试试在一段时间里使用这些策略，自己看看你所做的交易究竟能不能接近完美。你会吃惊的。

## 问 题

这听上去太神奇了，你的交易总是这样的么？

当然……我总是在高点卖出，总是在低点买入，我的止损永远不会被触及，芝加哥和纽约都归我所有。我的下一个目标是新加坡，我正在寻找折返！

# 尾 声

如果你们之中有人想知道汉克、丹尼和卡尔现在到底怎么样了,我可以把我所知道的情况告诉你们。

汉克仍在竭尽全力。他现在是个经纪人,并提供咨询服务。他的客户比做期货交易的大多数人生存的时间要长,但是毫无疑问他的客户们的交易似乎都很频繁。

卡尔放弃了期货交易,正在经营一家专门培植牵牛花的苗圃。他通过做交易赚了些钱,但是对他来说,承受这么大压力,做这么大量的工作,还要成天担惊受怕,太得不偿失了。他的草莓牵牛花展台在当地的展销会上得了蓝缎带奖。

那么丹尼呢?

他么,他依靠勤奋和机智,在期货上赚了很多钱。如果你们忌妒他的话,打起精神来,听我接着说。他频繁地去曼谷旅行,在某一天他刚结束旅行回到家中,他的妻子跟他打起离婚官司,索要的赡养费是个天文数字。可问题是,她根本得不到这笔钱。听说过离岸银行么……要想摸清他的底细可不是件容易的事。他还在做交易,但是没人知道他现在在哪儿。

# 附录 A  3×3 置换移动平均值的计算和图形位置

## 定 义

3×3 置换移动平均值是经由计算普通的 3 天收盘价的移动平均值，然后再在时间轴上向前置换 3 天而得到的。一系列这样的数值连接在一起就构成了一个趋势判定指标，同样，也成为了一个辨认某些方向性信号的工具。

| 日期－1995 | 收盘价 | 3×3 置换移动平均线 |
|---|---|---|
| 6－12 | 536.80 | |
| 6－13 | 540.80 | |
| 6－14 | 540.60 | |
| 6－15 | 542.80 | |
| 6－16 | 543.90 | |
| 6－19 | 549.65 | 539.40 |
| 6－20 | 549.30 | 541.40 |
| 6－21 | 548.95 | 542.43 |
| 6－22 | | 545.45 |
| 6－23 | | 547.62 |
| 6－26 | | 549.30 |

在上表的计算中，我们把 6 月 12 日、6 月 13 日和 6 月

14日3天的收盘价相加的总和再除以3,就得到我们通常应用的普通的"3天收盘价的移动平均值"。通常的做法是把这个平均值放在6月14日那天的位置。然而,我把这个平均值向前"置换"3天,将其放到6月19日的位置。这个平均值现在就代表了"3×3置换移动平均线"在6月19日的数值。

# 附录 B 公　式

**兰恩快速随机指标**

根据约翰·墨菲给出的公式[①]：

$\%K = 100 \times [(C - L_n) \div (H_n - L_n)]$

$\%D = 100 \times (H_m \div L_m)$

其中：$C$ 是最近的收盘价；$L_n$ 是在过去 $n$ 天内最低的最低价；$H_n$ 是过去 $n$ 天内最高的最高价；$H_m$ 是 $m$ 天（$C - L_n$）的总和；$L_m$ 是 $m$ 天（$H_n - L_n$）的总和。

**快速随机指标**

根据 P. J. 考夫曼给出的公式[②]：

$\%K$ 的计算和上面一样。

---

[①] 约翰·墨菲（John Murphy），《期货市场的技术分析》（纽约，纽约金融学院，1986）。

[②] P. J. 考夫曼（P. J. Kaufman），《新商品期货交易系统和方法》（纽约，约翰·魏里和儿子们，1987 年）

$\%D = (\%K_t + \%K_{t-1} + \%K_{t-2}) \div 3$（这是一个简单移动平均线的平滑）

其中：$\%K_t$ 是最近一个周期的 $\%K$。

**快速随机指标**

使用经修改移动平均线（MAV）进行平滑处理：

（考夫曼，《新商品期货交易系统和方法》）

$MAV_t = MAV_{t-1} + (P_t - MAV_{t-1}) \div n$

其中：$MAV_t$ 是当前经修改移动平均线值；$MAV_{t-1}$ 是前一个经修改移动平均线值；$P_t$ 是当前的价格；$n$ 是周期数目。

起始点（$MAV_t$）的计算方法与简单移动平均线的计算方法相同。

**快速随机指标**

$\%K = 100 \times [(C - L_n) \div (H_n - L_n)]$

其中：$C$ 是最近的收盘价；$L_n$ 是在过去 $n$ 天内最低的最低价；$H_n$ 是过去 $n$ 天内最高的最高价。

$\%D$（快速随机指标）= 3 周期经修改移动平均线（MAV）的 $\%K$

**首选随机指标**

$\%K = \%D$（上面快速随机指标的）

$\%D = 3$ 周期经修改移动平均线（MAV）的 $\%K$

**平滑异同移动平均线（MACD）公式**

（杰拉德·亚佩尔的移动平均线）

$EMA1_t = EMA1_{t-1} + SF1 \times (P_t - EMA1_{t-1})$

$EMA2_t = EMA2_{t-1} + SF2 \times (P_t - EMA2_{t-1})$

$$MACD = EMA1 - EMA2$$

信号线 $= MACD_{t-1} + SLSF \times (MACD_t - MACD_{t-1})$

其中：$EMA1_t$ 和 $EMA2_t$ 是当前的两个指数移动平均线数值；$EMA1_{t-1}$ 和 $EMA2_{t-1}$ 是前一个周期的两个指数移动平均线数值；$SF1$ 和 $SF2$ 是 $EMA1_t$ 和 $EMA2_t$ 的平滑系数；$MACD_t$ 是当前的 MACD 数值；$MACD_{t-1}$ 是前一个周期的 MACD 数值；$SLSF$ 是信号线的平滑系数；$P_t$ 是当前的价格。

### 指数移动平均线

（J. K. 哈森）[①]

$$EMA_t = EMA_{t-1} + SF \times (P_t - EMA_{t-1})$$

其中：$EMA_t$ 是当前的指数移动平均线数值；$EMA_{t-1}$ 是前一个周期的指数移动平均线数值；$SF$ 是平滑系数；$P_t$ 是当前的价格。

"近似的" 平滑系数 $= 2 \div (n+1)$

其中：$n$ 是在简单移动平均线中对应的周期数值。

### 非趋势摆动指标

收盘价格 – N 周期的简单移动平均值；

周期 = 天，周，或月；

$N = 7$ 或 3。

---

① J. K. 哈森（J. K. Hutson）"过滤价格数据：移动平均线与指数移动平均线"（《股票与期货技术分析杂志》1984 年 5 月、6 月）。

# 附录 C 摆动指标预测器™

1. 摆动指标预测器™ - 黄金率结点™（FibNodes™）软件

下面是一个显示在现实情景中摆动指标预测器™是如何发挥作用的例子（图 C-1，图 C-2）。

现在我们有了一个可以在价格极值点赢利的方式。然而，我们以此还可以做更多的事情。我们可以利用这个工具做假设性分析（what-if）的游戏。对于任何一个给定的价格，同样利用这组参数公式，摆动指标预测器™可以计算出非趋势摆动指标的数值，这样我们就可以用前面市场应用策略 2 中提到的方式，对进场点进行过滤。下面就是在实践中的具体应用方式：你事先已经知道了明天置换移动平均线的数值，你也知道价格必须交叉穿越置换移动平均线才能产生进场信号。使用图 C-1 中的方法 2，将明天置换移动平均线的数值输入摆动指标预测器™程序中，摆动指标预测器™就会在今天给出对应于明天置换移动平均线的数值的超买和超卖数值。这样的话，你

## 附录 C 摆动指标预测器™

就可以作出有依据的决策，看明天是否应选择进行这个交易。

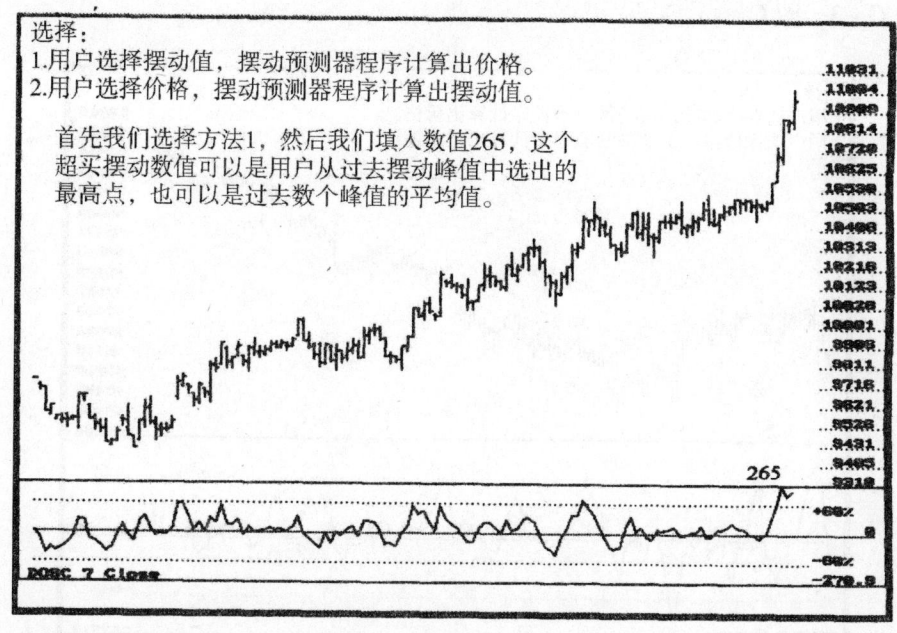

图 C-1

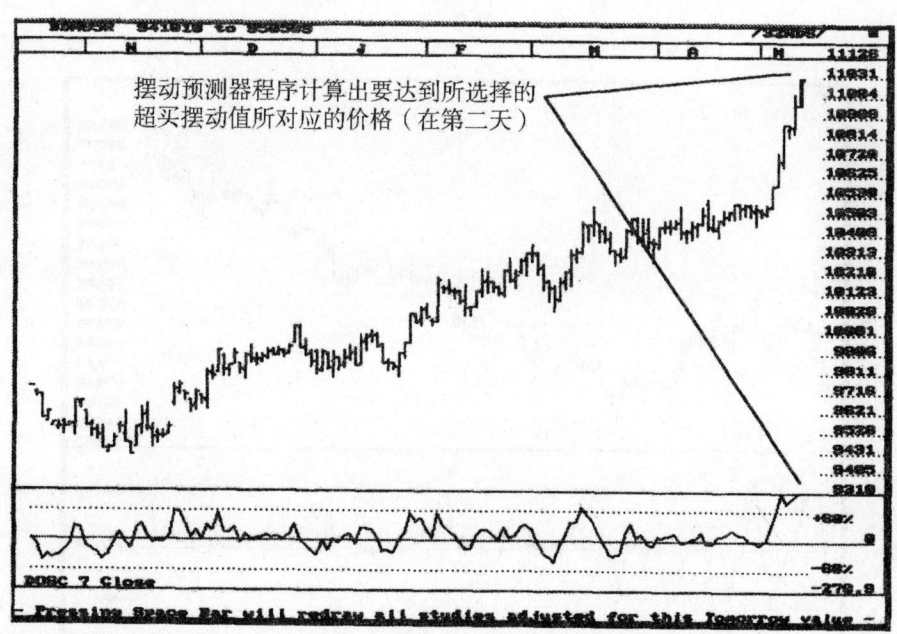

图 C-2

下面是一个摆动指标预测器™应用在标准普尔500股指期货短期交易的例子（图C-3，图C-4）：

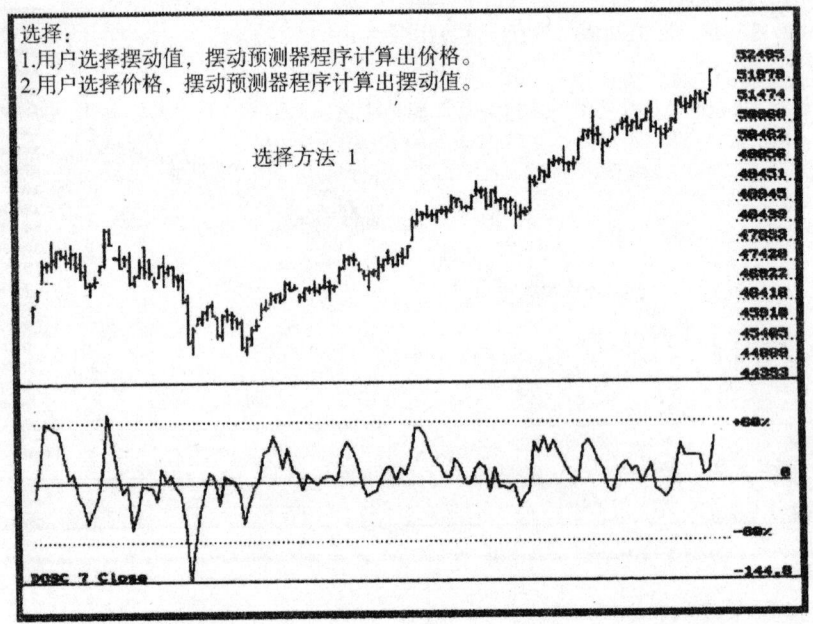

图C-3

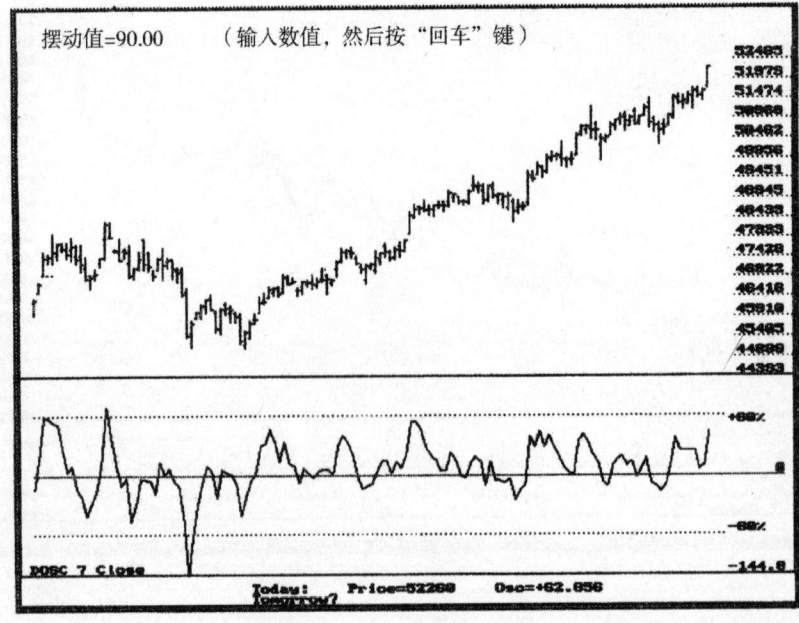

图C-4

要达到非趋势摆动指标 90 的数值，市场（明天）的价格必须上升到 52730（图 C-5）。

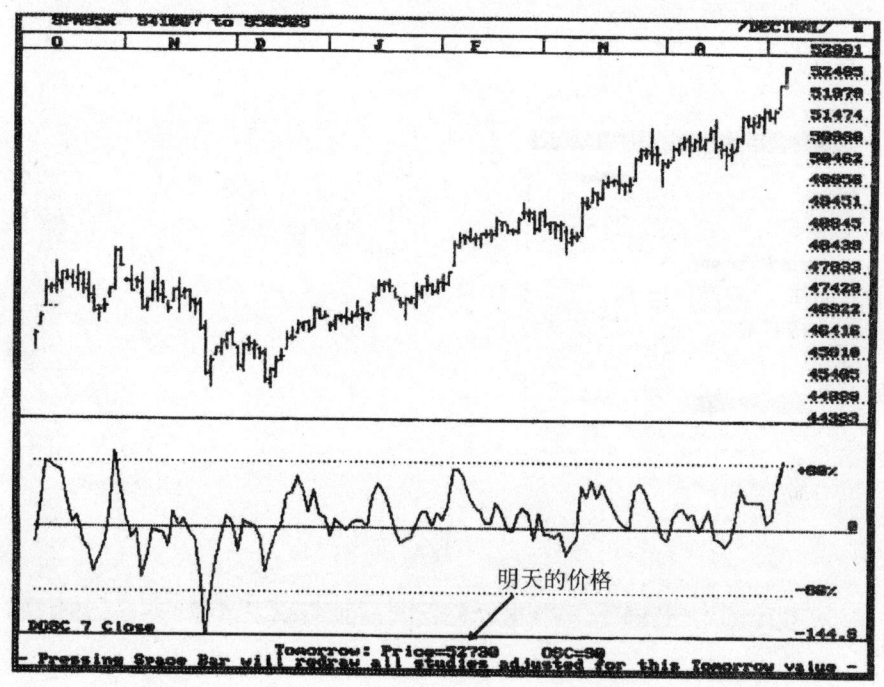

图 C-5

以上讲解的是黄金率结点™（FibNodes™）软件中的摆动指标预测器™的应用。这个软件是在 20 世纪 90 年代中期开发的。在本书写作时，只有这个软件建有摆动指标预测器™，所以书中的例子应用的都是这个软件的截图。然而，随着电脑技术的进步，自 20 世纪 90 年代末以来海岸投资软件公司（Coast Investment Software, Inc.）与美国吉尼斯金融技术有限公司（Genesis Financial Technology, Inc.）合作开发了一款全新的交易软件——"交易导航员"（Trade Navigator GOLD），其中摆动指标预测器™的功能更加完备先进。

2. 摆动指标预测器™-"交易导航员"（Trade Navigator GOLD）软件

下面就是摆动指标预测器™在"交易导航员"软件中的截图（见图 C-6）。

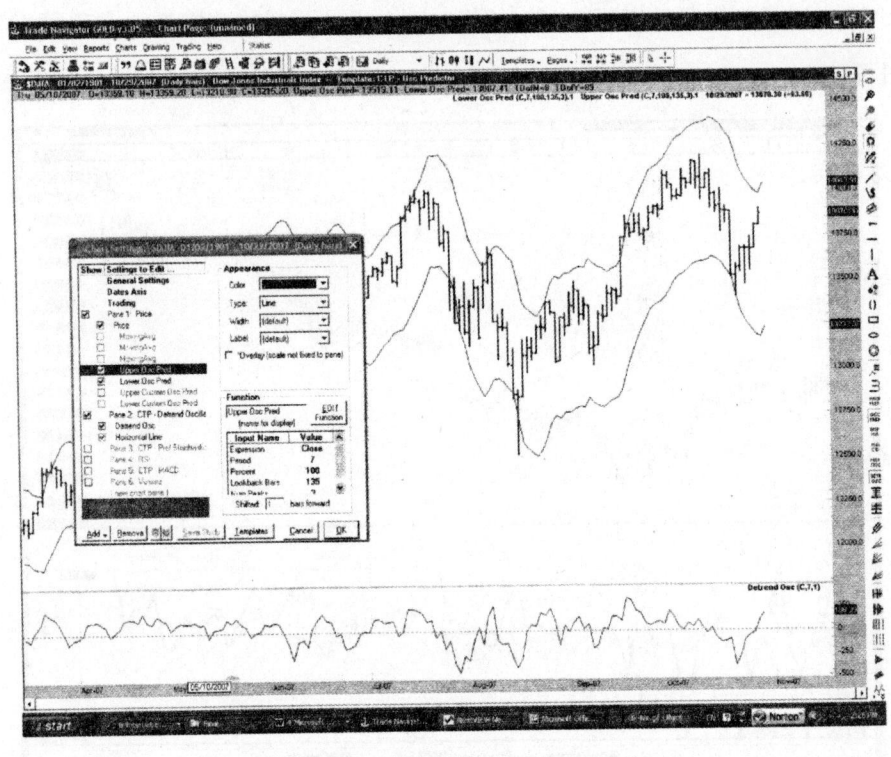

图 C-6

在图 C-6 中我们可以看到与黄金率结点™（FibNodes™）软件中的摆动指标预测器™需要手工输入摆动指标或价格不同，在"交易导航员"软件中我们不需要手工输入，软件提前一个周期（一天、一周或一个月等）自动在价格图上给我们标出超买/超卖的数值。"交易导航员"不仅标出下一个周期的超买/超卖的数值，而且也标出了超买/超卖的历史数值，这样在价格的上下两端形成一个带状线。在图 C-6 中摆动指标预测器指出，如果第二天（下一个周期）价格上升到 14043.91 的话，市场就会达到超买状态；如果第二天（下一个周期）价格下跌至 13233.371 的话，市场就会达到超卖状态。

"交易导航员"软件摆动指标预测器™的缺省设置是：价格＝收盘价，非趋势摆动指标周期＝7，平均超买/超卖百分比＝100%，计算包括的柱线数目＝135，最高/最低非趋势摆动指标极值数目＝3。这些缺省设置参数是从交易经验中总结出来的最佳设置。然而，这些参数均可以通过调出图 C-6 中的"图形设置对话框"来调整。你可以根据自己的交易需要来随时加以调整。

另外,新思维公司(NextView)的"新思维交易顾问"(NextView Advisor)软件和GFT交易技术公司的外汇交易软件DealBook360都同样设有帝纳波利摆动指标预测器™,也都具有相同的缺省设置,同时也都允许用户进行参数调整。

# 附录 D 第 15 章中标准普尔短期交易的时间与成交表格

图中的标准普尔短期交易的时间与成交表格是对交易实际发生时的真实情形更精确的描述，它与我在当时交易时所看到的时间与成交数据有相当大的不同。

| SPM5 | 标准普尔500股票指数期货 5/ 4/95 | | | | | | | 时间与成交价 |
|---|---|---|---|---|---|---|---|---|
| 15:07 | 523.70 | 523.65 | 523.60 | 523.55 | 523.50 | 523.45 | 523.40 | 523.40 |
| | 523.35 | 523.30 | 523.25 | | | | | |
| 15:08 | 523.20 | 523.15 | 523.10 | 523.15 | 523.20 | 523.30 | 523.25 | 523.20 |
| | 523.15 | 523.10 | 523.20 | 523.15 | | | | |
| 15:09 | 523.10 | 523.05 | 523.00 | 522.95 | 522.90 | 522.85 | 522.80 | 522.75 |
| | 522.80 | 522.75 | 522.70 | | | | | |
| 15:10 | 522.60 | 522.50 | 522.45 | 522.40 | 522.50 | 522.55 | 522.60 | 522.65 |
| | 522.70 | 522.60 | 522.70 | 522.75 | 522.80 | 522.75 | 522.70 | |
| 15:11 | 522.60 | 522.50 | 522.40 | 522.35 | 522.30 | 522.20 | 522.10 | 522.00 |
| | 521.90 | 521.70 | 521.60 | 521.50 | | | | |
| 15:12 | 521.40 | 521.30 | 521.20 | 521.10 | 521.00 | 521.10 | 521.20 | 521.30 |
| | 521.50 | 521.60 | 521.70 | 521.80 | 521.90 | 521.10 | 521.20 | 521.30 |
| 15:13 | 522.00 | 521.70 | 521.50 | 521.60 | 521.70 | 521.80 | 521.90 | 522.00 |
| | 521.95 | | | | | | | |
| 15:14 | 521.90 | 522.00 | 522.00 | 522.10 | 522.20 | 522.30 | 522.50 | 522.40 |
| | 522.00 | 522.20 | 522.30 | | | | | |
| 15:15 | 522.40 | 522.20 | 522.00 | 522.10 | 522.15 | 522.20 | 522.10 | 522.00 |
| | 521.90 | 522.00 | | | | | | |
| 15:16 | 522.10 | 522.20 | 522.10 | 522.00 | 521.90 | 522.00 | 522.10 | 522.30 |
| 15:17 | 522.40 | 522.30 | 522.20 | 522.10 | 522.00 | 522.10 | 522.00 | 522.20 |
| | 522.00 | 521.90 | | | | | | |
| 15:18 | 521.80 | 521.75 | 521.70 | 521.60 | 521.70 | 521.80 | 521.90 | 521.80 |
| | 521.70 | | | | | | | |
| 15:19 | 521.60 | 521.50 | 521.40 | 521.45 | 521.30 | 521.20 | 521.10 | 521.00 |
| | 521.10 | 521.50 | 521.20 | | | | | |

# 附录E "交易导航员"软件

"交易导航员"（Trade Navigator GOLD™）是美国吉尼斯金融技术有限公司（Genesis Financial Technology, Inc.）开发的专业交易软件。它拥有美国当今投资交易界最新最流行的功能，受到众多交易大师、专业交易员和散户的一致好评。

"交易导航员"是美国和世界各地使用帝纳波利黄金率交易方法的交易者采用最多的交易软件。除了它出色的功能以外，吉尼斯金融技术有限公司所提供的美国、欧洲和日本等地股票和期货市场数据的精确性和可靠性也是这款软件在世界各地英文使用者中广受欢迎的另一个原因。

"交易导航员"拥有帝纳波利全套8个技术分析指标。下面是这8个技术分析指标在"交易导航员"软件中的代表性截图。

图E-1显示了3×3置换移动平均线和帝纳波利MACD。这是帝纳波利黄金率交易法的使用者所常用的一个图形设置组合，它能让你对趋势和方向性指标有一个一目了然的概念。

图 E-2 显示了帝纳波利 MACD 和首选随机指标组合。这是帝纳波利黄金率交易法判断趋势所使用的两个指标之一。

图 E-3 显示了帝纳波利非趋势摆动指标和摆动指标预测器™。这是帝纳波利黄金率交易者判断市场超买/超卖的一个图形设置组合。

图 E-4 显示了标示在价格图上的帝纳波利黄金率结点系列。清晰直观的黄金率结点标记是进行帝纳波利点位分析的得力工具。

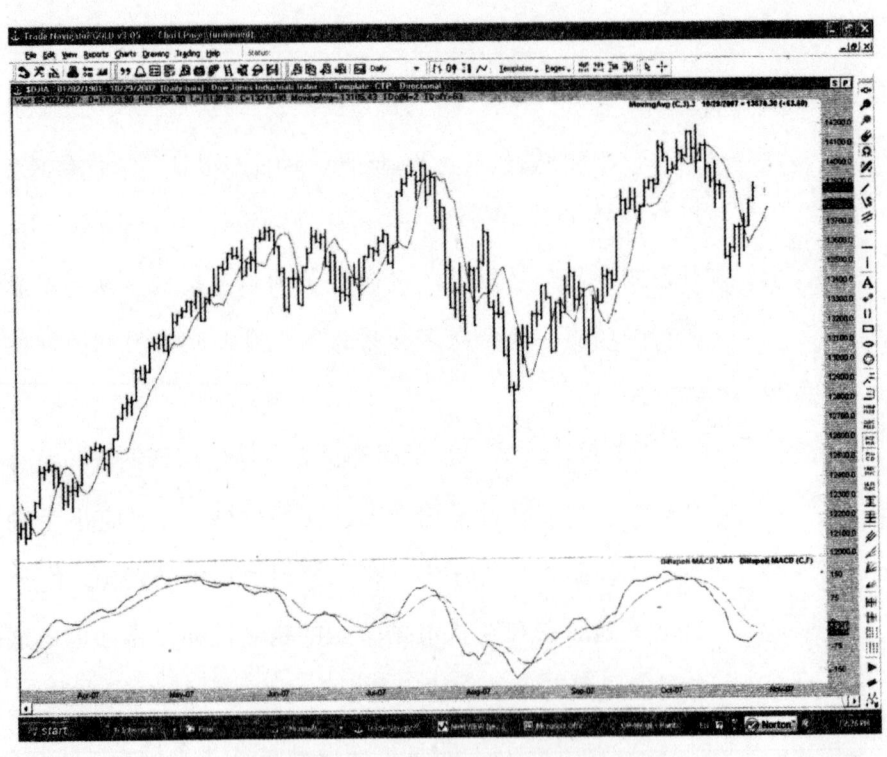

图 E-1

附录E "交易导航员"软件

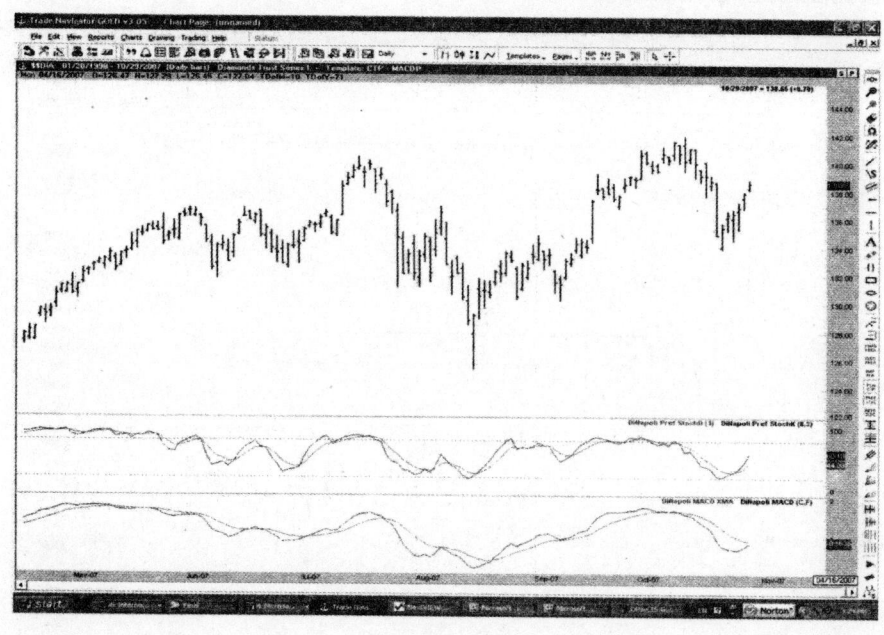

图 E-2

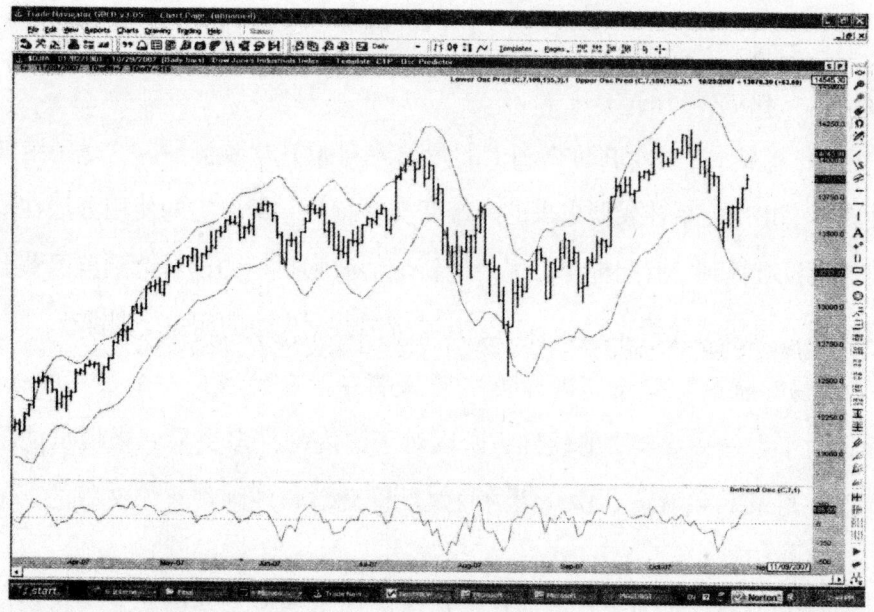

图 E-3

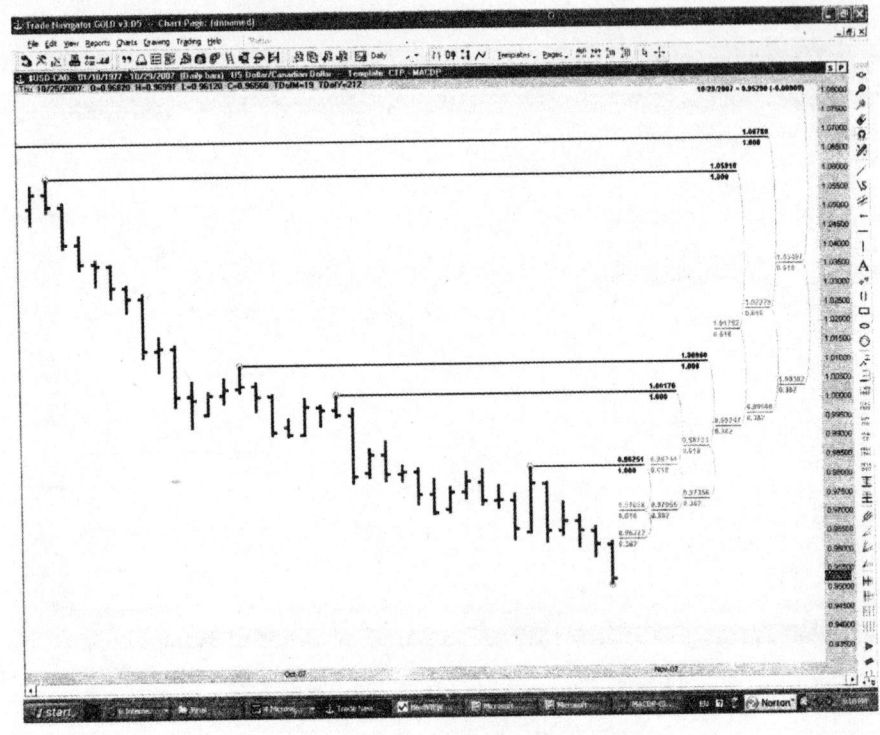

图 E-4

图 E-5 显示了标示在价格图上帝纳波利赢利点系列。这也是帝纳波利点位分析最直观最得力的工具。

图 E-6 显示了标示在价格图上的帝纳波利 MACD 预测器。这是帝纳波利先生在本书出版之后才发展出来的一个新交易指标,所以它的使用方法在本书中自然也没有提到。有兴趣学习这个最新帝纳波利指标的读者请到美国黄金率投资顾问公司网站(请见附录 H)去查看帝纳波利先生的相关培训课程。

"交易导航员"对于国内懂英文的高端专业交易者是一个很好的选择。然而,由于它是一款英文的软件,所以对于国内的许多交易者来说可能是个障碍。在附录 F 和附录 G 中介绍的两款投资交易软件则都有中文版的,读者可以选择使用。

对于有兴趣订购"交易导航员"软件的读者请登录美国黄金率投资顾问公司网站(请见附录 H)去查看详情。

附录 E  "交易导航员"软件

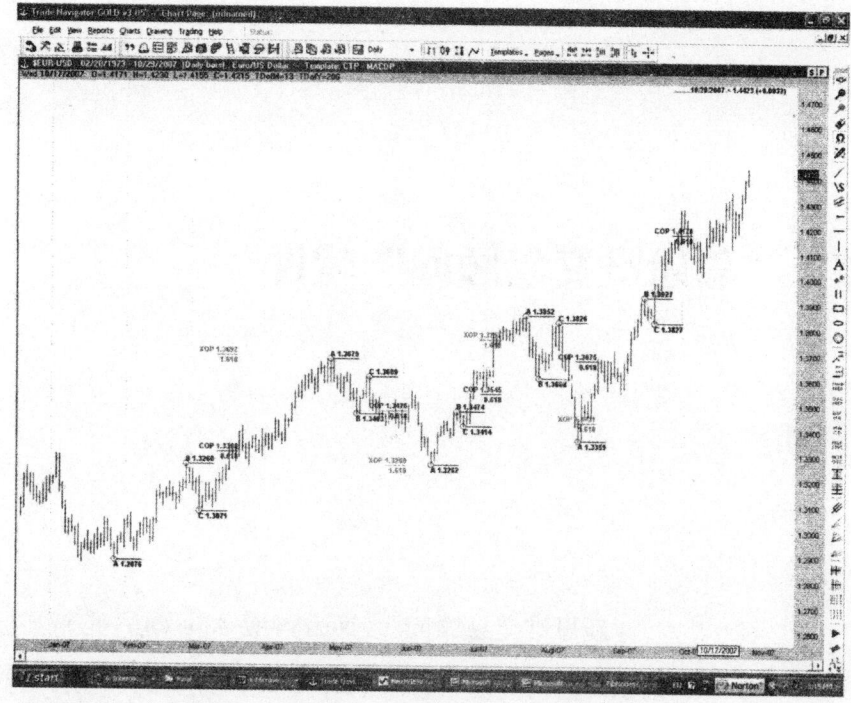

图 E-5

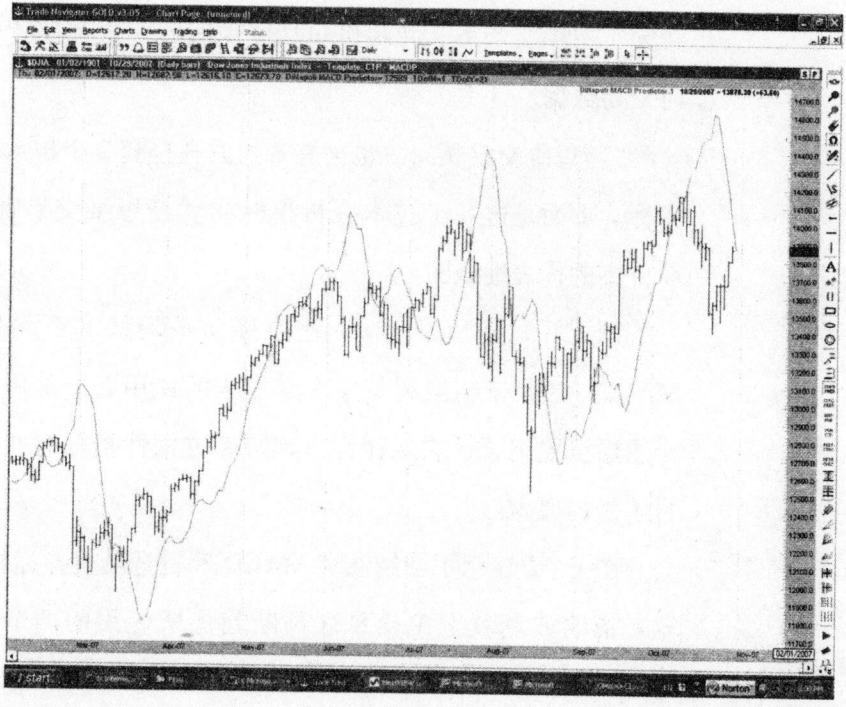

图 E-6

# 附录 F "新思维交易顾问"软件

"新思维交易顾问"（NextView Advisor）是新加坡新思维私人公司（NextView Pte，Ltd.）开发的一款投资交易软件。它是东南亚最受欢迎的投资交易软件。"新思维交易顾问"有中文版本，并提供包括国内国际股票和期货的实时交易数据。

"新思维交易顾问"也拥有帝纳波利全套 8 个技术分析指标。下面是这 8 个技术分析指标在"新思维交易顾问"软件中的代表性截图。

图 F-1 显示了 3×3 置换移动平均线和帝纳波利 MACD。这是帝纳波利黄金率交易法的使用者所常用的一个图形设置组合，它能让你对趋势和方向性指标有一个一目了然的概念。

图 F-2 显示了帝纳波利 MACD 和首选随机指标组合。这是帝纳波利黄金率交易法判断趋势所使用的两个指标之一。

图 F-3 显示了帝纳波利非趋势摆动指标和摆动指标预

附录F "新思维交易顾问"软件

测器™。这是帝纳波利黄金率交易者判断市场超买/超卖的一个图形设置组合。

图F-4显示了标示在价格图上的帝纳波利黄金率结点系列。这是帝纳波利点位分析最直观最得力的工具。

图F-5显示了标示在价格图上帝纳波利赢利点系列。这也是帝纳波利点位分析最直观最得力的工具。

图F-6显示了标示在价格图上的帝纳波利MACD预测器。这是帝纳波利先生在本书出版之后才发展出来的一个新交易指标,所以它的使用方法在本书中自然也没有提到。有兴趣学习这个最新帝纳波利指标的读者请到美国黄金率投资顾问公司网站(请见附录H)去查看帝纳波利先生的相关培训课程。

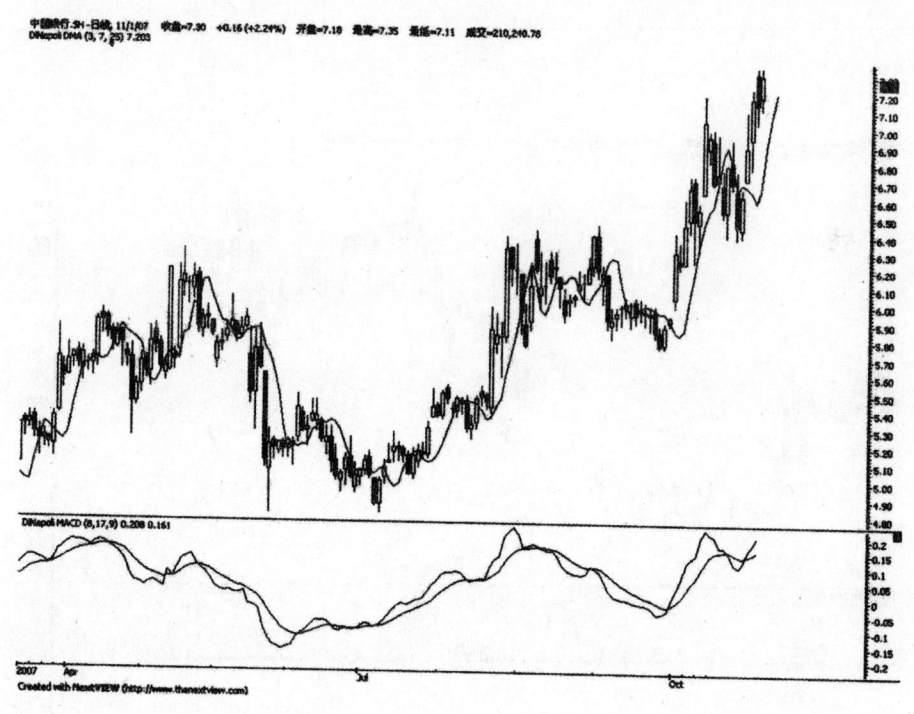

图F-1

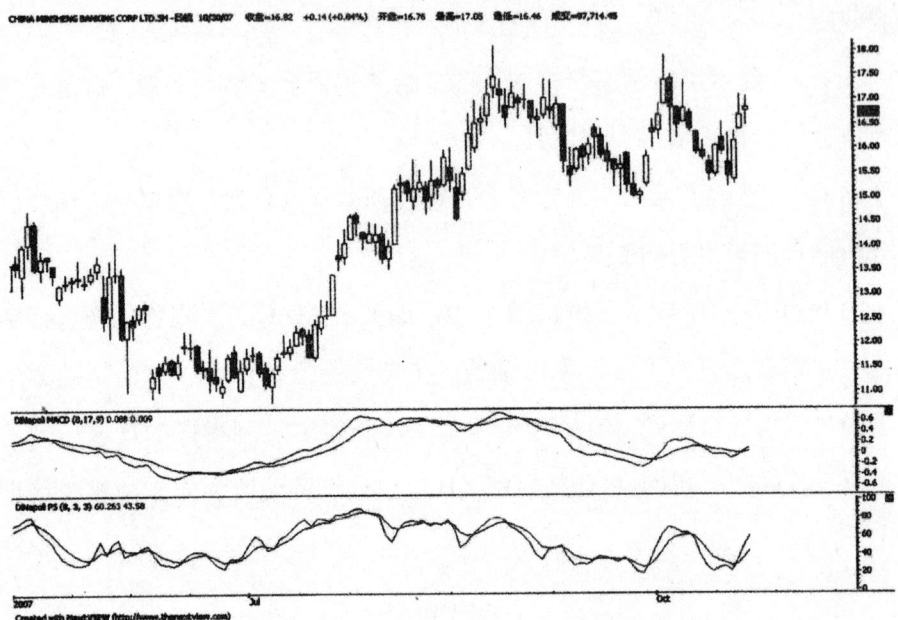

图 F-2

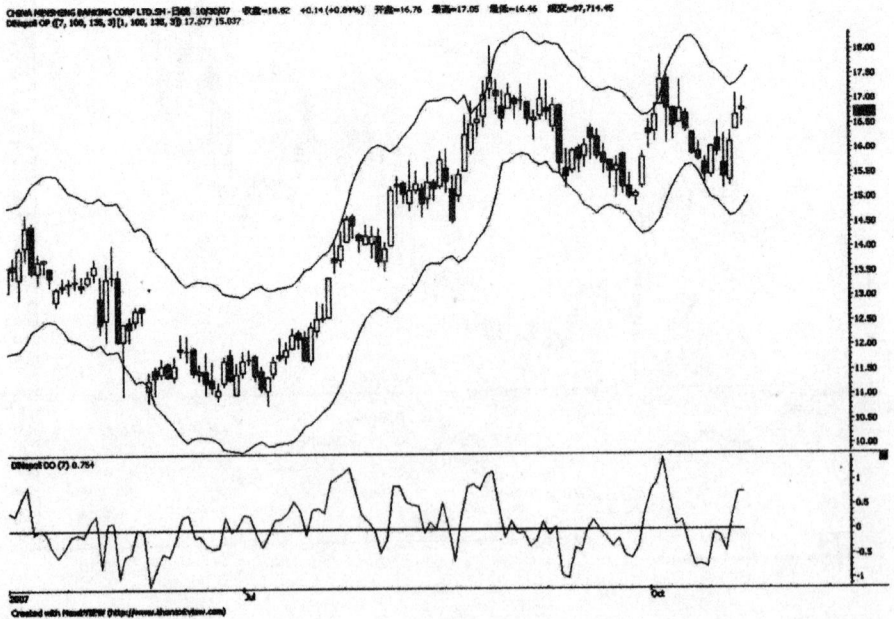

图 F-3

附录 F　"新思维交易顾问"软件

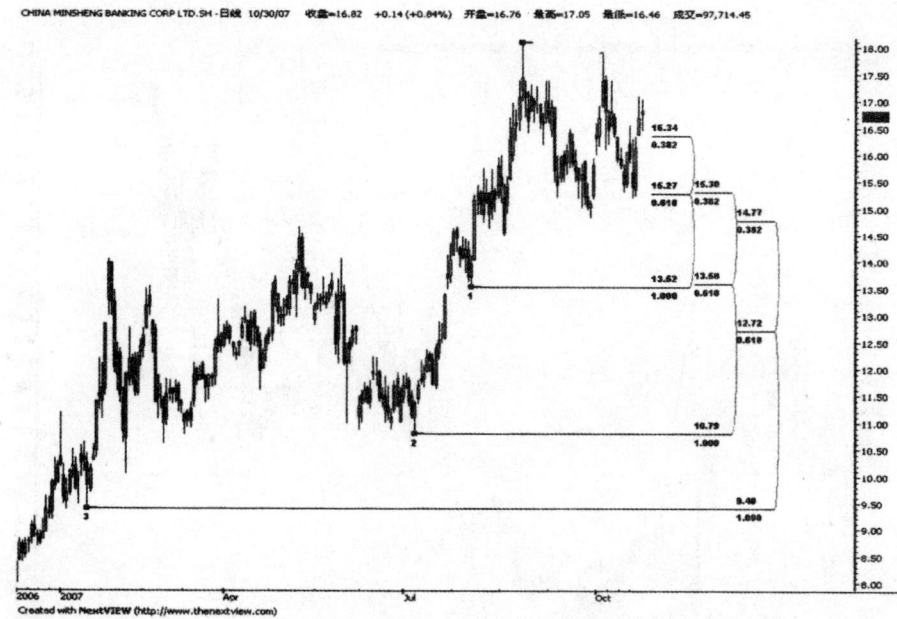

图 F-4

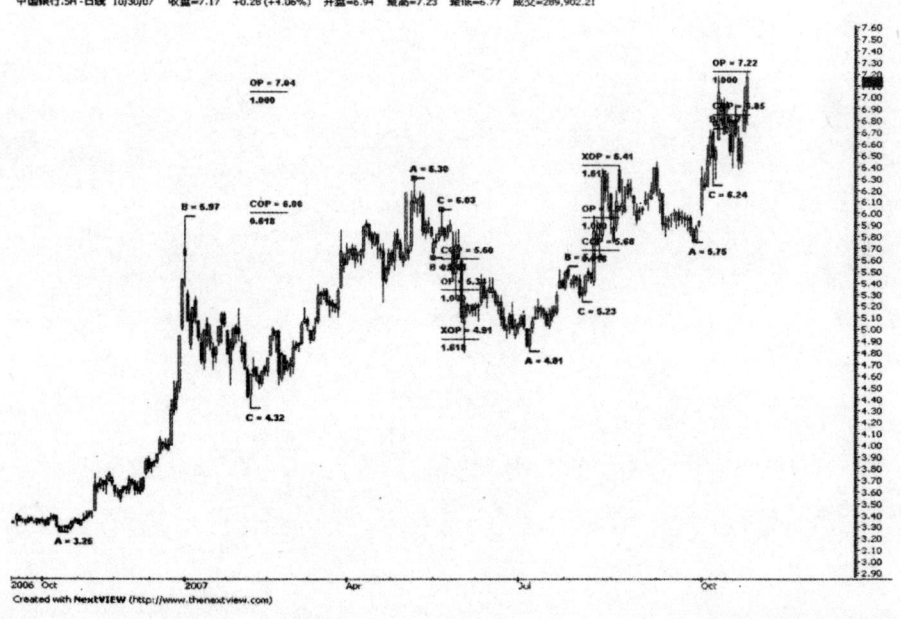

图 F-5

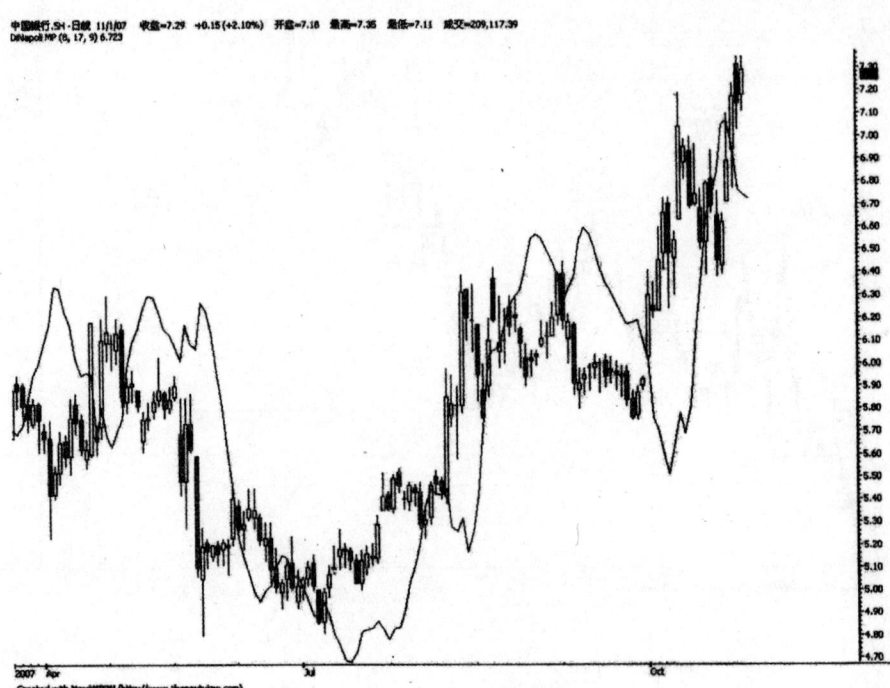

图 F-6

# 附录 G "交易平台 360" 外汇交易软件

"交易平台 360"（DealBook® 360）是美国环球期货与外汇有限公司（Global Futures & Forex, Ltd.）开发的一个高级外汇交易软件。美国环球期货与外汇有限公司世界上七大专业外汇交易经纪公司之一。它在美国期货管理委员会注册并受到其严格的监管，信誉卓著。美国环球期货与外汇有限公司的成交迅速、公平、点差小，是广受世界各地外汇交易者欢迎的专业外汇交易经纪公司。

"交易平台 360"是唯一拥有帝纳波利全套 8 个技术分析指标的中文外汇交易软件。下面是这 8 个技术分析指标在"交易平台 360"软件中的代表性截图。

图 G-1 显示了 3×3 置换移动平均线和帝纳波利 MACD。这是帝纳波利黄金率交易法的使用者所常用的一个图形设置组合，它能让你对趋势和方向性指标有一个一目了然的概念。

图 G-2 显示了帝纳波利 MACD 和首选随机指标组合。这是帝纳波利黄金率交易法判断趋势所使用的两个指标之一。

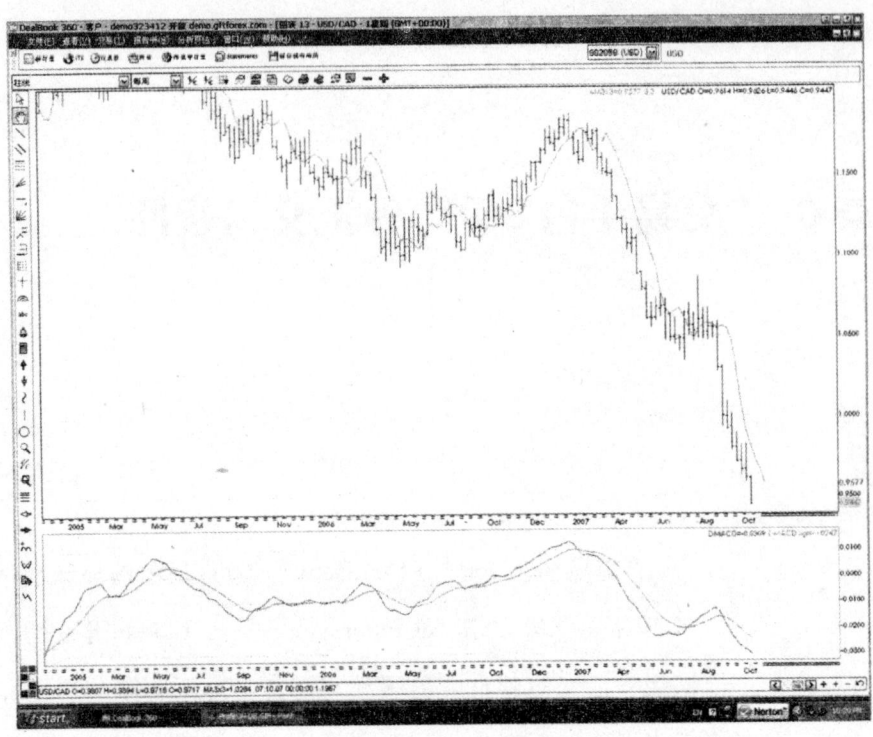

图 G-1

图 G-3 显示了帝纳波利非趋势摆动指标和摆动指标预测器™。这是帝纳波利黄金率交易者判断市场超买/超卖的一个图形设置组合。

图 G-4 显示了标示在价格图上的帝纳波利黄金率结点系列。这是帝纳波利点位分析最直观最得力的工具。

图 G-5 显示了标示在价格图上帝纳波利赢利点系列。这也是帝纳波利点位分析最直观最得力的工具。

图 G-6 显示了标示在价格图上的帝纳波利 MACD 预测器。这是帝纳波利先生在本书出版之后才发展出来的一个新交易指标，所以它的使用方法在本书中自然也没有提到，有兴趣学习这个最新帝纳波利指标的读者请到美国黄金率投资顾问公司网站去查看帝纳波利先生和的相关培训课程。关于如何

附录 G  "交易平台360"汇交易软件

图 G-2

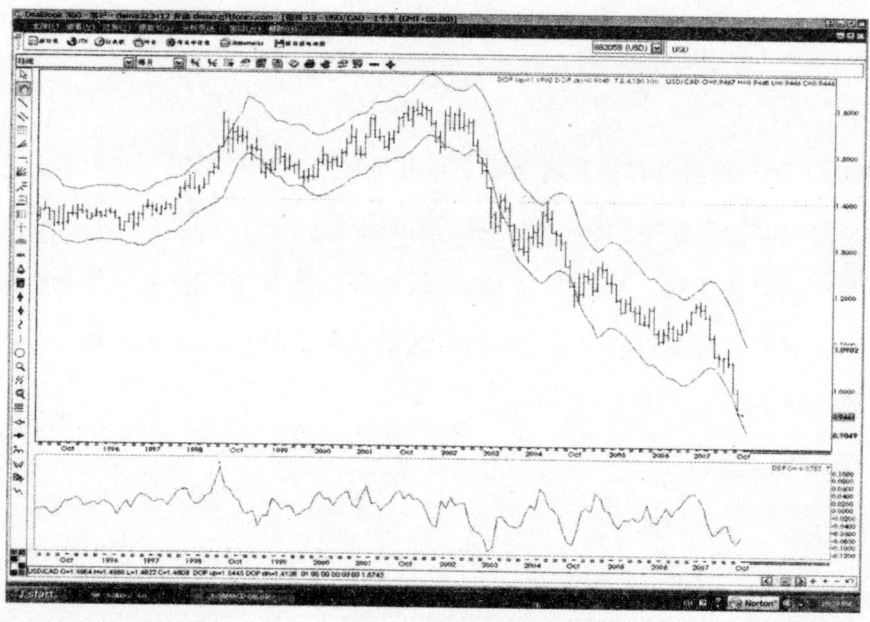

图 G-3

图 G-4

运用 MACD 预测器没有提及黄金率交易者所常用的一个图形设置组合,它能让你对趋势和方向性指标有一个一目了然的概念。

对于有兴趣使用"交易平台 360"软件和订购其帝纳波利交易指标的读者请登录美国黄金率投资顾问公司网站(请见附录 H)去查看详情。

## 附录G "交易平台360"汇交易软件

图 G-5

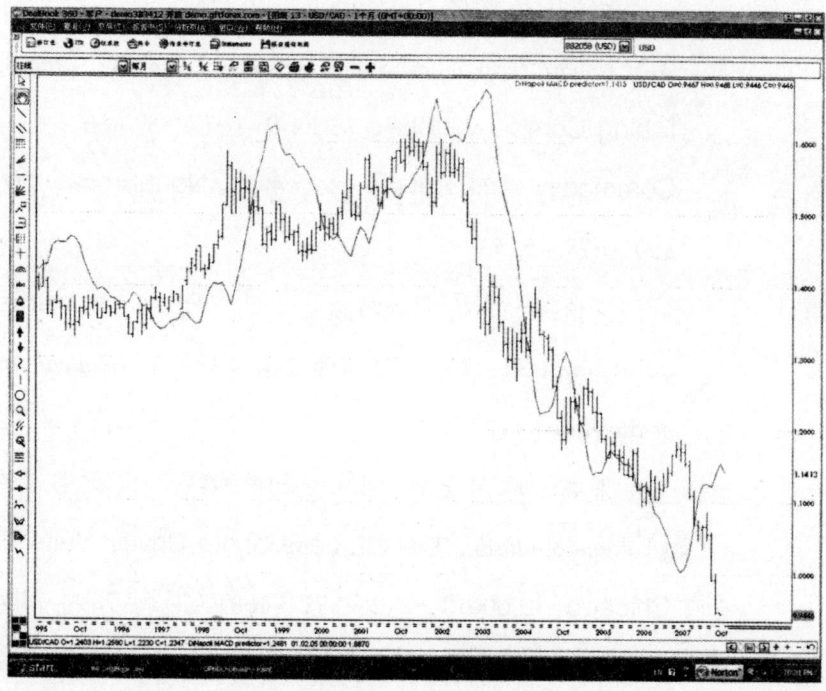

图 G-6

# 参考书目

杰拉德·亚佩尔（Gerald Appel）：《平滑异同移动平均线交易方法》（*The Moving Average Convergence – Divergence Trading Method*），Signalert Corp.，150 Great Neck Road，Suite 301，Great Neck，New York11021

杰克·伯恩斯坦（Jacob Bernstein）：《短线期货交易》（*Short Term Trading in Commodity Futures*），Probus Pulishing Company，1987，ISBN 0 – 917253 – 66 – 3；MBH Commodities，60 Revere Dr.，#888，Northbrook，IL60062，800 – 678 – 5253

罗伯特·爱德华和约翰·墨菲（Robert Edwards and John Magee）：《股票市场的技术分析》（*Technical Analysis of Stock Trends*）

莱瑞·厄尔哈特（Larry Ehrhart）：《交易量分析》（*Volume Studies*），37North Lake Shore Drive，Suite 7 – 09，Chicago，IL 60613，312 – 871 – 4687，312 – 789 – 7434

J. K. 哈森（J. K. Hutson）：《过滤价格数据：移动平均线与指数移动平均线》（"Filter Price Data：Moving Averages vs. Exponential Moving Averages"), *Technical Analysis of Stocks & Commodities magazine*, May/June 1984

乔治·兰恩（George Lane）：《随机指标》（*Stochastics*），Investment Educators, 719 S. FourthStreet, Watseka, IL60970, 800 – 962 – 9836, (815) 432 – 4334

约翰·墨菲（John Murphy）：《期货市场的技术分析》（*Technical Analysis of the Futures Markets*）, New York Institute of Finance, New York 1986

史代梅尔和凯文·柯伊（Steidlmayer and Kevin Koy）：《市场与市场的逻辑》（*Markets & Market Logic*）The Porcupine Press, 1986, ISBN 0 – 941275 – 00 – 0, 401 S. LaSalle St., Suite 1101, Chicago, IL 60605

J. 威尔斯·韦达（J. Welles Wilder Jr.）：《新概念技术交易系统》（*New Concepts in Technical Trading Systems*）Trerid Research, 1978

比尔·威廉姆斯（Bill Williams）：《判断式交易》（*Judgmental Trading*）, Profitunity Trading Group, Ltd. 2300 Pilgrim Estates Dr., Texas City, TX 77590 – 3750 409 – 945 – 8880, Fax 409 – 945 – 8887, E – mail ptg@ phoenix. net, www. profitunity. com

# 推荐书目

我之所以选择下列参考资料是因为我相信它们有潜力给你带来价值：这些参考资料有的比较高深，有的比较适合于初学者，请根据你的需要进行选择——有些参考资料被选中是基于它们有趣性多于它们在交易中的实用性，然而其他一些参考资料则能帮助你在交易完成之后保持住你的盈利，已列在参考书目中的资料就不再在下面重复列出。在有的参考资料的后面我标出了它们的专长领域或者建议的书目。有的参考资料没有任何标示是因为它们可能具有好几方面的应用或者其材料本身没有给出简要的说明。尽管我在这个行业已有相当长的时间，毫无疑问，我可能会遗漏不少有价值的书籍和人物。对此，我深表歉意。

托马斯·雅斯培（Thomas Aspray）：《广域观察》(Board - watch)，117 W 15th Ave, P. O. Box 2141, Spokane, WA99210, 509 838 - 0434, Fax 509 747 - 7801

比尔·贝（Bill Bay），1065 US 1 North, Ormond Beach, Fl 32174·交易量研究（Volume Studies）

汤马斯·别洛维克（Thomas A. Bierovic）：《融合期货》(Synergy Futures)，519 Riva Court, Wheaton, IL

60187，630 682－3768，Fax 630 682－3915

约翰·布林格（John Bollinger），布林格资本管理有限公司（Bollinger Capital Management, Inc.），P. O. Box 3358, Man－hattan Beach, CA 90266，310 798－8855，Fax 310 798－8858

沃尔特·巴塞特（Walter Bressert），P. O. Box 8268，9440 Dou－bloon Drive, Vero Beach, FL 32963，407 388－3330，Fax 407 388－3389·时间周期（Time Cycles）

康丝坦斯·布朗（Constance M. Brown）：《飞行动力交易》（Aerodynamic Trading），New Classics Library, 1995, ISBN 0－932750－42－7，P. O. Box 1618, Gainesville, GA 30503，飞行动力交易投资有限公司（Aerodynamic Investments Inc.，770 533－9161, Fax 770 536－1337, E－mail CBspz@ ibm. net, www. aeroinvest. com）

鲍伯·布兰（Bob Buran）：《鲍伯布兰投资远见》（Bob Buran Investment Vision），8175 S Virginia Street, S850－359, Reno, NV 89511，702 853－8667

安德鲁·卡特维尔（Andrew E. Cardwell），卡特维尔金融集团有限公司（Cardwell Financial Group, Inc.，）P. O. Box 1369, Woodstock, GA30188·相对强弱指标，背离技术（RSI, Divergence Techniques）

迈克尔·查列克（Michael Chalik）：《通用技术系统》（Universal Technical Systems），6503 N. Military Trail, Suite 905, Boca Raton, FL 33496，800 315－3893, Fax 561 989－9131, E－mail wetradeall@ aol. com, www. tradefutures. com·非判断式交易（Non－judgmentalTrading）

劳伦思·康耐尔和琳达·瑞斯基（Laurence A. Connors and Linda Bradford Raschke）：《江湖精明》（Street Smarts），M. Gordon Publishing Group, Malibu, CA, 1995, ISBN0－9650461－0－9, www. mrci. com/lbr/

迈克尔·高尔狄龙（Michael Gur Dillon）：《对称波浪理论》（Symmetry

Wave Theory),1705 14th St.,Suite 277,Boulder,CO 80302,303 449 – 4601·非判断式交易(Non – judgmental Trading)

爱德华·道博森(Edward Dobson):《理解斐波纳契数字》(*Understanding Fibonacci Numbers*),Traders Press,Inc.,P.O.Box 6206,Greenville,SC 29606,800 927 – 8222,Fax(803)298 – 0221

马克·道格拉斯(Mark Douglas),Trading Behavior Dynamics,195N.Harbor Drive,Suite 1603,Chicago,IL 60601 312 938 – 1441,Fax312 856 – 2184·心理学(Psychology)

亚历山大·埃尔德博士(Dr.Alexander Elder):《俄国交易所》(*TheRussian. Exchange*),157 West 57th Street,Suite 1103,New York,NY10019,212962 – 6894,718639 – 8889

彼得·依兰德斯(Peter Eliades),cyclese@ earthlink. net·市场周期(Cycles)

塔克尔·爱默特(Tucker J. Emmett):《斐波纳契周期和商品价格行为》(*Fibonacci Cycles and Commnodity Price Behavior*),Tucker Ernmett,Stotler & Company,30 South Wacker Drive,Chicago,IL 60606,312 930 – 1450

罗伯·菲希尔(Rober Fischer):《交易者的斐波纳契应用和战略》(*Fibonacci Applications and Strategies for Traders*),John Wilcy & Sons,Inc. 1993,ISBN 0 – 471 – 58520 – 3,《黄金罗盘》The Golden Section Compass

尼尔森·菲利伯格(Nelson Freeburg):《公式研究》(*Formula Research*),4745 Poplar Ave.,Suite 307,Memphis,TN 38117,901 767 – 1956,800 720 – 1080,Fax 901 458 – 0066·非判断式交易(Non – judgmental Trading)

威廉姆·盖勒希尔(William R Gallacher):《赢家通吃》(*Winner Take All*),Probus Publishing Company,1994,ISBN1 – 55738 – 533 – 5

约瑟夫和佛朗西斯·盖耶斯(Joseph and Francis Gies):《比萨的雷纳

尔德和中世纪的数学》(*Leonard of Pisa and the Mathematics of the MiddleAges*)

桑尼·哈里斯（Sunny Harris）：《交易101——如何像专家那样交易》(*Trading 101 – How to Trade Like a Pro*), John Wiley & Sons, 1996 Sunny Harris & Assoc. , Inc. , 2075 Corte del Nogal. Suite C：Carlsbad, CA 92009 - 1414, 888 68 - Sunny, 760 930 - 1050, Fax 760 930 - 1055, www. moneymentor. com

辛西娅·科丝（Cynthia Kase）, 科丝公司（Kase & Co.）, 1000 Eubank NE, Suite. C, Albuquerque, NM 87112, 505 237 - 1600

佩里·考夫曼（P. J. Kaufman）：《新商品交易系统与方法》(*The New Commodity Trading Systems & Methods*), John Wiley & Sons, 1987. Maple Hill Farm, P. O. Box 7, Scotch Hollow Rd. , Wells River, VT 05081, 802 429 - 2121

罗伯特·克鲁兹和静妮·朗（Robert Krausz & Jeanne Long）, 斐波纳契交易者公司（Fibonacci Trader Corp.）, 757 SE 17th Street, Suite272, Fort Lauderdale, FL 33316, 512 842 - 1166, Fax 954 566 - 2427, E - mail fibbo@ safari. net

乔尔·克鲁津格（Joe Krutsinger）, 鲁宾交易公司（Robbins Trading Company）, Presidents Plaza, 7th Floor, South Tower, 8700 W. Bryn Mawr, Chicago, IL 60631 - 3507, 312 714 - 9000

查尔斯·拉博和大卫·卢卡斯（Charles Le Beau & DavidW. Lucas）：《技术交易者的指南：期货市场的计算机分析》(*Technical Traders Guide To Computer Analysis of the Futures MarKets*), Business One Ir - win, Illinois, 1992

卢·门德尔松（Lou Mendelsohn）, 25941 Apple Blossom Lane, Weslcy Chapel, FL 33544, 800 732 - 5407, 813 973 - 0496, Fax 813973 - 2700, lm@ profittaker. com

爱德华·墨尔（S. Edward Moore）：《市场的韵律》(*Rhythm of the Mar-*

kets.） 8000 River Road, Suite 11C, N. Bergen, NJ 07047, 800 686 – 0833, 201 861 – 0993, Fax 201295 – 8664, rhythmofthemarkets. com

格廉·尼利（Glenn Neely），艾略特波浪研究所（Elliott Wave Institute），1278 Glenneyre, Laguna Beach, CA 92651, 800 636 – 9283, Fax714 493 – 9149

莱瑞·斐萨文托（Larry Pesavento），4625 E. Camino Rosa, Tucson, AZ85718, 520 529 – 0469, Fax 520 529 – 0491, www. tradingtutor. com·斐波纳契分析（Fibonacti Analysis）

查尔斯·普兰克（Charles Plank），Pi Inc.，23130 Hartland Street, Canoga Park, CA 91307·斐波纳契分析（Fibonacci Analysis）

罗伯特·普莱切特（Robert Prechter），New Classics Library, P. O. Box 1618, Gainesville, GA 30503, 405 536 – 0309·艾略特波浪（Elliott Wave）

泰德·蔡司（Ted Tesser），水畔金融服务（Waterside Financial Services），1035 Spanish River Road, #106, Boca Raton, FL 33492, 407 989 – 0642·交易者的税务服务（Tax Consulting for Traders）

理查德·泰魏尔斯，查尔斯·哈露，舒伯特·史东（Richard J. Teweles, Charles V. Harlow, Herbert L. Stone）：《商品期货游戏》（*The Commodity Futures Came*） McGraw – Hill

范·撒普博士（Dr. Van K Tharp），IITM 有限公司（IITM Inc.）8308 Belgium Street, Raleigh, NC 27606, 919 233 – 8855, Fax 919 362 – 6020·心理学（Psychology）

拉尔夫·文斯（Ralph Vince）：《最新资金管理》（*The New MoneyManagement*），*John Wiley & Sons*, 1995. www. technalink. com/rv. shtml·资金及投资组合管理（Money and Portfolio Management）

莱瑞·威廉姆斯（Larry Williams）：《商品时机》（*Commodity Timing*），140 Maririe View, Suite 204, Solana Beach, CA 92075, 619 756 – 0421·非判断式交易（Non – judgmental Trading）

## 特别提及：

阿斯蓬研究集团（Aspen Research Group, Ltd.）

710 Cooper Avenue, Suite 300

P. O. Box 1370

Glenwood Springs, CO 81602

800359 - 1121

尼尔·休斯（Neal Hughes）

11121NE 97th Street

Kirkland, WA98033 425 822 -5210 neal@ halcyon. com

依利斯·派西欧提有限公司（Elyce Picciotti, Ltd.）

613 North St. Patrick Street

New Orleans, LA 70119

504 488 - 3651 Fax 504 486 - 6187

E - mail elyce@ bellsouth. net

史蒂文·罗易欧（Steven E. Roehl）

326 Pontevedra Lane

Niceville, FL 32578

850 729 - 7522

Fax 850 729 - 2441

E - mail roehl@ cybertron. com

# 关于作者

乔尔·帝纳波利是一名拥有超过 35 年市场实战交易经验的交易大师。他是一个执著而深入的金融市场研究者，一个在国际上享有崇高声誉的金融交易演讲家，以及一位广受好评的金融交易著作的作者。

帝纳波利先生的正式教育是电气工程和经济学方面的。然而，他的非正式教育是在一间装满了电子和通信设备被他称之为"掩体"的交易室中完成的。他早期对金融市场的研究也是在那里开始的。

帝纳波利先生以他对置换移动平均线的透彻研究，以他独创的"摆动指标预测器"，尤其是以他用最实际与独特的方法将斐波纳契（Fibonacci）比率运用于市场价格的分析，使他成为当今金融交易界最受推崇的交易专家之一。

帝纳波利先生是在美国联邦期货管理委员会登记注册的"期货交易顾问（CTA）"。在过去几十年当中，帝纳波利先生足迹遍及美国、欧洲、亚洲、俄国、中东和南非的各个主要的金融中心，传授他的金融交易技术。仅在 1996 年一年的环球演讲之旅中，帝纳波利先生就在全球的 23 个

## 关于作者

金融中心进行了演讲，让那里的听众从他的金融交易经验和技术中受益无穷。他的文章曾刊登在许多国家的和世界性的各种各样的金融交易技术出版物中。

帝纳波利先生是《高效期货交易——大师们的宝贵经验》一书的作者之一。该书被超级金融交易者年鉴评为1990年的年度最佳书籍。他的"斐波纳契、资金管理和趋势分析培训课程"得到了专业交易员和初学交易者的一致好评。然而，帝纳波利先生至今最有意义的贡献是《帝纳波利点位交易法》一书。这本书目前已成为金融投资交易行业一致公认的学习斐波纳契交易方法的标准教科书。

当《技术交易者年鉴》的主编查克·拉布尔向他的读者询问"谁是他们最想采访的成功交易大师"时，帝纳波利先生的提名高居榜首。《亚特兰大宪章报》同样地以斐波纳契比率在金融交易市场中"不可思议的力量"来赞誉帝纳波利先生的成就。帝纳波利先生曾多次用他独有的神奇的交易方法，在美国全国性的电视节目上准确地预测金融交易市场的走向，特别是股票指数和债券利率期货市场的走向。

帝纳波利先生是美国"海岸投资软件公司"的总裁，他在美国佛罗里达州的萨饶苏达和泰国曼谷都有办公室和交易室。帝纳波利先生还在继续研究和发展他的高精度"帝纳波利交易法"，这种方法用一种非常独特和革新的方式将领先技术指标和滞后技术指标结合起来应用在市场分析和交易上。帝纳波利先生每年在世界各地演讲，也在他的交易室举办高级培训班。同时，他也通过出售他的交易培训课程和交易软件来向世界范围内的投资大众传授他的交易技术和方法。

# 警告和免责

在股票等商品交易和共同基金交易领域，没有利润的保障。这些交易可能而且的确会发生亏损。您应当像对待任何投资那样，谨慎考虑您是否适合从事交易，以及是否具备损失您的全部投资的承受能力。不应当认为本书提出的方法、技术或指标能够获利，或者认为它们不会造成损失。过去的结果并不必然说明将来的结果。本书的例子仅用于教育目的，这并不是在招揽购买或出售订单。

本书包含的信息的获取渠道是可靠的，但不能保证其准确性或完整性，而且可不经通知进行更改。采用任何交易方法的风险由使用者承担。

# 声　明

假设或模拟的业绩有某些内在的限制。模拟的业绩不同于实际的业绩记录，它不能说明实际的交易。同时，由于交易并没有得到实际执行，流动性不足等某些市场因素对业绩的影响可能被低估或高估。模拟交易软件一般存在这样的限制，即它们的设计得益于事后的认识。我们没有声称任何账户将会或很可能实现所示的利润或亏损。

如书中提及以下名称，则适用如下通告：

FibNodes、DiNapoli Levels、Oscillator Predictor 和 D – Levels 是海岸投资软件公司的商标。

Windows 是微软公司的注册商标。

Aspen Graphics 是 Aspen Research 集团有限公司的商标。

TradeStation 是 Omega Reseorch 公司的注册商标，PowerEditor 是 Omega

## 声　明

Research 公司的商标。

MetaStock 是 Equis International 的商标。

CQG TQ20/20 是 CQG 公司的商标。

Market Profile 是 CBOT 的注册商标。

Advil 是美国居家用品公司的注册商标。

Maalox 和 Pampers 是宝洁公司的注册商标。

Grecian Formula 是 Combe 公司的注册商标。

# 附 录

作为本书译者和帝纳波利先生中国市场全权代表，特就与帝纳波利点位交易法相关的事项做出下列几点说明：

1）"帝纳波利点位（含帝纳波利）"是在美国和中国正式注册的商标，未经批准使用是侵权违法行为。

2）帝纳波利中国市场官方网站网址为：www.fibtradercn.com。帝纳波利中国市场官方论坛网址为：www.fibforum.com。帝纳波利中国市场官方微博目前有两个，其网址分别为：新浪微博：@帝纳波利点位；腾讯微博：@帝法测市。帝纳波利中国市场官方微信号有以下两个：dnbl988，dnbl998。其他网站、微博、微信或任何其他网络站点，除非在帝纳波利中国市场官方网站后续更新公布的官方网络端口名单上，否则均为假冒。请读者小心识别。下面为上述6个帝纳波利点位交易法官方网络端口的二维码：

（官方网站） （官方论坛） （新浪官方微博）

（腾讯官方微博） （官方微信1） （官方微信2）

3）帝纳波利中国团队提供帝纳波利点位交易法的正版官方软件和咨询产品和系列培训。读者如想进一步了解详情，可访问帝纳波利中国市场官方网站或通过上述网络端口与我们联系。凡不是在上述官方网络端口发布的帝法培训和产品信息均为伪冒。对于举报侵权伪冒的读者我们将会给予重奖。帝纳波中国法团队真诚欢迎与各方就推广普及帝纳波利点位交易法展开多方面的合作。

曾星

邮箱：892067532@qq.com，fibtradercn@gmail.com

QQ：帝法中国 892067532